Suhrkamp BasisBibliothek 107

Diese Ausgabe der »Suhrkamp BasisBibliothek – Arbeitstexte für Schule und Studium« bietet nicht nur JohannWolfgang Goethes *Faust. Eine Tragödie (Faust I)* in der berühmten Edition von Albrecht Schöne, die als »ein Meisterstück der Goethe-Philologie« (*Der Tagesspiegel*) gilt, sondern auch einen Kommentar, der alle für das Verständnis notwendigen Informationen enthält: die Geschichte des Faust-Stoffs vor Goethe, die Entstehungsgeschichte von *Faust*, Erläuterungen zur Versgestalt, einen Forschungsüberblick, Literaturhinweise sowie detaillierte Wort- und Sacherklärungen. Die Schreibweise des Kommentars entspricht den neuen Rechtschreibregeln.

Zu ausgesuchten Texten der Suhrkamp BasisBibliothek erscheinen im Cornelsen Verlag Hörbücher und CD-ROMs. Weitere Informationen erhalten Sie unter www.cornelsen.de.

Ralf-Henning Steinmetz, geb. 1966, ist Studienrat mit den Fächern Deutsch und Philosophie am Gymnasium Neustadt in Holstein und außerplanmäßiger Professor für Deutsche Philologie an der Universität Kiel; über 100 Bücher, Aufsätze und Rezensionen zur deutschen Literatur vom Mittelalter bis ins 20. Jahrhundert.

Johann Wolfgang Goethe
Faust

Eine Tragödie

(Faust I)

Textedition: Albrecht Schöne
Mit einem Kommentar
von Ralf-Henning Steinmetz

Suhrkamp

Der vorliegende Text folgt der Ausgabe: Johann Wolfgang
Goethe, *Faust. Texte*. Herausgegeben von Albrecht Schöne.
6., revidierte Auflage, Frankfurt am Main: Deutscher Klassiker
Verlag im Taschenbuch 2005, S. 9–199 [nach der Ausgabe:
Johann Wolfgang Goethe, *Sämtliche Werke. Briefe, Tagebücher
und Gespräche in 40 Bänden*, Band 7/1, herausgegeben von
Albrecht Schöne, Frankfurt am Main: Deutscher Klassiker
Verlag 1994].

7. Auflage 2016

Erste Auflage 2009
Suhrkamp BasisBibliothek 107
Originalausgabe

Text: © Deutscher Klassiker Verlag Frankfurt am Main 2005
Kommentar: © Suhrkamp Verlag Frankfurt am Main 2009

Satz: pagina GmbH, Tübingen
Druck: CPI – Ebner & Spiegel, Ulm
Umschlagabbildung: Blauel/Gnamm/ARTOTHEK
Umschlaggestaltung: Regina Göllner und Hermann Michels
Printed in Germany
ISBN 978-3-518-18907-8

Inhalt

Faust

Eine Tragödie
(Faust I)

Zueignung*

Widmung

Ihr naht euch wieder, ⌜schwankende Gestalten⌝!
Die früh sich einst dem trüben Blick gezeigt.
Versuch' ich wohl euch diesmal fest zu halten?
Fühl' ich mein Herz noch jenem Wahn* geneigt?
5 Ihr drängt euch zu! nun gut, so mögt ihr walten*,
Wie ihr aus Dunst und Nebel um mich steigt;
Mein Busen* fühlt sich jugendlich erschüttert
Vom Zauberhauch, der euren Zug umwittert*.

Ihr bringt mit euch die Bilder froher Tage,
10 Und manche liebe Schatten* steigen auf;
Gleich einer alten halbverklungnen Sage,
Kommt erste Lieb' und Freundschaft mit herauf;
Der Schmerz wird neu, es wiederholt die Klage
Des Lebens labyrinthisch irren Lauf,
15 Und nennt die Guten, die, um schöne Stunden
Vom Glück getäuscht, vor mir hinweggeschwunden.

Sie hören nicht die folgenden Gesänge,
Die Seelen, denen ich die ersten sang;
Zerstoben ist das freundliche Gedränge,
20 Verklungen ach! der erste Widerklang.
Mein Lied ertönt der unbekannten Menge,
Ihr Beifall selbst macht meinem Herzen bang,
Und was sich sonst an meinem Lied erfreuet*,
Wenn es noch lebt, irrt in der Welt zerstreuet.

25 Und mich ergreift ein längst entwöhntes* Sehnen
Nach jenem stillen ernsten Geisterreich,
Es schwebet nun in unbestimmten Tönen
Mein lispelnd* Lied, der Äolsharfe* gleich,
Ein Schauer faßt mich, Träne folgt den Tränen,

dichterischen
Phantasie;
Hoffnung

herrschen

Herz als Sitz
des Gefühls

euer
Herbeiziehen
umgibt

der Freunde
zur Zeit
der ersten
Faust-
Entwürfe

erfreut hat

vergessenes

flüsternd
Harfe, deren
Saiten der
Wind rührt

Das strenge Herz es fühlt sich mild und weich;
Was ich besitze seh' ich wie im weiten,
Und was verschwand wird mir zu Wirklichkeiten.

Vorspiel auf dem Theater

Direktor, Theaterdichter, Lustige Person

DIREKTOR

Ihr beiden, die ihr mir so oft,
In Not und Trübsal, beigestanden,
35 Sagt was ihr wohl in deutschen Landen
Von unsrer Unternehmung hofft?
Ich wünschte sehr der Menge zu behagen,
Besonders weil sie lebt und leben läßt.
Die Pfosten sind, die Bretter aufgeschlagen*,   Die Bühne ist errichtet.
40 Und jedermann erwartet sich ein Fest.
Sie sitzen schon, mit hohen Augenbrauen*,   mit kritisch-erwartungsvoll hoch-gezogenen Augen-brauen
Gelassen da und möchten gern erstaunen.
Ich weiß wie man den Geist des Volks versöhnt;
Doch so verlegen bin ich nie gewesen;
45 Zwar sind sie an das Beste nicht gewöhnt,
Allein sie haben schrecklich viel gelesen.
Wie machen wir's? daß alles frisch und neu
Und mit Bedeutung auch gefällig sei.
Denn freilich mag ich gern die Menge sehen,   Vorüber-gehend aus Brettern errich-tetes Gebäude
50 Wenn sich der Strom nach unsrer Bude* drängt,
Und mit gewaltig wiederholten Wehen*   Schmerzen
⌜Sich durch die enge Gnadenpforte zwängt⌝,
Bei hellem Tage, ⌜schon vor Vieren⌝,
Mit Stößen sich bis an die Kasse ficht
55 Und, wie in Hungersnot um Brot an Bäckertüren,
Um ein Billet sich fast die Hälse bricht,
Dies Wunder wirkt auf so verschiedne Leute
Der Dichter nur; mein Freund, o! tu' es heute!

DICHTER

O sprich mir nicht von jener bunten Menge,

Bei deren Anblick uns der Geist entflieht. 60
Verhülle mir das wogende Gedränge,
Das wider Willen uns zum Strudel zieht.
Nein, führe mich ⌐zur stillen Himmelsenge⌐,
Wo nur dem Dichter reine Freude blüht;
Wo Lieb' und Freundschaft unsres Herzens Segen 65
Mit Götterhand erschaffen und ⌐erpflegen⌐.

Ach! was in tiefer Brust uns da entsprungen,
Was sich die Lippe schüchtern vorgelallt,
Mißraten jetzt und jetzt vielleicht gelungen,
Verschlingt des wilden Augenblicks Gewalt. 70
Oft wenn es erst durch Jahre durchgedrungen
Erscheint es in vollendeter Gestalt.
Was glänzt ist für den Augenblick geboren;
Das Echte bleibt der Nachwelt unverloren.

LUSTIGE PERSON

Wenn ich nur nichts von Nachwelt hören sollte; 75
Gesetzt daß i c h von Nachwelt reden wollte,
Wer machte denn der Mitwelt Spaß?
Den will sie doch und soll ihn haben.
Die Gegenwart von einem braven Knaben*
Ist, dächt' ich, immer auch schon was. 80
Wer sich behaglich* mitzuteilen weiß,
Den wird des Volkes Laune nicht erbittern;
Er wünscht sich einen großen Kreis,
Um ihn gewisser zu erschüttern.
Drum seid nur brav und zeigt euch musterhaft, 85
Laßt Phantasie, mit allen ihren Chören,
Vernunft, Verstand, Empfindung, Leidenschaft,
Doch, merkt euch wohl! nicht ohne Narrheit hören.

DIREKTOR

Besonders aber laßt genug geschehn!
Man kommt zu schaun, man will am liebsten sehn. 90
Wird Vieles vor den Augen abgesponnen,

Hier: tüchtigen
jungen Mann

Behagen erwe-
ckend, gefällig

So daß die Menge staunend gaffen kann,
Da habt ihr in der Breite gleich gewonnen,
Ihr seid ein vielgeliebter Mann.
5 Die Masse könnt ihr nur durch Masse zwingen,
Ein jeder sucht sich endlich selbst was aus.
Wer Vieles bringt, wird manchem etwas bringen;
Und jeder geht zufrieden aus dem Haus.
Gebt ihr ein Stück, so gebt es gleich in Stücken!
10 Solch ein Ragout es muß euch glücken;
Leicht ist es vorgelegt, so leicht als ausgedacht.
Was hilft's, wenn ihr ein Ganzes dargebracht,
Das Publikum wird es euch doch zerpflücken.

DICHTER

Ihr fühlet nicht, wie schlecht ein solches Handwerk sei!
15 Wie wenig das dem echten Künstler zieme!
Der saubern Herren Pfuscherei
Ist, merk' ich, schon bei euch Maxime*.

Grundsatz
des Handelns

DIREKTOR

Ein solcher Vorwurf läßt mich ungekränkt;
Ein Mann, der recht zu wirken denkt,
0 Muß auf das beste Werkzeug halten.
Bedenkt, ihr habet weiches Holz zu spalten,
Und seht nur hin für wen ihr schreibt!
Wenn diesen Langeweile treibt,
Kommt jener satt vom übertischten Mahle,
5 Und, was das allerschlimmste bleibt,
Gar mancher kommt vom Lesen der Journale.
Man eilt zerstreut zu uns, wie zu den Maskenfesten,
Und Neugier nur beflügelt jeden Schritt;
Die Damen geben sich und ihren Putz zum besten
20 Und spielen ohne Gage mit.
Was träumet ihr auf eurer Dichter-Höhe?
Was macht ein volles Haus euch froh?
Beseht die Gönner in der Nähe!
Halb sind sie kalt, halb sind sie roh.

Der, nach dem Schauspiel, hofft ein Kartenspiel, 12
Der eine wilde Nacht an einer Dirne Busen.
Was plagt ihr armen Toren viel,
Zu solchem Zweck, die holden Musen?
Ich sag' euch, gebt nur mehr, und immer immer mehr,
So könnt ihr euch vom Ziele nie verirren, 13
Sucht nur die Menschen zu verwirren,
Sie zu befriedigen ist schwer – –
⌜Was fällt euch an? Entzückung oder Schmerzen?⌝

DICHTER

Geh hin und such dir einen andern Knecht!
Der Dichter sollte wohl das höchste Recht, 13
Das Menschenrecht, das ihm Natur vergönnt,

frevelhaft,
vorsätzlich
widerrechtlich

Um deinetwillen freventlich* verscherzen!
Wodurch bewegt er alle Herzen?
Wodurch besiegt er jedes Element?
Ist es der Einklang nicht, der aus dem Busen dringt, 14
Und in sein Herz die Welt zurücke schlingt?
Wenn die Natur des Fadens ew'ge Länge,
Gleichgültig drehend, auf die Spindel zwingt,
Wenn aller Wesen unharmon'sche Menge
Verdrießlich durch einander klingt: 14
Wer teilt die fließend immer gleiche Reihe
Belebend ab, daß sie sich rhythmisch regt?
Wer ruft das Einzelne zur allgemeinen Weihe?
Wo es in herrlichen Akkorden schlägt,
Wer läßt den Sturm zu Leidenschaften wüten? 15
Das Abendrot im ernsten Sinne glühn?
Wer schüttet alle schönen Frühlingsblüten
Auf der Geliebten Pfade hin?

Lorbeerblätter
als Ehren-
zeichen

Wer flicht die unbedeutend grünen Blätter*
Zum Ehrenkranz Verdiensten jeder Art? 15
Wer sichert den ⌜Olymp⌝, vereinet Götter?
Des Menschen Kraft im Dichter offenbart.

LUSTIGE PERSON

So braucht sie denn die schönen Kräfte
Und treibt* die dicht'rischen Geschäfte,   betreibt
Wie man ein Liebesabenteuer treibt.
Zufällig naht man sich, man fühlt, man bleibt
Und nach und nach wird man verflochten;
Es wächst das Glück, dann wird es angefochten,
Man ist entzückt, nun kommt der Schmerz heran,
Und eh man sich's versieht, ist's eben ein Roman*.   Hier: Liebes-
                                                       geschichte
Laßt uns auch so ein Schauspiel geben!
Greift nur hinein in's volle Menschenleben!
Ein jeder lebt's, nicht vielen ist's bekannt,
Und wo ihr's packt, da ist's interessant.
In bunten Bildern wenig Klarheit,
Viel Irrtum und ein Fünkchen Wahrheit,
So wird der beste Trank gebraut,
Der alle Welt erquickt und auferbaut.
Dann sammelt sich der Jugend schönste Blüte
Vor eurem Spiel und lauscht der ⌜Offenbarung⌝,
Dann sauget jedes zärtliche* Gemüte   empfindsame
Aus eurem Werk sich ⌜melanchol'sche Nahrung⌝;
Dann wird bald dies bald jenes aufgeregt,
Ein jeder sieht was er im Herzen trägt.
Noch sind sie gleich bereit zu weinen und zu lachen,
Sie ehren noch den Schwung, erfreuen sich am Schein;
Wer fertig ist, dem ist nichts recht zu machen;
Ein Werdender wird immer dankbar sein.

DICHTER

So gib mir auch die Zeiten wieder,
Da ich noch selbst im Werden war,
Da sich ein Quell gedrängter* Lieder   dicht gedrängt
Ununterbrochen neu gebar,   aufeinander-
                                         folgender
Da Nebel mir die Welt verhüllten,
Die Knospe Wunder noch versprach,
Da ich die tausend Blumen brach,

Die alle Täler reichlich füllten.
Ich hatte nichts und doch genug,

die Freude
über dichteri-
sche Erfin-
dungen

Den Drang nach Wahrheit und die Lust am Trug*.
Gib ungebändigt jene Triebe,
Das tiefe schmerzenvolle Glück,   19
Des Hasses Kraft, die Macht der Liebe,
Gib meine Jugend mir zurück!

LUSTIGE PERSON

Der Jugend, guter Freund, bedarfst du allenfalls,
Wenn dich in Schlachten Feinde drängen,
Wenn mit Gewalt an deinen Hals   20
Sich allerliebste Mädchen hängen,

Siegerkranz

Wenn fern des schnellen Laufes Kranz*
Vom schwer erreichten Ziele winket,
Wenn nach dem heft'gen Wirbeltanz
Die Nächte schmausend man vertrinket.   20

Als Sinnbild
der Dichtkunst

Doch ins bekannte Saitenspiel*
Mit Mut und Anmut einzugreifen,
⌜Nach einem selbstgesteckten Ziel
Mit holdem Irren hinzuschweifen⌝,
Das, alte Herrn, ist eure Pflicht,   21
Und wir verehren euch darum nicht minder.
Das Alter macht nicht kindisch, wie man spricht,
Es findet uns nur noch als wahre Kinder.

DIREKTOR

Der Worte sind genug gewechselt,
Laßt mich auch endlich Taten sehn;   21
Indes ihr Komplimente drechselt,
Kann etwas nützliches geschehn.
Was hilft es viel von Stimmung reden?
Dem Zaudernden erscheint sie nie.
⌜Gebt ihr euch einmal für Poeten,   22
So kommandiert die Poesie.⌝
Euch ist bekannt, was wir bedürfen,
Wir wollen stark Getränke schlürfen;

Nun braut mir unverzüglich dran!
Was heute nicht geschieht, ist morgen nicht getan,
Und keinen Tag soll man verpassen,
Das Mögliche soll der Entschluß
Beherzt sogleich beim Schopfe fassen,
Er will es dann nicht fahren lassen,
Und wirket weiter, weil er muß.

Ihr wißt, auf unsern deutschen Bühnen
Probiert ein jeder was er mag;
Drum schonet mir an diesem Tag
⌐Prospekte nicht und nicht Maschinen.
Gebraucht das groß' und kleine Himmelslicht⌐,
Die Sterne dürfet ihr verschwenden;
An Wasser, Feuer, Felsenwänden,
An Tier und Vögeln fehlt es nicht.
So schreitet in dem engen Bretterhaus
Den ganzen Kreis der Schöpfung aus,
Und wandelt mit bedächt'ger Schnelle
Vom Himmel durch die Welt zur Hölle.

Prolog im Himmel

Der Herr*,
Die Himmlischen Heerscharen*,
nachher Mephistopheles.

Gott

die Schar
der Engel

Die drei Erzengel treten vor.

RAPHAEL
⌐Die Sonne tönt nach alter Weise
In Brudersphären Wettgesang,
Und ihre vorgeschrieb'ne Reise
Vollendet sie mit Donnergang.⌐
Ihr Anblick gibt den Engeln Stärke,
Wenn keiner sie ergründen mag;
Die unbegreiflich hohen Werke
Sind herrlich wie am ersten Tag.

GABRIEL
Und schnell und unbegreiflich schnelle
Dreht sich umher der Erde Pracht;
Es wechselt Paradieses-Helle
Mit tiefer schauervoller Nacht;
Es schäumt das Meer in breiten Flüssen
Am tiefen Grund der Felsen auf,
Und Fels und Meer wird fortgerissen
In ewig schnellem Sphärenlauf.

MICHAEL
Und Stürme brausen um die Wette,
Vom Meer auf's Land, vom Land auf's Meer,
Und bilden wütend eine Kette
Der tiefsten Wirkung rings umher.
Da flammt ein blitzendes Verheeren
Dem Pfade vor des Donnerschlags*;

Dem Pfade des
Donnerschlags
voraus

Doch deine Boten, Herr, verehren 2
Das sanfte Wandeln deines Tags.

ZU DREI

Der Anblick gibt den Engeln Stärke
Da keiner dich ergründen mag,
Und alle deine hohen Werke
Sind herrlich wie am ersten Tag. 2

⌐MEPHISTOPHELES⌐

Da du, o Herr, dich einmal wieder nahst
Und fragst wie alles sich bei uns befinde,
Und du mich sonst gewöhnlich gerne sahst:
So siehst du mich auch unter dem Gesinde*.   *Gefolge, Dienerschaft*
Verzeih, ich kann nicht hohe Worte machen, 2
Und wenn mich auch der ganze Kreis verhöhnt;
Mein Pathos* brächte dich gewiß zum Lachen,   *Ausdruck der Leidenschaft*
Hätt'st du dir nicht das Lachen abgewöhnt.
Von Sonn' und Welten weiß ich nichts zu sagen,
Ich sehe nur wie sich die Menschen plagen. 2
Der kleine Gott der Welt bleibt stets von gleichem   *unverändert*

                                         Schlag*,
Und ist so wunderlich als wie am ersten Tag.
Ein wenig besser würd' er leben,
Hätt'st du ihm nicht den ⌐Schein des Himmelslichts⌐
                                      gegeben;
Er nennt's Vernunft und braucht's allein, 2
Nur tierischer als jedes Tier zu sein.
Er scheint mir, ⌐mit Verlaub von Ew. Gnaden⌐,
Wie eine der langbeinigen Zikaden*,   *Heuschrecken, Grillen*
Die immer fliegt und fliegend springt
Und gleich im Gras ihr altes Liedchen singt; 2
Und läg' er nur noch immer in dem Grase!
In jeden Quark* begräbt er seine Nase.   *Dreck*

DER HERR

Hast du mir weiter nichts zu sagen?
Kommst du nur immer anzuklagen?
Ist auf der Erde ewig dir nichts recht? 2

MEPHISTOPHELES

Nein Herr! ich find' es dort, wie immer, herzlich*   sehr
                             schlecht.

Die Menschen dauern mich* in ihren Jammertagen,   tun mir leid
Ich mag sogar die armen selbst nicht plagen.

DER HERR

Kennst du den Faust?

MEPHISTOPHELES

            Den Doktor?

DER HERR

                    ⌜Meinen Knecht!⌝

MEPHISTOPHELES

Fürwahr! er dient euch auf besondre Weise.
Nicht irdisch ist des Toren Trank noch Speise.
Ihn treibt die ⌜Gärung⌝ in die Ferne,
Er ist sich seiner Tollheit* halb bewußt;   Irrsinn
Vom Himmel fordert er die schönsten Sterne,
Und von der Erde jede höchste Lust,
Und alle Näh' und alle Ferne
Befriedigt nicht die tiefbewegte Brust.

DER HERR

Wenn er mir jetzt auch nur verworren* dient: halb bewusst
So werd' ich ihn bald in die Klarheit führen.
Weiß doch der Gärtner, wenn das Bäumchen grünt,
Daß Blüt' und Frucht die künft'gen Jahre zieren.

MEPHISTOPHELES

Was wettet ihr? den sollt ihr noch verlieren,
Wenn ihr mir die Erlaubnis gebt
Ihn meine Straße sacht zu führen!

DER HERR

So lang' er auf der Erde lebt,
So lange sei dir's nicht verboten.
Es irrt der Mensch so lang' er strebt*.   unermüdlich
                                       versucht,

MEPHISTOPHELES   etwas zu

Da dank' ich euch; denn mit den Toten   erlangen

Hab' ich mich niemals gern befangen.
Am meisten lieb' ich mir die vollen frischen Wangen.
Für einen Leichnam bin ich nicht zu Haus;
Mir geht es wie der Katze mit der Maus.

DER HERR

Nun gut, es sei dir überlassen!
Zieh diesen Geist von seinem Urquell ab,
Und führ' ihn, kannst du ihn erfassen,
Auf deinem Wege mit herab,
Und steh' beschämt, wenn du bekennen mußt:
Ein guter Mensch in seinem dunkeln Drange
Ist sich des rechten Weges wohl bewußt.

MEPHISTOPHELES

Schon gut! nur dauert es nicht lange.
Mir ist für meine Wette gar nicht bange.
Wenn ich zu meinem Zweck gelange,
Erlaubt ihr mir Triumph aus voller Brust.
⌜Staub soll er fressen, und mit Lust,
Wie meine Muhme*, die berühmte Schlange.⌝

DER HERR

⌜Du darfst auch da nur frei erscheinen⌝;
Ich habe deines gleichen nie gehaßt.
⌜Von allen Geistern die verneinen
Ist mir der Schalk am wenigsten zur Last.⌝
Des Menschen Tätigkeit kann allzuleicht erschlaffen,
Er liebt sich* bald die unbedingte Ruh;
Drum geb' ich gern ihm den Gesellen zu,
Der reizt und wirkt, und muß, als Teufel, schaffen.
Doch ihr, die echten Göttersöhne*,
Erfreut euch der lebendig reichen Schöne*!
⌜Das Werdende, das ewig wirkt und lebt,
Umfass' euch mit der Liebe holden Schranken,
Und was in schwankender Erscheinung schwebt,
Befestiget mit dauernden Gedanken.⌝

Der Himmel schließt, die Erzengel verteilen sich.

MEPHISTOPHELES *allein*
Von Zeit zu Zeit seh' ich den Alten gern,
Und hüte mich mit ihm zu brechen.
Es ist gar hübsch* von einem großen Herrn,
So menschlich mit dem Teufel selbst zu sprechen.

sehr freund-
lich, liebens-
würdig

Der Tragödie Erster Teil

Nacht

In einem hochgewölbten, engen, gotischen* Zimmer
FAUST *unruhig auf seinem Sessel am Pulte.*

spätmittel-
alterlichen

FAUST
Habe nun, ach! ⌐Philosophie,
Juristerei und Medizin,
Und leider auch Theologie⌐!
Durchaus* studiert, mit heißem Bemühn.
Da steh' ich nun, ich armer Tor!
Und bin so klug als wie zuvor;
Heiße Magister, heiße Doktor* gar,
Und ziehe schon an die zehen Jahr,
Herauf, herab und quer und krumm,
Meine Schüler an der Nase herum –
Und sehe, daß wir nichts wissen können!
Das will mir schier* das Herz verbrennen.
Zwar bin ich gescheiter als alle die Laffen*,
Doktoren, Magister, Schreiber und Pfaffen;
Mich plagen keine Skrupel noch Zweifel.
Fürchte mich weder vor Hölle noch Teufel –
Dafür ist mir auch alle Freud' entrissen,
Bilde mir nicht ein was rechts zu wissen,
Bilde mir nicht ein ich könnte was lehren
Die Menschen zu bessern und zu bekehren.
Auch hab' ich weder Gut noch Geld,
Noch Ehr' und Herrlichkeit der Welt,
Es möchte kein Hund so länger leben!
Drum hab' ich mich der ⌐Magie⌐ ergeben,
Ob mir, durch Geistes Kraft und Mund,

vollständig

Die höchsten
Abschluss-
grade der
Universität

geradezu

albernen
Dummköpfe

Nicht manch Geheimnis würde kund;
Daß ich nicht mehr, mit sauerm Schweiß,
Zu sagen brauche was ich nicht weiß;
Daß ich erkenne was die Welt
Im Innersten zusammenhält,
Schau' alle Wirkenskraft und Samen,
Und tu' nicht mehr in Worten kramen*.

mit bloßen Worten Handel treiben

O sähst du, voller Mondenschein,
Zum letztenmal auf meine Pein,
Den ich so manche Mitternacht
An diesem Pult herangewacht:
Dann, über Büchern und Papier,
Trübsel'ger Freund, erschienst du mir!
Ach! könnt' ich doch auf Berges-Höh'n
In deinem lieben Lichte gehn,
Um Bergeshöhle mit Geistern schweben,
Auf Wiesen in deinem Dämmer weben*,
Von allem Wissensqualm entladen
In deinem Tau gesund mich baden!

mich langsam hin- und herbewegen

Weh! steck' ich in dem Kerker noch?
Verfluchtes dumpfes Mauerloch,
Wo selbst das liebe Himmelslicht
Trüb' durch gemalte* Scheiben bricht!
Beschränkt von diesem Bücherhauf,
Den Würme nagen, Staub bedeckt,
Den, bis an's hohe Gewölb' hinauf,
⌈Ein angeraucht Papier umsteckt⌉;
Mit Gläsern, Büchsen rings umstellt,
Mit Instrumenten vollgepfropft,
Urväter Hausrat* drein gestopft –
Das ist deine Welt! das heißt eine Welt!

farbige

uralter Hausrat

Und fragst du noch, warum dein Herz

Sich bang' in deinem Busen* klemmt?   in deiner Brust
Warum ein unerklärter Schmerz
Dir alle Lebensregung hemmt?
Statt der lebendigen Natur,
Da Gott die Menschen schuf hinein,
Umgibt in Rauch und Moder nur
Dich Tiergeripp' und Totenbein.

Flieh! Auf! Hinaus in's weite Land!
Und dies geheimnisvolle Buch,
Von ⌐Nostradamus⌐ eigner Hand,
Ist dir es nicht Geleit* genug?   Führung
Erkennest dann der Sterne Lauf,   erkennst du,
Und wenn Natur dich unterweist,   wie man sich
Dann geht die Seelenkraft dir auf,   mit einem
Wie spricht ein Geist zum andern Geist*.   Geist verstän-
                                                       digen kann
Umsonst, daß trocknes Sinnen* hier   theoretisches
Die heil'gen Zeichen dir erklärt.   Überlegen
Ihr schwebt, ihr Geister, neben mir;
Antwortet mir, wenn ihr mich hört!
*Er schlägt das Buch auf und erblickt das ⌐Zeichen des
Makrokosmus⌐*
Ha! welche Wonne fließt in diesem Blick
Auf einmal mir durch alle meine Sinnen!
Ich fühle junges heil'ges Lebensglück
Neuglühend mir durch Nerv' und Adern rinnen.
War es ein Gott, der diese Zeichen schrieb,
Die mir das inn're Toben stillen,
Das arme Herz mit Freude füllen,
Und mit geheimnisvollem Trieb
Die Kräfte der Natur rings um mich her enthüllen?
Bin ich ein Gott? Mir wird so licht!
Ich schau' in diesen reinen Zügen
Die wirkende Natur vor meiner Seele liegen.
Jetzt erst erkenn' ich was der Weise spricht:

»Die Geisterwelt ist nicht verschlossen;
Dein Sinn ist zu, dein Herz ist tot!
Auf, bade, Schüler, unverdrossen
Die ird'sche Brust im Morgenrot!«
Er beschaut das Zeichen
⌈Wie alles sich zum Ganzen webt,
Eins in dem andern wirkt und lebt!
Wie Himmelskräfte auf und nieder steigen
Und sich die goldnen Eimer reichen!
Mit segenduftenden Schwingen
Vom Himmel durch die Erde dringen,
Harmonisch all' das All durchklingen!⌉

Welch Schauspiel! aber ach! ein Schauspiel nur!
Wo fass' ich dich, unendliche Natur?
Euch Brüste, wo? Ihr Quellen alles Lebens,
An denen Himmel und Erde hängt,
Dahin die welke Brust sich drängt –
Ihr quellt, ihr tränkt, und schmacht' ich so vergebens?

Er schlägt unwillig das Buch um, und erblickt das ⌈Zeichen des Erdgeistes⌉

Wie anders wirkt dies Zeichen auf mich ein!
Du, Geist der Erde, bist mir näher;
Schon fühl' ich meine Kräfte höher,

jungem

Schon glüh' ich wie von neuem* Wein,
Ich fühle Mut mich in die Welt zu wagen,
Der Erde Weh, der Erde Glück zu tragen,
Mit Stürmen mich herumzuschlagen,
Und in des Schiffbruchs Knirschen nicht zu zagen;
Es wölkt sich über mir –
Der Mond verbirgt sein Licht –

Das Licht wird
schwächer.

Die Lampe schwindet*!
Es dampft! – Es zucken rote Strahlen

Mir um das Haupt – Es weht
Ein Schauer vom Gewölb' herab
Und faßt mich an!
Ich fühl's, du schwebst um mich, erflehter Geist.
Enthülle dich!
Ha! wie's in meinem Herzen reißt!
Zu neuen Gefühlen
All' meine Sinnen sich erwühlen!
Ich fühle ganz mein Herz dir hingegeben!
Du mußt! du mußt! und kostet' es mein Leben!

*Er faßt das Buch und spricht das Zeichen des Geistes
geheimnisvoll aus. Es zuckt eine rötliche Flamme,* DER
GEIST *erscheint in der Flamme.*

GEIST

Wer ruft mir?

FAUST *abgewendet*

Schreckliches Gesicht!*

Schrecklicher
Anblick!

GEIST

Du hast mich mächtig angezogen,
An meiner Sphäre lang' gesogen,
Und nun –

FAUST

Weh! ich ertrag' dich nicht!

GEIST

Du flehst eratmend mich zu schauen,
Meine Stimme zu hören, mein Antlitz zu sehn;
Mich neigt dein mächtig Seelenflehn,
Da bin ich! – Welch erbärmlich Grauen
Faßt Übermenschen dich! Wo ist der Seele Ruf?
Wo ist die Brust? die eine Welt in sich erschuf,
Und trug und hegte, die mit Freudebeben
Erschwoll, sich uns, den Geistern, gleich zu heben.
Wo bist du, Faust? des Stimme mir erklang,
Der sich an mich mit allen Kräften drang?

Bist Du es? der, von meinem Hauch umwittert,
In allen Lebenstiefen zittert,
Ein furchtsam weggekrümmter Wurm!

FAUST

Soll ich dir, Flammenbildung, weichen?
Ich bin's, bin Faust, bin deines gleichen!

GEIST

In Lebensfluten, im Tatensturm
Wall' ich auf und ab,
Wehe hin und her!
Geburt und Grab,
Ein ewiges Meer,
Ein wechselnd Weben,
Ein glühend Leben,
So schaff' ich am sausenden Webstuhl der Zeit,
_{webe} Und wirke* der Gottheit lebendiges Kleid.

FAUST

Der du die weite Welt umschweifst,
Geschäftiger Geist, wie nah fühl' ich mich dir!

GEIST

Du gleichst dem Geist den du begreifst,
Nicht mir!
Verschwindet.

FAUST *zusammenstürzend*

Nicht dir?
Wem denn?
Ich Ebenbild der Gottheit,
Und nicht einmal dir!
Es klopft.

_{Gehilfe,} O Tod! ich kenn's – das ist mein Famulus* –
_{Assistent} Es wird mein schönstes Glück zu nichte!

_{Erscheinungen} Daß diese Fülle der Gesichte*
Der trockne Schleicher stören muß!

WAGNER *im Schlafrocke und der Nachtmütze, eine Lampe in der Hand. Faust wendet sich unwillig.*

WAGNER

Verzeiht! ich hör' euch deklamieren*;   pathetisch
sprechen
Ihr las't gewiß ein griechisch Trauerspiel?
In dieser Kunst möcht' ich 'was profitieren,
Denn heut zu Tage wirkt das viel.
Ich hab' es öfters rühmen hören,
Ein Komödiant könnt' einen Pfarrer lehren.

FAUST

Ja, wenn der Pfarrer ein Komödiant ist;
Wie das denn wohl zu Zeiten kommen mag.

WAGNER

Ach! wenn man so in sein Museum* gebannt ist,   Studierzimmer
Und sieht die Welt kaum einen Feiertag,
Kaum durch ein Fernglas, nur von weiten,
Wie soll man sie durch Überredung leiten?

FAUST

Wenn ihr's nicht fühlt, ihr werdet's nicht erjagen,
Wenn es nicht aus der Seele dringt,
Und mit urkräftigem Behagen
Die Herzen aller Hörer zwingt.
Sitzt ihr nur immer! Leimt zusammen,
Braut ein Ragout von andrer Schmaus,
Und blas't die kümmerlichen Flammen
Aus eurem Aschenhäufchen 'raus!
Bewund'rung von Kindern und Affen,
Wenn euch darnach der Gaumen steht;
Doch werdet ihr nie Herz zu Herzen schaffen,
Wenn es euch nicht von Herzen geht.

WAGNER

Allein der Vortrag macht des Redners Glück;
Ich fühl' es wohl noch bin ich weit zurück.

FAUST

Such' Er den redlichen Gewinn!
Sei er kein ⌜schellenlauter Tor⌝!
Es trägt Verstand und rechter Sinn

Mit wenig Kunst sich selber vor;
Und wenn's euch Ernst ist was zu sagen,
Ist's nötig Worten nachzujagen?
Ja, eure Reden, die so blinkend sind,
In denen ihr ⌜der Menschheit Schnitzel kräuselt⌝,
Sind unerquicklich wie der Nebelwind,
Der herbstlich durch die dürren Blätter säuselt!

WAGNER

Ach Gott! ⌜die Kunst ist lang!
Und kurz ist unser Leben.⌝
Mir wird, bei meinem kritischen Bestreben*,
Doch oft um Kopf und Busen bang'.
Wie schwer sind nicht die Mittel zu erwerben,
Durch die man zu den Quellen* steigt!
Und eh' man nur den halben Weg erreicht,
Muß wohl ein armer Teufel sterben.

FAUST

Das Pergament* ist das der heil'ge Bronnen*,
Woraus ein Trunk den Durst auf ewig stillt?
Erquickung hast du nicht gewonnen,
Wenn sie dir nicht aus eigner Seele quillt.

WAGNER

Verzeiht! es ist ein groß Ergetzen*
Sich in den Geist der Zeiten* zu versetzen,
Zu schauen wie vor uns ein weiser Mann gedacht,
Und wie wir's dann zuletzt so herrlich weit gebracht.

FAUST

O ja, ⌜bis an die Sterne⌝ weit!
Mein Freund, die Zeiten der Vergangenheit
Sind uns ein Buch mit sieben Siegeln;
Was ihr den Geist der Zeiten heißt,
Das ist im Grund der Herren eigner Geist,
In dem die Zeiten sich bespiegeln.
Da ist's denn wahrlich oft ein Jammer!
Man läuft euch bei dem ersten Blick davon.

das Bemühen um den richtigen Text: Wissen ist für Wagner Buchwissen

Ergänze: von Bildung und Erziehung

die Bücher

Quelle

Ergötzen, Vergnügen

in die Vergangenheit

Ein Kehrichtfaß* und eine Rumpelkammer,
Und höchstens eine Haupt- und Staatsaktion*,
Mit trefflichen pragmatischen Maximen*,
Wie sie den Puppen wohl im Munde ziemen!

WAGNER

Allein die Welt! des Menschen Herz und Geist!
Möcht' jeglicher doch was davon erkennen.

FAUST

Ja was man so erkennen heißt!
Wer darf das Kind beim rechten Namen nennen?
Die wenigen, die was davon erkannt,
Die töricht g'nug ihr volles Herz nicht wahrten,
Dem Pöbel ihr Gefühl, ihr Schauen offenbarten,
Hat man von je ⌈gekreuzigt und verbrannt⌉.
Ich bitt' euch, Freund, es ist tief in der Nacht,
Wir müssen's diesmal unterbrechen.

WAGNER

Ich hätte gern nur immer fortgewacht,
Um so gelehrt mit euch mich zu besprechen.
Doch morgen, als am ersten Ostertage,
Erlaubt mir ein' und andre Frage.
Mit Eifer hab' ich mich der Studien beflissen;
Zwar weiß ich viel, doch möcht' ich alles wissen.
ab.

FAUST *allein*

Wie nur dem Kopf nicht alle Hoffnung schwindet,
Der immerfort an schalem Zeuge klebt,
Mit gier'ger Hand nach Schätzen gräbt,
Und froh ist wenn er Regenwürmer findet!

Darf eine solche Menschenstimme hier,
Wo Geisterfülle mich umgab, ertönen?
Doch ach! für diesmal dank' ich dir,
Dem ärmlichsten von allen Erdensöhnen.
Du rissest mich von der Verzweiflung los,

Abfallbehälter

Schauspiele
von Fürsten-
schicksalen
und Staats-
affären

Grundsätze
für das
Handeln

Die mir die Sinne schon zerstören wollte.
Ach! die Erscheinung war so riesen-groß,
Daß ich mich recht als Zwerg empfinden sollte.

Ich, Ebenbild der Gottheit, das sich schon
Ganz nah gedünkt* dem Spiegel ew'ger Wahrheit,
Sein selbst* genoß in Himmelsglanz und Klarheit,
Und abgestreift den Erdensohn;
Ich, mehr als Cherub*, dessen freie Kraft
Schon durch die Adern der Natur zu fließen
Und, schaffend, Götterleben zu genießen
Sich ahnungsvoll vermaß*, wie muß ich's büßen!
Ein Donnerwort hat mich hinweggerafft.

Nicht darf ich dir zu gleichen mich vermessen*.
Hab' ich die Kraft dich anzuziehn besessen:
So hatt' ich dich zu halten keine Kraft.
In jenem sel'gen Augenblicke
Ich fühlte mich so klein, so groß;
Du stießest grausam mich zurücke,
Ins ungewisse Menschenlos.
Wer lehret mich? was soll ich meiden?
Soll ich gehorchen jenem Drang?
Ach! unsre Taten selbst, so gut als unsre Leiden,
Sie hemmen unsres Lebens Gang.
Dem Herrlichsten, was auch der Geist empfangen,
Drängt immer fremd und fremder Stoff sich an;
Wenn wir zum Guten dieser Welt gelangen,
Dann heißt das Bess're Trug und Wahn.
Die uns das Leben gaben, herrliche Gefühle,
Erstarren in dem irdischen Gewühle.

Wenn Phantasie sich sonst, mit kühnem Flug,
Und hoffnungsvoll zum Ewigen erweitert,
So ist ein kleiner Raum ihr nun genug,

Marginal glosses:

geglaubt, vermutet

sich selbst

Ein hochrangiger Engel

(dessen Kraft) überheblich darauf hoffte …

voller Überheblichkeit annehmen

Wenn Glück auf Glück im Zeitenstrudel scheitert.
Die Sorge nistet gleich im tiefen Herzen,
Dort wirket sie geheime Schmerzen,
Unruhig wiegt sie sich und störet Lust und Ruh;
Sie deckt sich stets mit neuen Masken zu,
Sie mag als Haus und Hof, als Weib und Kind
                                    erscheinen,
Als Feuer, Wasser, Dolch und Gift;
Du bebst vor allem was nicht trifft,
Und was du nie verlierst das mußt du stets beweinen.

Den Göttern gleich' ich nicht! Zu tief ist es gefühlt;
Dem Wurme gleich' ich, der den Staub durchwühlt;
Den, wie er sich im Staube nährend lebt,
Des Wandrers Tritt vernichtet und begräbt.

Ist es nicht Staub, was diese hohe Wand,
Aus hundert Fächern*, mir verenget;   Regalfächern
Der Trödel, der mit tausendfachem Tand*   wertlosen
In dieser Mottenwelt mich dränget?   Zeug
Hier soll ich finden was mir fehlt?
Soll ich vielleicht in tausend Büchern lesen,
Daß überall die Menschen sich gequält,
Daß hie und da ein Glücklicher gewesen? –
Was grinsest du mir hohler Schädel her?
Als daß dein Hirn, wie meines, einst verwirret,
Den leichten Tag gesucht und in der Dämmrung schwer,
Mit Lust nach Wahrheit, jämmerlich geirret.
Ihr Instrumente freilich, spottet mein,
Mit ⌜Rad und Kämmen, Walz' und Bügel⌝.
Ich stand am Tor, ihr solltet Schlüssel sein;
Zwar euer Bart* ist kraus, doch hebt ihr nicht die Riegel.   Hervorste-
Geheimnisvoll am lichten Tag   hender Teil des
Läßt sich Natur des Schleiers nicht berauben,   Schlüssels, der
Und was sie deinem Geist nicht offenbaren mag,   im Schloss den
                                                        Riegel hebt

Das zwingst du ihr nicht ab ⌈mit Hebeln und mit   6
                                                Schrauben⌉.
Du alt Geräte das ich nicht gebraucht,
Du stehst nur hier, weil dich mein Vater brauchte.
Du alte Rolle, du wirst angeraucht,
So lang an diesem Pult die trübe Lampe schmauchte.
Weit besser hätt' ich doch mein Weniges verpraßt,   6
Als mit dem Wenigen belastet hier zu schwitzen!
Was du ererbt von deinen Vätern hast
Erwirb es um es zu besitzen.
Was man nicht nützt ist eine schwere Last;
Nur was der Augenblick erschafft das kann er nützen.   6

Doch warum heftet sich mein Blick auf jene Stelle?
Ist jenes Fläschchen dort den Augen ein Magnet?
Warum wird mir auf einmal lieblich helle,
Als wenn im nächt'gen Wald uns Mondenglanz
                                                umweht?

Ich grüße dich, du einzige Phiole*!   6
Die ich mit Andacht nun herunterhole,
In dir verehr' ich Menschenwitz und Kunst*.
Du Inbegriff* der holden Schlummersäfte*,
Du Auszug* aller tödlich feinen Kräfte,
Erweise deinem Meister deine Gunst!   6
Ich sehe dich, es wird der Schmerz gelindert,
Ich fasse dich, das Streben wird gemindert,
Des Geistes Flutstrom ebbet nach und nach.
In's hohe Meer werd' ich hinausgewiesen,
Die Spiegelflut erglänzt zu meinen Füßen,   7
Zu neuen Ufern lockt ein neuer Tag,

Ein Feuerwagen schwebt, auf leichten Schwingen,
An mich heran! Ich fühle mich bereit
Auf neuer Bahn den Äther* zu durchdringen,

Marginalien (linke Spalte):

Glasgefäß zur Aufbewahrung von Chemikalien

menschlichen Verstand und menschliches Können

Musterbeispiel

Die Phiole enthält ein Schlaf- und Betäubungsmittel.

(Pflanzen-) Extrakt

oberen Teil des Himmels

Zu neuen Sphären reiner Tätigkeit.
Dies hohe Leben, diese Götterwonne!
Du, erst noch Wurm, und die verdienest du?
Ja, kehre nur der holden Erdensonne
Entschlossen deinen Rücken zu!
Vermesse dich die Pforten aufzureißen,
Vor denen jeder gern vorüber schleicht.
Hier ist es Zeit durch Taten zu beweisen,
Daß Manneswürde nicht der Götterhöhe weicht,
Vor jener dunkeln Höhle nicht zu beben,
In der sich Phantasie zu eigner Qual verdammt,
Nach jenem Durchgang hinzustreben,
Um dessen engen Mund die ganze Hölle flammt;
Zu diesem Schritt sich heiter zu entschließen
Und wär' es mit Gefahr, in's Nichts dahin zu fließen.

Nun komm herab, kristallne reine Schale!
Hervor aus deinem alten Futterale*,   Behälter zum
An die ich viele Jahre nicht gedacht.   Aufbewahren
Du glänztest bei der Väter Freudenfeste,
Erheitertest die ernsten Gäste,
Wenn einer dich dem andern zugebracht.
Der vielen Bilder* künstlich reiche Pracht,   Zur Verzierung
Des Trinkers Pflicht, sie reimweis zu erklären,   der Trink-
Auf Einen Zug die Höhlung auszuleeren,   schale
Erinnert mich an manche Jugend-Nacht;
Ich werde jetzt dich keinem Nachbar reichen,
Ich werde meinen Witz* an deiner Kunst nicht zeigen; Verstand
Hier ist ein Saft, der eilig trunken macht.
Mit brauner Flut erfüllt er deine Höhle.
Den ich bereitet, den ich wähle,
Der letzte Trunk sei nun, mit ganzer Seele,
Als festlich hoher Gruß, dem Morgen zugebracht!
Er setzt die Schale an den Mund.

Glockenklang und Chorgesang

CHOR DER ENGEL

Christ ist erstanden!
Freude dem Sterblichen,
Den die verderblichen,
Schleichenden, erblichen

Erbsünde

Mängel* umwanden.

FAUST

Welch tiefes Summen, welch ein heller Ton,
Zieht mit Gewalt das Glas von meinem Munde?
Verkündiget ihr dumpfen Glocken schon
Des Osterfestes erste Feierstunde?
Ihr Chöre singt ihr schon den tröstlichen Gesang
Der einst, um Grabes Nacht, von Engelslippen klang,

zw. Gott und
den Menschen
(durch Christi
Tod am Kreuz)

Gewißheit einem neuen Bunde*?

CHOR DER WEIBER

Duftstoffen

Mit Spezereien*
Hatten wir ihn gepflegt,
Wir seine Treuen
Hatten ihn hingelegt;
Tücher und Binden
Reinlich umwanden wir,
Ach! und wir finden
Christ nicht mehr hier.

CHOR DER ENGEL

Christ ist erstanden!
Selig der Liebende,
Der die betrübende,
Heilsam' und übende
Prüfung bestanden.

FAUST

Was sucht ihr, mächtig und gelind,
Ihr Himmelstöne, mich am Staube?
Klingt dort umher, wo weiche Menschen sind.

Die Botschaft hör' ich wohl, allein mir fehlt der Glaube;
Das Wunder ist des Glaubens liebstes Kind.
Zu jenen Sphären wag' ich nicht zu streben,
Woher die holde Nachricht tönt;
Und doch, an diesen Klang von Jugend auf gewöhnt,
Ruft er auch jetzt zurück mich in das Leben.
Sonst* stürzte sich der Himmels-Liebe Kuß   Früher
Auf mich herab, in ernster Sabbatstille*;   Die Stille am
Da klang so ahnungsvoll des Glockentones Fülle,   Ostersonntag
Und ein Gebet war brünstiger* Genuß;   tief empfun-
Ein unbegreiflich holdes* Sehnen   dener (›bren-
                                                            nender‹)
Trieb mich durch Wald und Wiesen hinzugehn,   angenehmes
Und unter tausend heißen Tränen
Fühlt' ich mir eine Welt entstehn.
Dies Lied verkündete der Jugend muntre Spiele,
Der Frühlingsfeier freies Glück;
Erinnrung hält mich nun, mit kindlichem Gefühle,
Vom letzten, ernsten Schritt* zurück.   der Selbst-
                                                            tötung
O tönet fort ihr süßen Himmelslieder!
Die Träne quillt, die Erde hat mich wieder!

CHOR DER JÜNGER

> Hat der Begrabene
> Schon sich nach oben,
> Lebend Erhabene,
> Herrlich erhoben:
> Ist er in Werdelust
> Schaffender Freude nah;
> Ach! an der Erde Brust,
> Sind wir zum Leide da.
> Ließ er die Seinen
> Schmachtend* uns hier zurück;   hungernd und
>   dürstend, sich
> Ach! wir beweinen   sehnend
> Meister dein Glück!

CHOR DER ENGEL

> Christ ist erstanden,

der Hölle,
des Teufels

Euch als den
tätig ihn prei-
senden

Aus der Verwesung Schoß.
Reißet von Banden*
Freudig euch los!
Tätig ihn preisenden*,
Liebe beweisenden,
Brüderlich speisenden,
Predigend reisenden,
Wonne verheißenden
Euch ist der Meister nah',
Euch ist er da!

Vor dem Tor

SPAZIERGÄNGER *aller Art ziehen hinaus.*

EINIGE HANDWERKSBURSCHE
Warum denn dort hinaus?

ANDRE
Wir gehn hinaus auf's Jägerhaus*.

DIE ERSTEN
Wir aber wollen nach der Mühle wandern.

EIN HANDWERKSBURSCH
Ich rat' euch nach dem Wasserhof zu gehn.

ZWEITER
Der Weg dahin ist gar nicht schön.

DIE ZWEITEN
Was tust denn du?

EIN DRITTER
          Ich gehe mit den Andern.

VIERTER
Nach Burgdorf kommt herauf, gewiß dort findet ihr
Die schönsten Mädchen und das beste Bier,
Und Händel* von der ersten Sorte.

FÜNFTER
Du überlustiger Gesell,
Juckt dich zum drittenmal das Fell?
Ich mag nicht hin, mir graut es vor dem Orte.

DIENSTMÄDCHEN
Nein, nein! ich gehe nach der Stadt zurück.

ANDRE
Wir finden ihn gewiß bei jenen Pappeln stehen.

ERSTE
Das ist für mich kein großes Glück;
Er wird an deiner Seite gehen,
Mit dir nur tanzt er auf dem Plan*.
Was gehn mich deine Freuden an!

Wie die folgenden Orte Wanderziele in der Umgebung Frankfurts

Raufereien

Ebener oder geebneter Platz im Freien

ANDRE

Heut ist er sicher nicht allein,
Der Krauskopf, sagt er, würde bei ihm sein.

SCHÜLER*

Blitz, wie die wackern Dirnen* schreiten!
Herr Bruder komm! wir müssen sie begleiten.
Ein starkes Bier, ein beizender Toback*,
Und eine Magd im Putz* das ist nun mein Geschmack.

BÜRGERMÄDCHEN

Da sieh mir nur die schönen Knaben!
Es ist wahrhaftig eine Schmach;
Gesellschaft könnten sie die allerbeste haben,
Und laufen diesen Mägden nach!

ZWEITER SCHÜLER *zum ersten*

Nicht so geschwind! dort hinten kommen zwei,
Sie sind gar niedlich* angezogen,
's ist meine Nachbarin dabei;
Ich bin dem Mädchen sehr gewogen.
Sie gehen ihren stillen Schritt
Und nehmen uns doch auch am Ende mit.

ERSTER

Herr Bruder nein! Ich bin nicht gern geniert*.
Geschwind! daß wir das Wildpret* nicht verlieren.
Die Hand, die Samstags ihren Besen führt,
Wird Sonntags dich am besten karessieren*.

BÜRGER

Nein, er gefällt mir nicht der neue Burgemeister!
Nun, da er's ist, wird er nur täglich dreister.
Und für die Stadt was tut denn er?
Wird es nicht alle Tage schlimmer?
Gehorchen soll man mehr als immer,
Und zahlen mehr als je vorher.

BETTLER *singt*

Ihr guten Herrn, ihr schönen Frauen,
So wohlgeputzt und backenrot,

Marginal glosses:

Student — SCHÜLER*

Mädchen niederen Standes, Dienstmädchen — Dirnen*

beißend-scharfer Tabak — Toback*

Festlich geschmücktes Mädchen, insbesondere Dienstmädchen — Putz*

anziehend, reizvoll — niedlich*

aufgehalten, behindert — geniert*

Jagdbeute — Wildpret*

streicheln, liebkosen — karessieren*

Belieb' es euch mich anzuschauen,
Und seht und mildert meine Not!
Laßt hier mich nicht vergebens leiern*!
Nur der ist froh, der geben mag.
Ein Tag den alle Menschen feiern,
Er sei für mich ein Erntetag.

auf der
Drehleier der
Bettler spielen

ANDRER BÜRGER

Nichts bessers weiß ich mir an Sonn- und Feiertagen,
Als ein Gespräch von Krieg und Kriegsgeschrei,
Wenn hinten, weit, in der Türkei,
Die Völker auf einander schlagen.
Man steht am Fenster, trinkt sein Gläschen aus
Und sieht den Fluß hinab die bunten Schiffe gleiten;
Dann kehrt man Abends froh nach Haus,
Und segnet Fried' und Friedenszeiten.

DRITTER BÜRGER

Herr Nachbar, ja! so laß ich's auch geschehn,
Sie mögen sich die Köpfe spalten,
Mag alles durch einander gehn;
Doch nur zu Hause bleib's beim Alten.

ALTE *zu den Bürgermädchen*

Ei! wie geputzt! das schöne junge Blut!
Wer soll sich nicht in euch vergaffen*? –
Nur nicht so stolz! Es ist schon gut!
Und was ihr wünscht das wüßt' ich wohl zu schaffen.

durch
Anschauen
verlieben

BÜRGERMÄDCHEN

Agathe fort! ich nehme mich in Acht
Mit solchen Hexen öffentlich zu gehen;
Sie ließ mich zwar, in ⌜Sankt Andreas Nacht⌝,
Den künft'gen Liebsten leiblich sehen.

DIE ANDRE

Mir zeigte sie ihn im Kristall,
Soldatenhaft, mit mehreren Verwegnen;
Ich seh' mich um, ich such' ihn überall,
Allein mir will er nicht begegnen.

SOLDATEN

Burgen mit hohen
Mauern und Zinnen,   88
Mädchen mit stolzen
Höhnenden Sinnen
Möcht' ich gewinnen!
Kühn ist das Mühen,
Herrlich der Lohn!   8

Und die Trompete
Lassen wir werben,
Wie zu der Freude,
So zum Verderben.
Das ist ein Stürmen!   8
Das ist ein Leben!
Mädchen und Burgen
Müssen sich geben.
Kühn ist das Mühen,
Herrlich der Lohn!   9
Und die Soldaten
Ziehen davon.

FAUST und WAGNER.

FAUST

Vom Eise befreit sind Strom und Bäche
Durch des Frühlings holden, belebenden Blick;
Im Tale grünet Hoffnungs-Glück;   9
Der alte Winter, in seiner Schwäche,
Zog sich in rauhe Berge zurück.
Von dorther sendet er, fliehend, nur
Ohnmächtige Schauer körnigen Eises
In Streifen über die grünende Flur;   9
Aber die Sonne duldet kein Weißes,
Überall regt sich Bildung und Streben,
Alles will sie mit Farben beleben;

Doch an Blumen fehlt's im Revier*,
Sie nimmt geputzte Menschen dafür.
Kehre dich um, von diesen Höhen
Nach der Stadt zurück zu sehen.
Aus dem hohlen finstren Tor
Dringt ein buntes Gewimmel hervor.
Jeder sonnt sich heute so gern.
Sie feiern die Auferstehung des Herrn,
Denn sie sind selber auferstanden,
Aus niedriger Häuser dumpfen Gemächern,
Aus Handwerks- und Gewerbes-Banden,
Aus dem Druck von Giebeln und Dächern,
Aus der Straßen quetschender Enge,
Aus der Kirchen ehrwürdiger Nacht
Sind sie alle an's Licht gebracht.
Sieh nur sieh! wie behend sich die Menge
Durch die Gärten und Felder zerschlägt*,
Wie der Fluß, in Breit' und Länge,
So manchen lustigen Nachen* bewegt,
Und, bis zum Sinken überladen,
Entfernt sich dieser letzte Kahn.
Selbst von des Berges fernen Pfaden
Blinken uns farbige Kleider an.
Ich höre schon des Dorfs Getümmel,
Hier ist des Volkes wahrer Himmel,
Zufrieden jauchzet groß und klein:
Hier bin ich Mensch, hier darf ich's sein.

WAGNER

Mit euch, Herr Doktor, zu spazieren
Ist ehrenvoll und ist Gewinn;
Doch würd' ich nicht allein mich her verlieren,
Weil ich ein Feind von allem Rohen bin.
Das Fiedeln, Schreien, Kegelschieben,
Ist mir ein gar verhaßter Klang;
Sie toben wie vom bösen Geist getrieben
Und nennen's Freude, nennen's Gesang.

Abgegrenztes Stück Land

zerstreut, verteilt

Kahn

BAUERN *unter der Linde.*
Tanz und Gesang.

Der Schäfer putzte sich zum Tanz,
Mit bunter Jacke, Band und Kranz,
Schmuck war er angezogen.
Schon um die Linde war es voll
Und alles tanzte schon wie toll.
Juchhe! Juchhe!
Juchheisa! Heisa! He!
So ging der Fiedelbogen.

Er drückte hastig sich heran,
Da stieß er an ein Mädchen an
Mit seinem Ellenbogen;
Die frische Dirne kehrt sich um
Und sagte: nun das find' ich dumm!
Juchhe! Juchhe!
Juchheisa! Heisa! He!
Seid nicht so ungezogen.

Doch hurtig in dem Kreise ging's,
Sie tanzten rechts, sie tanzten links
Und alle Röcke flogen.
Sie wurden rot, sie wurden warm
Und ruhten atmend Arm in Arm,
Juchhe! Juchhe!
Juchheisa! Heisa! He!
Und Hüft' an Ellenbogen.

Und tu' mir doch nicht so vertraut!
Wie Mancher hat nicht seine Braut
Belogen und betrogen!
Er schmeichelte sie doch bei Seit'
Und von der Linde scholl es weit:

Juchhe! Juchhe!
Juchheisa! Heisa! He!
Geschrei und Fiedelbogen.

ALTER BAUER

Herr Doktor, das ist schön von euch,
Daß ihr uns heute nicht verschmäht,
Und unter dieses Volksgedräng',
Als ein so Hochgelahrter, geht.
So nehmet auch den schönsten Krug,
Den wir mit frischem Trunk gefüllt,
Ich bring' ihn zu und wünsche laut,
Daß er nicht nur den Durst euch stillt;
Die Zahl der Tropfen, die er hegt,
Sei euren Tagen zugelegt.

FAUST

Ich nehme den Erquickungs-Trank,
Erwidr' euch allen Heil und Dank.

DAS VOLK *sammelt sich im Kreis umher.*

ALTER BAUER

Fürwahr es ist sehr wohl getan,
Daß ihr am frohen Tag erscheint;
Habt ihr es vormals doch mit uns
An bösen Tagen gut gemeint!
Gar mancher steht lebendig hier,
Den euer Vater noch zuletzt
Der heißen Fieberwut entriß,
Als er der Seuche Ziel* gesetzt.   ein Ende
Auch damals ihr, ein junger Mann,
Ihr gingt in jedes Krankenhaus*,   Hier: Haus,
Gar manche Leiche trug man fort,   in dem jmd.
Ihr aber kamt gesund heraus.   krank ist
Bestandet manche harte Proben;
Dem Helfer half der Helfer droben.

ALLE

Gesundheit dem bewährten Mann,
Daß er noch lange helfen kann!

FAUST

Vor jenem droben steht gebückt,
Der helfen lehrt und Hülfe schickt.

Er geht mit Wagnern weiter.

WAGNER

Welch ein Gefühl mußt du, o großer Mann!
Bei der Verehrung dieser Menge haben!
O! glücklich! wer von seinen Gaben
Solch einen Vorteil ziehen kann.
Der Vater zeigt dich seinem Knaben,
Ein jeder fragt und drängt und eilt,
Die Fiedel stockt, der Tänzer weilt.
Du gehst, in Reihen stehen sie,
Die Mützen fliegen in die Höh':
Und wenig fehlt, so beugten sich die Knie,
Als käm' das ⌐Venerabile⌐.

FAUST

Nur wenig Schritte noch hinauf zu jenem Stein,
Hier wollen wir von unsrer Wandrung rasten.
Hier saß ich oft gedankenvoll allein
Und quälte mich mit Beten und mit Fasten.
An Hoffnung reich, im Glauben fest,
Mit Tränen, Seufzen, Händeringen
Dacht' ich das Ende jener ⌐Pest⌐
Vom Herrn des Himmels zu erzwingen.
Der Menge Beifall tönt mir nun wie Hohn.
O könntest du in meinem Innern lesen,
Wie wenig Vater und Sohn
Solch eines Ruhmes wert gewesen!
Mein Vater war ⌐ein dunkler Ehrenmann⌐,
Der über die Natur und ihre heil'gen Kreise,

In Redlichkeit, jedoch auf seine Weise,
Mit grillenhafter Mühe* sann.
Der, in Gesellschaft von ⌈Adepten⌉,
Sich in die schwarze Küche* schloß,
Und, nach unendlichen* Rezepten,
Das Widrige zusammengoß.
⌈Da ward ein roter Leu, ein kühner Freier,
Im lauen Bad, der Lilie vermählt
Und beide dann, mit offnem Flammenfeuer,
Aus einem Brautgemach ins andere gequält.
Erschien darauf mit bunten Farben
Die junge Königin im Glas⌉,
Hier war die Arzenei, die Patienten starben,
Und niemand fragte: wer genas?
So haben wir, mit höllischen Latwergen*,
In diesen Tälern, diesen Bergen,
Weit schlimmer als die Pest getobt.
Ich habe selbst den Gift* an Tausende gegeben,
Sie welkten hin, ich muß erleben
Daß man die frechen Mörder lobt.

WAGNER

Wie könnt ihr euch darum betrüben!
Tut nicht ein braver Mann genug,
Die Kunst, die man ihm übertrug,
Gewissenhaft und pünktlich auszuüben?
Wenn du, als Jüngling, deinen Vater ehrst,
So wirst du gern von ihm empfangen;
Wenn du, als Mann, die Wissenschaft vermehrst,
So kann dein Sohn zu höh'rem Ziel gelangen.

FAUST

O glücklich! wer noch hoffen kann
Aus diesem Meer des Irrtums aufzutauchen.
Was man nicht weiß das eben brauchte man,
Und was man weiß kann man nicht brauchen.
Doch laß uns dieser Stunde schönes Gut

voller verstiegener, unnötig komplizierter Gedanken

ins rußige Laboratorium

unendlich ausführlichen

Arzneimittel in Form einer dick eingekochten Flüssigkeit wie der gegen die Pest eingesetzte Theriak

Im 18. Jh. bisweilen Maskulinum; hier i. S. v. ›Gabe‹

Durch solchen Trübsinn nicht verkümmern!
Betrachte wie in Abendsonne-Glut
Die grünumgebnen Hütten schimmern.
Sie rückt und weicht, der Tag ist überlebt,
Dort eilt sie hin und fördert neues Leben.
O daß kein Flügel mich vom Boden hebt,
Ihr nach und immer nach zu streben!
Ich säh' im ewigen Abendstrahl
Die stille Welt zu meinen Füßen,
Entzündet alle Höhn, beruhigt jedes Tal,
Den Silberbach in goldne Ströme fließen.
Nicht hemmte dann den göttergleichen Lauf
Der wilde Berg mit allen seinen Schluchten;
Schon tut das Meer sich mit erwärmten Buchten
Vor den erstaunten Augen auf.

*die Abend-
sonne*

Doch scheint die Göttin* endlich wegzusinken;

jedoch

Allein* der neue Trieb erwacht,
Ich eile fort ihr ew'ges Licht zu trinken,
Vor mir den Tag, und hinter mir die Nacht,
Den Himmel über mir und unter mir die Wellen.
Ein schöner Traum, indessen sie entweicht.
Ach! zu des Geistes Flügeln wird so leicht
Kein körperlicher Flügel sich gesellen.
Doch ist es jedem eingeboren,
Daß sein Gefühl hinauf und vorwärts dringt,
Wenn über uns, im blauen Raum verloren,
Ihr schmetternd Lied die Lerche singt;
Wenn über schroffen Fichtenhöhen
Der Adler ausgebreitet schwebt,
Und über Flächen, über Seen,
Der Kranich nach der Heimat strebt.

WAGNER

*voller Phantas-
tereien*

Ich hatte selbst oft grillenhafte* Stunden,
Doch solchen Trieb hab' ich noch nie empfunden.
Man sieht sich leicht an Wald und Feldern satt,

Des Vogels Fittig* werd' ich nie beneiden.   Flügel
Wie anders tragen uns die Geistesfreuden,
Von Buch zu Buch, von Blatt zu Blatt!
Da werden Winternächte hold und schön,
Ein selig Leben wärmet alle Glieder,
Und ach! entrollst du gar ein würdig Pergamen*,   Pergament
So steigt der ganze Himmel zu dir nieder.

FAUST

Du bist dir nur des einen Triebs bewußt;
O lerne nie den andern kennen!
Zwei Seelen wohnen, ach! in meiner Brust,
Die eine will sich von der andern trennen;
Die eine hält, in derber Liebeslust,   Dunst, Staub,
Sich an die Welt, mit klammernden Organen;   etwas Wert-
                                                               loses
Die andre hebt gewaltsam sich vom Dust*
Zu den Gefilden* hoher Ahnen.   Feldern,
                                                               Lebensräumen
O gibt es Geister in der Luft,
Die zwischen Erd' und Himmel herrschend weben,
So steiget nieder aus dem goldnen Duft*   Dunst, Dampf,
Und führt mich weg, zu neuem buntem Leben!   Nebel
Ja, wäre nur ein Zaubermantel mein!
Und trüg' er mich in fremde Länder,
Mir sollt' er um die köstlichsten Gewänder,
Nicht feil um einen Königsmantel sein.

WAGNER

Berufe nicht ⌜die wohlbekannte Schar⌝,
Die strömend sich im Dunstkreis überbreitet*,   (wie eine
Dem Menschen tausendfältige Gefahr,   Decke) über
                                                               etwas breiten
Von allen Enden her, bereitet.
Von Norden dringt der scharfe Geisterzahn
Auf dich herbei, mit pfeilgespitzten Zungen;
Von Morgen* ziehn, vertrocknend, sie heran,   Osten
Und nähren sich von deinen Lungen;
Wenn sie der Mittag* aus der Wüste schickt,   Süden
Die Glut auf Glut um deinen Scheitel häufen,

So bringt der West den Schwarm, der erst erquickt,
Um dich und Feld und Aue zu ersäufen.
Sie hören gern, zum Schaden froh gewandt,
Gehorchen gern, weil sie uns gern betrügen,

flüstern sanft
wie Engel
Sie stellen wie vom Himmel sich gesandt,
Und lispeln englisch*, wenn sie lügen.

Dämmerig
Doch gehen wir! Ergraut* ist schon die Welt,
Die Luft gekühlt, der Nebel fällt!
Am Abend schätzt man erst das Haus. –
Was stehst du so und blickst erstaunt hinaus?
Was kann dich in der Dämmrung so ergreifen?

FAUST
Siehst du den schwarzen Hund durch Saat und
$\qquad$ Stoppel streifen?

WAGNER
Ich sah ihn lange schon, nicht wichtig schien er mir.

FAUST
Betracht' ihn recht! Für was hältst du das Tier?

WAGNER
⌜Für einen Pudel, der auf seine Weise
Sich auf der Spur des Herren plagt.⌝

FAUST
Spirale
Bemerkst du, wie in weitem Schneckenkreise*
Er um uns her und immer näher jagt?
Und irr' ich nicht, so zieht ein ⌜Feuerstrudel⌝
Auf seinen Pfaden hinterdrein.

WAGNER
Ich sehe nichts als einen schwarzen Pudel;
Es mag bei euch wohl Augentäuschung sein.

FAUST
Mir scheint es, daß er magisch leise Schlingen
Zu künft'gem Band um unsre Füße zieht.

WAGNER
Ich seh' ihn ungewiß und furchtsam uns umspringen,
Weil er, statt seines Herrn, zwei Unbekannte sieht.

FAUST

Der Kreis wird eng, schon ist er nah!

WAGNER

Du siehst! ein Hund, und kein Gespenst ist da.
Er knurrt und zweifelt, legt sich auf den Bauch,
Er wedelt. Alles Hunde Brauch.

FAUST

Geselle dich zu uns! Komm hier!

WAGNER

Es ist ein pudelnärrisch Tier.
Du stehest still, er wartet auf*;
Du sprichst ihn an, er strebt an dir hinauf;
Verliere was, er wird es bringen,
Nach deinem Stock ins Wasser springen.

FAUST

Du hast wohl Recht; ich finde nicht die Spur
Von einem Geist, und alles ist Dressur.

WAGNER

Dem Hunde, wenn er gut gezogen,
Wird selbst ein weiser Mann gewogen.
Ja deine Gunst verdient er ganz und gar,
Er ⌈der Studenten trefflicher Scolar⌉.

Sie gehen in das Stadt-Tor.

wartet auf
den Befehl
seines Herrn
(Adelung)

Studierzimmer

FAUST *mit dem* PUDEL *hereintretend*

Verlassen hab' ich Feld und Auen,
Die eine tiefe Nacht bedeckt,
Mit ahnungsvollem heil'gem Grauen
In uns die bess're Seele weckt.
Entschlafen sind nun wilde Triebe,
Mit jedem ungestümen Tun;
Es reget sich die Menschenliebe,
Die Liebe Gottes* regt sich nun.

Sei ruhig Pudel! renne nicht hin und wider!
An der Schwelle was schnoberst* du hier?
Lege dich hinter den Ofen nieder,
Mein bestes Kissen geb' ich dir.
Wie du draußen auf dem bergigen Wege
Durch Rennen und Springen ergetzt* uns hast,
So nimm nun auch von mir die Pflege,
Als ein willkommner stiller Gast.

Ach wenn in unsrer engen Zelle
Die Lampe freundlich wieder brennt,
Dann wird's in unserm Busen helle,
Im Herzen, das sich selber kennt.
Vernunft fängt wieder an zu sprechen,
Und Hoffnung wieder an zu blühn;
Man sehnt sich nach des Lebens Bächen,
Ach! nach des Lebens Quelle hin.

Knurre nicht Pudel! Zu den heiligen Tönen,
Die jetzt meine ganze Seel' umfassen,
Will der tierische Laut nicht passen.
Wir sind gewohnt, daß die Menschen verhöhnen

Was sie nicht verstehn,
Daß sie vor dem Guten und Schönen,
Das ihnen oft beschwerlich ist, murren;
Will es der Hund, wie sie, beknurren?

Aber ach! schon fühl' ich, bei dem besten Willen,
Befriedigung nicht mehr aus dem Busen quillen.
Aber warum muß der Strom so bald versiegen,
Und wir wieder im Durste liegen?
Davon hab' ich so viel Erfahrung.
Doch dieser Mangel läßt sich ersetzen,
Wir lernen das Überirdische schätzen,
Wir sehnen uns nach Offenbarung*,
Die nirgends würd'ger und schöner brennt,
Als in dem neuen Testament.
Mich drängt's den Grundtext aufzuschlagen,
Mit redlichem Gefühl einmal
Das heilige Original*
In mein geliebtes Deutsch zu übertragen.

Er schlägt ein Volum* auf und schickt sich an*.

Geschrieben steht: ⌈»im Anfang war das Wort!«⌉
Hier stock' ich schon! Wer hilft mir weiter fort?
Ich kann das Wort so hoch unmöglich schätzen,
Ich muß es anders übersetzen,
Wenn ich vom Geiste recht erleuchtet bin.
Geschrieben steht: im Anfang war der Sinn.
Bedenke wohl die erste Zeile,
Daß deine Feder sich nicht übereile!
Ist es der Sinn, der alles wirkt und schafft?
Es sollte stehn: im Anfang war die Kraft!
Doch, auch indem ich dieses niederschreibe,
Schon warnt mich was, daß ich dabei nicht bleibe.
Mir hilft der Geist! Auf einmal seh' ich Rat
Und schreibe getrost: im Anfang war die Tat!

Bekanntmachung göttlicher Wahrheiten

In griech. bzw. lat. Sprache

Zu lat. *volumen*: großer Band (Buch)

macht sich schreibbereit

Soll ich mit dir das Zimmer teilen,
Pudel, so laß das Heulen,
So laß das Bellen!
Solch einen störenden Gesellen
Mag ich nicht in der Nähe leiden.
Einer von uns beiden
Muß die Zelle meiden.
Ungern heb' ich das Gastrecht auf,
Die Tür' ist offen, hast freien Lauf.
Aber was muß ich sehen!
Kann das natürlich geschehen?
Ist es Schatten? ist's Wirklichkeit?
Wie wird mein Pudel lang und breit!
Er hebt sich mit Gewalt,
Das ist nicht eines Hundes Gestalt!
Welch ein Gespenst bracht' ich ins Haus!
Schon sieht er wie ein Nilpferd aus,
Mit feurigen Augen, schrecklichem Gebiß.
O! du bist mir gewiß!
Für solche halbe Höllenbrut
Ist ⌜Salomonis Schlüssel⌝ gut.

GEISTER *auf dem Gange*

Drinnen gefangen ist einer!
Bleibet haußen*, folg' ihm keiner!
Wie im Eisen* der Fuchs
Zagt* ein alter Höllenluchs.
Aber gebt Acht!
Schwebet hin, schwebet wider,
Auf und nieder,
Und er hat sich losgemacht.
Könnt ihr ihm nützen,
Laßt ihn nicht sitzen!
Denn er tat uns allen
Schon viel zu Gefallen.

draußen
Fußeisen
(Falle)
zittert vor
Furcht

FAUST

Erst zu begegnen dem Tiere,
Brauch' ich* den ⌐Spruch der Viere⌐:

Um dem Tier
erst einmal
entgegen-
zutreten,
gebrauche ich

Salamander soll glühen,
Undene sich winden,
Silphe verschwinden,
Kobold sich mühen.

Wer sie nicht kennte*
Die Elemente,
Ihre Kraft
Und Eigenschaft,
Wäre kein Meister
Über die Geister.

kennen würde

Verschwind' in Flammen
Salamander!
Rauschend fließe zusammen
Undene!
Leucht' in Meteoren-Schöne*
Silphe!
Bring' häusliche Hülfe
⌐Incubus⌐! incubus!
Tritt hervor und mache den Schluß.

meteorhafter
Schönheit

Keines der Viere
Steckt in dem Tiere.
Es liegt ganz ruhig und grins't mich an;
Ich hab' ihm noch nicht weh getan.
Du sollst mich hören
Stärker beschwören.

Bist du Geselle
Ein Flüchtling der Hölle?

So sieh dies Zeichen!
Dem sie sich beugen
Die schwarzen Scharen.

Schon schwillt es auf mit borstigen Haaren.

Verworfnes Wesen!

Hier und im
Folgenden:
Christus, Gott

Kannst du ihn* lesen?
Den nie entspross'nen,
Unausgesprochnen,
Durch alle Himmel gegoss'nen,
Freventlich durchstochnen?
Hinter den Ofen gebannt
Schwillt es wie ein Elephant,
Den ganzen Raum füllt es an,
Es will zum Nebel zerfließen.
Steige nicht zur Decke hinan!
Lege dich zu des Meisters Füßen!
Du siehst daß ich nicht vergebens drohe.

hell lodernder
Flamme

Ich versenge dich mit heiliger Lohe*!
Erwarte nicht
Das dreimal glühende Licht!
Erwarte nicht
Die stärkste von meinen Künsten!

MEPHISTOPHELES

tritt, indem der Nebel fällt, gekleidet wie ein fahrender

von Universität
zu Universität
wandernder
Student

Scholastikus, hinter dem Ofen hervor*
Wozu der Lärm? was steht dem Herrn zu Diensten?

FAUST

Das also war des Pudels Kern!

Fall, Vorfall

Ein fahrender Scolast? Der Casus* macht mich lachen.

MEPHISTOPHELES

grüße

Ich salutiere* den gelehrten Herrn!

tüchtig zum
Schwitzen
gebracht

Ihr habt mich weidlich schwitzen machen*.

FAUST

Wie nennst du dich?

MEPHISTOPHELES

            Die Frage scheint mir klein
Für einen der das Wort so sehr verachtet,
Der, weit entfernt von allem Schein,
Nur in der Wesen Tiefe trachtet.

FAUST

Bei euch, ihr Herrn, kann man das Wesen
Gewöhnlich aus dem Namen lesen,
Wo es sich allzudeutlich weis't,
Wenn man euch ⌐Fliegengott⌐, Verderber, Lügner heißt.
Nun gut wer bist du denn?

MEPHISTOPHELES

              ⌐Ein Teil von jener Kraft,
Die stets das Böse will und stets das Gute schafft.⌐

FAUST

Was ist mit diesem Rätselwort gemeint?

MEPHISTOPHELES

Ich bin der Geist der stets verneint!
Und das mit Recht; denn alles was entsteht
Ist wert daß es zu Grunde geht;
Drum besser wär's daß nichts entstünde.
So ist denn alles was ihr Sünde,
Zerstörung, kurz das Böse nennt,
Mein eigentliches Element.

FAUST

Du nennst dich einen Teil, und stehst doch ganz vor mir?

MEPHISTOPHELES

⌐Bescheidne Wahrheit⌐ sprech' ich dir.
Wenn* sich der Mensch, die kleine Narrenwelt,   Auch wenn,
Gewöhnlich für ein Ganzes hält: obwohl
⌐Ich bin ein Teil des Teils, der Anfangs alles war⌐,
Ein Teil der Finsternis, die sich das Licht gebar,
Das stolze Licht, das nun der Mutter Nacht
Den alten Rang, den Raum ihr streitig macht,
Und doch gelingt's ihm nicht, da es, so viel es strebt,

Verhaftet an den Körpern klebt.
Von Körpern strömt's, die Körper macht es schön,
Ein Körper hemmt's auf seinem Gange,
So, hoff' ich, dauert es nicht lange
Und mit den Körpern wird's zu Grunde gehn.

FAUST

Nun kenn' ich deine würd'gen Pflichten!
Du kannst im Großen nichts vernichten
Und fängst es nun im Kleinen an.

MEPHISTOPHELES

Und freilich ist nicht viel damit getan.
Was sich dem Nichts entgegenstellt,
Das Etwas, diese plumpe Welt,
So viel als ich schon unternommen,
Ich wußte nicht ihr beizukommen,
Mit Wellen, Stürmen, Schütteln, Brand,
Geruhig bleibt am Ende Meer und Land!
Und dem verdammten Zeug, der Tier- und
                                Menschenbrut,
Dem ist nun gar nichts anzuhaben.
Wie viele hab' ich schon begraben!
Und immer zirkuliert ein neues, frisches Blut.
So geht es fort, man möchte rasend werden!
⌈Der Luft, dem Wasser, wie der Erden
Entwinden tausend Keime sich,
Im Trocknen, Feuchten, Warmen, Kalten!
Hätt' ich mir nicht die Flamme vorbehalten⌉:
Ich hätte nichts Apart's* für mich.

Besonderes,
Eigenes

FAUST

So setzest du der ewig regen,
Der heilsam schaffenden Gewalt
Die kalte Teufelsfaust entgegen,
Die sich vergebens tückisch ballt!
Was anders suche zu beginnen
⌈Des Chaos wunderlicher Sohn!⌉

MEPHISTOPHELES

Wir wollen wirklich uns besinnen,
Die nächstenmale mehr davon!
Dürft' ich wohl diesmal mich entfernen?

FAUST

Ich sehe nicht warum du fragst.
Ich habe jetzt dich kennen lernen,
Besuche nun mich wie du magst.
Hier ist das Fenster, hier die Türe,
Ein Rauchfang* ist dir auch gewiß.

Kamin, Schornstein

MEPHISTOPHELES

Gesteh' ich's nur! Daß ich hinausspaziere
Verbietet mir ein kleines Hindernis,
Der ⌜Drudenfuß⌝ auf eurer Schwelle –

FAUST

Das Pentagramma* macht dir Pein?
Ei sage mir, du Sohn der Hölle,
Wenn das dich bannt*, wie kamst du denn herein?
Wie ward ein solcher Geist betrogen*?

Fünfzackiger Stern, der Drudenfuß
zwingt (zu bleiben)
in einer Falle gefangen

MEPHISTOPHELES

Beschaut es recht! es ist nicht gut gezogen;
Der eine Winkel, der nach außenzu,
Ist, wie du siehst, ein wenig offen.

FAUST

Das hat der Zufall gut getroffen!
Und mein Gefangner wärst denn du?
Das ist von ohngefähr* gelungen!

durch Zufall

MEPHISTOPHELES

Der Pudel merkte nichts als er hereingesprungen,
Die Sache sieht jetzt anders aus;
Der Teufel kann nicht aus dem Haus.

FAUST

Doch warum gehst du nicht durch's Fenster?

MEPHISTOPHELES

's ist ein Gesetz der Teufel und Gespenster:

Wo sie hereingeschlüpft, da müssen sie hinaus.
Das erste steht uns frei, bei'm zweiten sind wir Knechte.

FAUST

Die Hölle selbst hat ihre Rechte?
Das find' ich gut, da ließe sich ein Pakt,
Und sicher* wohl, mit euch ihr Herren schließen?

MEPHISTOPHELES

Was man verspricht, das sollst du rein* genießen,
Dir wird davon nichts abgezwackt*.
Doch das ist nicht so kurz zu fassen,
Und wir besprechen das zunächst*;
Doch jetzo bitt' ich, hoch und höchst*,
Für diesesmal mich zu entlassen.

FAUST

So bleibe doch noch einen Augenblick,
Um mir erst gute Mär* zu sagen.

MEPHISTOPHELES

Jetzt laß mich los! ich komme bald zurück;
Dann magst du nach Belieben fragen.

FAUST

Ich habe dir nicht nachgestellt,
Bist du doch selbst ins Garn gegangen.
Den Teufel halte wer ihn hält!
Er wird ihn nicht sobald zum zweitenmale fangen.

MEPHISTOPHELES

Wenn dir's beliebt, so bin ich auch bereit
Dir zur Gesellschaft hier zu bleiben;
Doch mit Bedingnis*, dir die Zeit,
Durch meine Künste, würdig zu vertreiben.

FAUST

Ich seh' es gern, das steht dir frei;
Nur daß die Kunst gefällig sei!

MEPHISTOPHELES

Du wirst, mein Freund, für deine Sinnen,
In dieser Stunde mehr gewinnen,

verlässlich

ohne Einschränkungen

scheinbar rechtmäßig weggenommen

demnächst

Ergänze: untertänig

erfreuliche Nachricht: der eben angedeutete Pakt

unter der Bedingung

Faust I

Als in des Jahres Einerlei.
Was dir die zarten Geister singen,
Die schönen Bilder die sie bringen,
Sind nicht ein leeres* Zauberspiel.   sinnloses
Auch dein Geruch* wird sich ergetzen,   Geruchssinn
Dann wirst du deinen Gaumen letzen*,   deinen Durst
                                               stillen
Und dann entzückt sich dein Gefühl.
Bereitung braucht es nicht voran*,   Es ist keine
                                               Vorbereitung
Beisammen sind wir, fanget an!   nötig

GEISTER

  Schwindet, ihr dunkeln
  Wölbungen* droben!   der gotischen
                                            Zimmerdecke
  Reizender schaue
  Freundlich der blaue
  Äther* herein!   Himmelsluft
  Wären die dunkeln
  Wolken zerronnen!
  Sternelein funkeln,
  Mildere Sonnen
  Scheinen darein.
  Himmlischer Söhne*   der Wolken
  Geistige Schöne*,   Schönheit
  Schwankende Beugung*   sich verän-
                                           dernde
                                           Wölbung
  Schwebet vorüber.
  Sehnende Neigung
  Folget hinüber;
  Und der Gewänder
  Flatternde Bänder
  Decken die Länder,
  Decken die Laube,
  Wo sich für's Leben,
  Tief in Gedanken,
  Liebende geben*.   (ehelich)
                                          verbinden
  Laube bei Laube!
  Sprossende Ranken!

Lastende Traube
Stürzt in's Behälter*
Drängender Kelter*,
Stürzen in Bächen
Schäumende Weine,
Rieseln durch reine,
Edle Gesteine,
Lassen die Höhen
Hinter sich liegen,
Breiten zu Seen
Sich um's Genügen*
Grünender Hügel.
Und das Geflügel
Schlürfet sich Wonne,
Flieget der Sonne,
Flieget den hellen
Inseln* entgegen,
Die sich auf Wellen
Gauklend bewegen;
Wo wir in Chören
Jauchzende hören,
Über den Auen*
Tanzende schauen,
Die sich im Freien
Alle zerstreuen.
Einige klimmen
Über die Höhen,
Andere schwimmen
Über die Seen,
Andere schweben;
Alle zum Leben,
Alle zur Ferne
Liebender Sterne
Seliger Huld*.

MEPHISTOPHELES
Er schläft! So recht, ihr luft'gen zarten Jungen!

Bei Goethe auch Neutrum

Weinpresse

das Vergnügen Bereitende

der Seligen

Fruchtbare Wiesen; mit Gras bewachsene Plätze

beseligende Gnade

Ihr habt ihn treulich eingesungen!
Für dies Konzert bin ich in eurer Schuld.
Du bist noch nicht der Mann den Teufel fest zu halten!
Umgaukelt ihn mit süßen Traumgestalten,
Versenkt ihn in ein Meer des Wahns;
Doch dieser Schwelle Zauber zu zerspalten
Bedarf ich eines Rattenzahns.
Nicht lange brauch' ich zu beschwören,
Schon raschelt eine hier und wird sogleich mich hören.

Der Herr der Ratten und der Mäuse,
Der Fliegen, Frösche, Wanzen, Läuse,
Befiehlt dir dich hervor zu wagen
Und diese Schwelle zu benagen,
So wie er sie mit Öl betupft –
Da kommst du schon hervorgehupft!
Nur frisch ans Werk! Die Spitze, die mich bannte*,   Vgl. V. 1398.
Sie sitzt ganz vornen an der Kante.
Noch einen Biß, so ist's geschehn. –
Nun, Fauste*, träume fort, bis wir uns wiedersehn.   Lat. Vokativ
FAUST *erwachend*   (Anredeform)
                                                       zu Faustus
Bin ich denn abermals betrogen?
Verschwindet so der geisterreiche Drang,
Daß mir ein Traum den Teufel vorgelogen,
Und daß ein Pudel mir entsprang?

Studierzimmer

FAUST. MEPHISTOPHELES.

FAUST
Es klopft? Herein! Wer will mich wieder plagen?
MEPHISTOPHELES
Ich bin's.
FAUST
      Herein!
MEPHISTOPHELES
            Du mußt es dreimal sagen.
FAUST
Herein denn!
MEPHISTOPHELES
        So gefällst du mir.
Wir werden, hoff' ich, uns vertragen;
Denn dir die Grillen* zu verjagen
Bin ich, als edler Junker*, hier,
⌐In rotem goldverbrämtem* Kleide,
Das Mäntelchen von starrer Seide,
Die Hahnenfeder auf dem Hut⌐,
Mit einem langen, spitzen Degen,
Und rate nun dir, kurz und gut,
Dergleichen gleichfalls anzulegen;
Damit du, losgebunden, frei,
Erfahrest was das Leben sei.
FAUST
In jedem Kleide werd' ich wohl die Pein*
Des engen Erdelebens fühlen.
Ich bin zu alt, um nur zu spielen,
Zu jung, um ohne Wunsch zu sein.
Was kann die Welt mir wohl gewähren?
Entbehren sollst du! sollst entbehren!

tiefsinnigen, verdrießlichen Gedanken
Edelmann
mit einem goldenen Rand versehenen

Schmerz

Das ist der ewige Gesang,
Der jedem an die Ohren klingt,
Den, unser ganzes Leben lang,
Uns heiser jede Stunde singt.
Nur mit Entsetzen wach' ich Morgens auf,
Ich möchte bittre Tränen weinen,
Den Tag zu sehn, der mir in seinem Lauf
Nicht Einen Wunsch erfüllen wird, nicht Einen,
Der selbst die Ahnung jeder Lust
Mit eigensinnigem Krittel mindert*,   mit kleinlicher Kritik verringert
Die Schöpfung meiner regen Brust
Mit tausend Lebensfratzen* hindert.   Die abstoßenden Formen des Alltagslebens
Auch muß ich, wenn die Nacht sich niedersenkt,
Mich ängstlich auf das Lager strecken;
Auch da wird keine Rast geschenkt,
Mich werden wilde Träume schrecken.
⌜Der Gott, der mir im Busen wohnt,
Kann tief mein Innerstes erregen;
Der über allen meinen Kräften thront,
Er kann nach außen nichts bewegen⌝;
Und so ist mir das Dasein eine Last,
Der Tod erwünscht, das Leben mir verhaßt.

MEPHISTOPHELES

Und doch ist nie der Tod ein ganz willkommner Gast.

FAUST

O selig der, dem er im Siegesglanze
Die blut'gen Lorbeer'n um die Schläfe windet,
Den er, nach rasch durchras'tem Tanze,
In eines Mädchens Armen findet.
O wär' ich vor des hohen Geistes* Kraft   des Erdgeistes
Entzückt, entseelt dahin gesunken!

MEPHISTOPHELES

Und doch hat Jemand einen braunen Saft,
In jener Nacht, nicht ausgetrunken*.   Vgl. V. 732–736.

FAUST

Das Spionieren, scheint's, ist deine Lust.

MEPHISTOPHELES

Allwissend bin ich nicht; doch viel ist mir bewußt.

FAUST

Wenn aus dem schrecklichen Gewühle

Vgl. V.
737–748.

Ein süß bekannter Ton mich zog*,
Den Rest von kindlichem Gefühle
Mit Anklang froher Zeit betrog:
So fluch' ich allem was die Seele
Mit Lock- und Gaukelwerk umspannt,
Und sie in diese Trauerhöhle
Mit Blend- und Schmeichelkräften bannt!
Verflucht voraus die hohe Meinung,
Womit der Geist sich selbst umfängt!
Verflucht das Blenden der Erscheinung,
Die sich an unsre Sinne drängt!
Verflucht was uns in Träumen heuchelt,
Des Ruhms, der Namensdauer Trug!

Hier
personifiziert:
der Besitz

Verflucht was als Besitz uns schmeichelt,
Als Weib und Kind, als Knecht und Pflug!

zum
Vergnügen in
Stunden des
Nichtstuns

Verflucht sei Mammon*, wenn mit Schätzen
Er uns zu kühnen Taten regt,
Wenn er zu müßigem Ergetzen*
Die Polster uns zurechte legt!
Fluch sei dem Balsamsaft der Trauben!

Die gnädig
gewährte
Liebe Gottes

⌜Fluch jener höchsten Liebeshuld*!
Fluch sei der Hoffnung! Fluch dem Glauben,
Und Fluch vor allen der Geduld!⌝

GEISTER-CHOR *unsichtbar*

Weh! weh!
Du hast sie zerstört,
Die schöne Welt,
Mit mächtiger Faust;
Sie stürzt, sie zerfällt!
Ein Halbgott hat sie zerschlagen!
Wir tragen

Die Trümmern in's Nichts hinüber,
Und klagen
Über die verlorne Schöne*.   Schönheit
Mächtiger
Der Erdensöhne,
Prächtiger
Baue sie wieder,
In deinem Busen baue sie auf!
Neuen Lebenslauf
Beginne,
Mit hellem Sinne,
Und neue Lieder
Tönen darauf!

MEPHISTOPHELES

Dies sind die kleinen
Von den Meinen.
Höre, wie zu Lust und Taten
Altklug sie raten!
In die Welt weit,
Aus der Einsamkeit,
Wo Sinnen und Säfte stocken*,   die Lebens-
Wollen sie dich locken.   freude
                                            gehemmt ist

Hör' auf mit deinem Gram* zu spielen,   Kummer
Der, wie ein Geier, dir am Leben frißt;
Die schlechteste* Gesellschaft läßt dich fühlen,   schlichteste,
Daß du ein Mensch mit Menschen bist.   einfachste
Doch so ist's nicht gemeint
Dich unter das Pack zu stoßen.
Ich bin keiner von den Großen*;   Ergänze: in der
Doch willst du, mit mir vereint,   höllischen
Deine Schritte durch's Leben nehmen,   Rangordnung
So will ich mich gern bequemen
Dein zu sein, auf der Stelle.
Ich bin dein Geselle

Und, mach' ich dir's recht,
Bin ich dein Diener, bin dein Knecht!

FAUST

Und was soll ich dagegen dir erfüllen?

MEPHISTOPHELES

Dazu hast du noch eine lange Frist.

FAUST

Nein, nein! der Teufel ist ein Egoist
Und tut nicht leicht um Gottes Willen
Was einem Andern nützlich ist.
Sprich die Bedingung deutlich aus;
Ein solcher Diener bringt Gefahr in's Haus.

MEPHISTOPHELES

Ich will mich hier zu deinem Dienst verbinden,
Auf deinen Wink nicht rasten und nicht ruhn;
Wenn wir uns drüben wieder finden,
So sollst du mir das Gleiche tun.

FAUST

Das Drüben kann mich wenig kümmern,
Schlägst du erst diese Welt zu Trümmern,
Die andre mag darnach entstehn.
Aus dieser Erde quillen meine Freuden,
Und diese Sonne scheinet meinen Leiden;
Kann ich mich erst von ihnen scheiden,
Dann mag was will und kann geschehn.
Davon will ich nichts weiter hören,
Ob man auch künftig haßt und liebt,
Kreisen; hier: Und ob es auch in jenen Sphären*
im Jenseits   Ein Oben oder Unten gibt.

MEPHISTOPHELES

In diesem Sinne kannst du's wagen.
Verbinde dich; du sollst, in diesen Tagen,
Mit Freuden meine Künste sehn,
Ich gebe dir was noch kein Mensch gesehn.

FAUST

Was willst du armer Teufel geben?

Ward eines Menschen Geist, in seinem hohen Streben,
Von deines Gleichen je gefaßt*?   begriffen
⌜Doch hast du Speise die nicht sättigt, hast
Du rotes Gold, das ohne Rast,
Quecksilber gleich, dir in der Hand zerrinnt,
Ein Spiel, bei dem man nie gewinnt,
Ein Mädchen, das an meiner Brust
Mit Äugeln* schon dem Nachbar sich verbindet,   Flirten
Der Ehre schöne Götterlust,
Die, wie ein Meteor, verschwindet.⌝
Zeig mir die Frucht die fault, eh' man sie bricht,
Und Bäume die sich täglich neu begrünen!

MEPHISTOPHELES

Ein solcher Auftrag schreckt mich nicht,
Mit solchen Schätzen kann ich dienen.
Doch, guter Freund, die Zeit kommt auch heran
Wo wir was Gut's in Ruhe schmausen mögen.

FAUST

Werd' ich beruhigt je mich auf ein Faulbett* legen: Ruhebett
So sei es gleich um mich getan!*   So möge es
                                                         gleich aus sein
Kannst du mich schmeichelnd je belügen,   mit mir!
Daß ich mir selbst gefallen mag,
Kannst du mich mit Genuß betrügen:
Das sei für mich der letzte Tag!
Die ⌜Wette⌝ biet' ich!

MEPHISTOPHELES

                    Topp!

FAUST

                            Und Schlag auf Schlag!
⌜Werd' ich zum Augenblicke sagen:
Verweile doch! du bist so schön!⌝
Dann magst du mich in Fesseln schlagen,
Dann will ich gern zu Grunde gehn!
Dann mag die Totenglocke schallen,
Dann bist du deines Dienstes frei,

⌐Die Uhr mag stehn, der Zeiger fallen⌐,
Es sei die Zeit für mich vorbei!

MEPHISTOPHELES

Bedenk' es wohl, wir werden's nicht vergessen.

FAUST

Dazu hast du ein volles Recht;
Ich habe mich nicht freventlich vermessen*.
Wie ich beharre* bin ich Knecht,
Ob dein, was frag' ich, oder wessen.

MEPHISTOPHELES

Ich werde heute gleich, bei'm Doktorschmaus*,
Als Diener, meine Pflicht erfüllen.
Nur eins! – Um Lebens oder Sterbens willen,
Bitt' ich mir ein Paar Zeilen aus.

FAUST

Auch was geschribnes forderst du Pedant*?
Hast du noch keinen Mann, nicht Mannes-Wort
gekannt?
Ist's nicht genug, daß mein gesprochnes Wort
Auf ewig soll mit meinen Tagen schalten*?
Ras't nicht die Welt in allen Strömen fort,
Und mich soll ein Versprechen halten?
Doch dieser Wahn ist uns in's Herz gelegt,
Wer mag sich gern davon befreien?
Beglückt wer Treue rein im Busen trägt,
Kein Opfer wird ihn je gereuen!
Allein ein Pergament, beschrieben und beprägt*,
Ist ein Gespenst vor dem sich Alle scheuen.
Das Wort erstirbt schon in der Feder,
Die Herrschaft führen Wachs und Leder*.
Was willst du böser Geist von mir?
Erz, Marmor, Pergament, Papier?
Soll ich mit Griffel*, Meißel, Feder schreiben?
Ich gebe jede Wahl dir frei.

MEPHISTOPHELES

Wie magst du deine Rednerei

Marginal glosses (left column):

- dreist zu viel versprochen
- Sobald/Wenn ich aufhöre zu streben
- Festessen nach einer Doktorprüfung
- kleinliche Person
- über meine Tage bestimmen
- mit einem Wachssiegel versehen
- Siegellack und Pergament: die Urkunde
- Schreibgerät zum Einritzen (in Erz)

Nur gleich so hitzig übertreiben?
Ist doch ein jedes Blättchen gut.
Du unterzeichnest dich mit einem Tröpfchen Blut.

FAUST

Wenn dies dir völlig G'nüge tut*,   ausreicht
So mag es bei der Fratze* bleiben.   dem aber-
                                                     gläubischen
MEPHISTOPHELES   Unsinn

Blut ist ein ganz besondrer Saft.

FAUST

Nur keine Furcht, daß ich dies Bündnis breche!
Das Streben meiner ganzen Kraft
Ist g'rade das was ich verspreche.
Ich habe mich zu hoch gebläht;
In deinen Rang gehör' ich nur.
Der große Geist* hat mich verschmäht,   der Erdgeist
Vor mir verschließt sich die Natur.
Des Denkens Faden ist zerrissen,
Mir ekelt lange* vor allem Wissen.   schon lange
Laß in den Tiefen der Sinnlichkeit
Uns glühende Leidenschaften stillen!
In undurchdrungnen Zauberhüllen
Sei jedes Wunder gleich bereit!
Stürzen wir uns in das Rauschen der Zeit,
Ins Rollen der Begebenheit!
Da mag denn Schmerz und Genuß,
Gelingen und Verdruß,
Mit einander wechseln wie es kann;
Nur rastlos betätigt sich der Mann.

MEPHISTOPHELES

Euch ist kein Maß und Ziel gesetzt.
Beliebt's euch überall zu naschen,
Im Fliehen etwas zu erhaschen,
Bekomm euch wohl was euch ergetzt*.   hoch erfreut
Nur greift mir zu und seid nicht blöde*!   schüchtern

FAUST

Du hörest ja, von Freud' ist nicht die Rede.

Dem Taumel weih' ich mich, dem schmerzlichsten
                                                    Genuß,
Verliebtem Haß, erquickendem Verdruß.
Mein Busen, der vom Wissensdrang geheilt ist,
Soll keinen Schmerzen künftig sich verschließen,
Und was der ganzen Menschheit zugeteilt ist,
Will ich in meinem innern Selbst genießen,
Mit meinem Geist das Höchst' und Tiefste greifen,
Ihr Wohl und Weh auf meinen Busen häufen,
Und so mein eigen Selbst zu ihrem Selbst erweitern,
Und, wie sie selbst, am End' auch ich ⌐zerscheitern⌐.

MEPHISTOPHELES

O glaube mir, der manche tausend Jahre
An dieser harten Speise kaut,
Daß von der Wiege bis zur Bahre
Kein Mensch ⌐den alten Sauerteig⌐ verdaut!
Glaub' unser einem, dieses Ganze
Ist nur für einen Gott gemacht!
Er findet sich in einem ew'gen Glanze,
Uns hat er in die Finsternis gebracht,
Und euch taugt einzig Tag und Nacht.

FAUST

Allein ich will!

MEPHISTOPHELES

                    Das läßt sich hören!
Doch nur vor Einem ist mir bang':
⌐Die Zeit ist kurz, die Kunst ist lang.⌐
Ich dächt', ihr ließet euch belehren.
Assoziiert* euch mit einem Poeten,
Laßt den Herrn in Gedanken schweifen,
Und alle edlen Qualitäten
Auf euren Ehren-Scheitel häufen,
Des Löwen Mut,
Des Hirsches Schnelligkeit,
Des Italieners feurig Blut,

Verbindet

⌐Des Nordens Dau'rbarkeit.⌐
Laßt ihn euch das Geheimnis finden,
Großmut und Arglist zu verbinden,
Und euch, mit warmen Jugendtrieben,
Nach einem Plane, zu verlieben.
Möchte selbst solch einen Herren kennen,
Würd' ihn Herrn ⌐Mikrokosmus⌐ nennen.

FAUST

Was bin ich denn, wenn es nicht möglich ist
Der Menschheit Krone zu erringen,
Nach der sich alle Sinne dringen?

MEPHISTOPHELES

Du bist am Ende – was du bist.
Setz' dir Perücken auf von Millionen Locken,
Setz' deinen Fuß auf ellenhohe ⌐Socken⌐,
Du bleibst doch immer was du bist.

FAUST

Ich fühl's, vergebens hab' ich alle Schätze
Des Menschengeist's auf mich herbeigerafft,
Und wenn ich mich am Ende niedersetze,
Quillt innerlich doch keine neue Kraft;
Ich bin nicht um ein Haar breit höher,
Bin dem Unendlichen nicht näher.

MEPHISTOPHELES

Mein guter Herr, ihr seht die Sachen,
Wie man die Sachen eben sieht;
Wir müssen das gescheiter machen,
Eh' uns des Lebens Freude flieht.
Was Henker! freilich Händ' und Füße
Und Kopf und ⌐H[intern]⌐ die sind dein;
Doch alles, was ich frisch genieße,
Ist das drum weniger mein?
Wenn ich sechs Hengste zahlen kann,
Sind ihre Kräfte nicht die meine?
Ich renne zu und bin ein rechter Mann,

Als hätt' ich vier und zwanzig Beine.
Drum frisch! Laß alles Sinnen sein,
Und g'rad' mit in die Welt hinein!

der durch
bloßes Nach-
denken, ohne
Erfahrung
Erkenntnis
gewinnen will

Ich sag' es dir: ein Kerl, der spekuliert*,
Ist wie ein Tier, auf dürrer Heide
Von einem bösen Geist im Kreis herum geführt,
Und rings umher liegt schöne grüne Weide.

FAUST

Wie fangen wir das an?

MEPHISTOPHELES

                    Wir gehen eben fort.
Was ist das für ein Marterort?
Was heißt das für ein Leben führen,

langweilen

Sich und die Jungens ennuyieren*?
Laß du das dem Herrn Nachbar Wanst!
Was willst du dich das Stroh zu dreschen plagen?
Das Beste, was du wissen kannst,
Darfst du den Buben doch nicht sagen.
Gleich hör' ich einen auf dem Gange!

FAUST

Mir ist's nicht möglich ihn zu sehn.

MEPHISTOPHELES

Der arme Knabe wartet lange,
Der darf nicht ungetröstet gehn.
Komm, gib mir deinen Rock und Mütze;

Hier:
Verkleidung

Die Maske* muß mir köstlich stehn.
Er kleidet sich um.

Verstand,
Einfalls-
reichtum

Nun überlaß es meinem Witze*!
Ich brauche nur ein Viertelstündchen Zeit;
Indessen mache dich zur schönen Fahrt bereit!
FAUST *ab.*

MEPHISTOPHELES *in Faust's langem Kleide*
Verachte nur Vernunft und Wissenschaft,
Des Menschen allerhöchste Kraft,

Laß nur in Blend- und Zauberwerken
Dich von dem Lügengeist bestärken,
So hab' ich dich schon unbedingt –
Ihm hat das Schicksal einen Geist gegeben,
Der ungebändigt immer vorwärts dringt,
Und dessen übereiltes Streben
Der Erde Freuden überspringt.
Den schlepp' ich durch das wilde Leben,
Durch flache Unbedeutenheit,
Er soll mir zappeln, starren, kleben,
Und ⌐seiner Unersättlichkeit⌐
Soll Speis' und Trank vor gier'gen Lippen schweben;
Er wird Erquickung sich umsonst erflehn⌐,
Und hätt' er sich auch nicht dem Teufel übergeben,
Er müßte doch zu Grunde gehn!

EIN SCHÜLER *tritt auf.*

SCHÜLER

Ich bin allhier erst kurze Zeit,
Und komme voll Ergebenheit,
Einen Mann zu sprechen und zu kennen,
Den Alle mir mit Ehrfurcht nennen.

MEPHISTOPHELES

Eure Höflichkeit erfreut mich sehr!
Ihr seht einen Mann wie andre mehr.
Habt ihr euch sonst schon umgetan*?   umgesehen

SCHÜLER

Ich bitt' euch, nehmt euch meiner an!
Ich komme mit allem guten Mut,
Leidlichem* Geld und frischem Blut;   ausrei-
                                                        chendem
Meine Mutter wollte mich kaum entfernen;
Möchte gern' was rechts hieraußen* lernen.   in der Fremde

MEPHISTOPHELES

Da seid ihr eben recht am Ort.

SCHÜLER

Aufrichtig, möchte schon wieder fort:

In diesen Mauern, diesen Hallen,
Will es mir keineswegs gefallen.
Es ist ein gar beschränkter Raum,
Man sieht nichts Grünes, keinen Baum,
Und in den Sälen, auf den Bänken,
Vergeht mir Hören, Seh'n und Denken.

MEPHISTOPHELES

Das kommt nur auf Gewohnheit an.
So nimmt ein Kind der Mutter Brust
Nicht gleich im Anfang willig an,
Doch bald ernährt es sich mit Lust.
So wird's euch an der Weisheit Brüsten
Mit jedem Tage mehr gelüsten.

SCHÜLER

An ihrem Hals will ich mit Freuden ⌈hangen⌉;
Doch sagt mir nur, wie kann ich hingelangen?

MEPHISTOPHELES

Erklärt euch, eh' ihr weiter geht,
Was wählt ihr für eine Fakultät?

SCHÜLER

Ich wünschte·recht gelehrt zu werden,
Und möchte gern was auf der Erden
Und in dem Himmel ist erfassen,
Die Wissenschaft und die Natur.

MEPHISTOPHELES

Da seid ihr auf der rechten Spur;
dürft   Doch müßt* ihr euch nicht zerstreuen lassen.

SCHÜLER

Ich bin dabei mit Seel' und Leib;
Doch freilich würde mir behagen
Ein wenig Freiheit und Zeitvertreib
An schönen Sommerfeiertagen.

MEPHISTOPHELES

Gebraucht der Zeit, sie geht so schnell von hinnen,
Doch Ordnung lehrt euch Zeit gewinnen.

Mein teurer Freund, ich rat' euch drum
Zuerst Collegium Logicum*.

Vorlesung
über Logik

Da wird der Geist euch wohl dressiert,
In spanische Stiefeln* eingeschnürt,
Daß er bedächtiger so fort an
Hinschleiche die Gedankenbahn,

Ein Folterin-
strument zum
Quetschen der
Unterschenkel

Und nicht etwa, die Kreuz' und Quer,
Irrlichteliere hin und her.
Dann lehret man euch manchen Tag,
Daß, was ihr sonst auf einen Schlag
Getrieben, wie Essen und Trinken frei,
Eins! Zwei! Drei! dazu nötig sei.
⌜Zwar ist's mit der Gedanken-Fabrik
Wie mit einem Weber-Meisterstück,
Wo Ein Tritt tausend Fäden regt,
Die Schifflein herüber hinüber schießen,
Die Fäden ungesehen fließen,
Ein Schlag tausend Verbindungen schlägt⌝:
Der Philosoph der tritt herein,
Und beweist euch, es müßt' so sein:
Das Erst' wär' so, das Zweite so,
Und drum das Dritt' und Vierte so;
Und wenn das Erst' und Zweit' nicht wär',
Das Dritt' und Viert' wär' nimmermehr.
Das preisen die Schüler aller Orten,
Sind aber keine Weber geworden.
Wer will was lebendig's erkennen und beschreiben,
Sucht erst den Geist heraus zu treiben,
Dann hat er die Teile in seiner Hand,
Fehlt leider! nur das geistige Band.
⌜ENCHEIRESIN NATURAE⌝ nennt's die Chemie,
Spottet ihrer selbst und weiß nicht wie.

SCHÜLER

Kann euch nicht eben ganz verstehen.

MEPHISTOPHELES

Das wird nächstens schon besser gehen,

auf
Grundbegriffe
zurückführen

Wenn ihr lernt alles reduzieren*
Und gehörig klassifizieren*.   1

unter
Oberbegriffe
einordnen

SCHÜLER

Mir wird von alle dem so dumm,
Als ging' mir ein Mühlrad im Kopf herum.

MEPHISTOPHELES

Nachher, vor allen andern Sachen
Müßt ihr euch an die ⌐Metaphysik⌐ machen!
Da seht daß ihr tiefsinnig faßt,   1
Was in des Menschen Hirn nicht paßt;
Für was drein geht und nicht drein geht,
Ein prächtig Wort zu Diensten steht.
Doch vorerst dieses halbe Jahr

haltet euch
genau an die
Studien-
ordnung

Nehmt ja der besten Ordnung wahr*.   1
Fünf Stunden habt ihr jeden Tag;
Seid drinnen mit dem Glockenschlag!

vorbereitet

Habt euch vorher wohl präpariert*,

Abschnitte,
Paragraphen
(gelehrter lat.
Akkusativ) der
Lehrbücher,
über die der
Professor liest

Paragraphos* wohl einstudiert,
Damit ihr nachher besser seht,   1
Daß er nichts sagt, als was im Buche steht;
Doch euch des Schreibens ja befleißt,
Als diktiert' euch der Heilig' Geist*!

wie den
Verfassern
der Bibel

SCHÜLER

Das sollt ihr mir nicht zweimal sagen!
Ich denke mir wie viel es nützt;   1
Denn, was man schwarz auf weiß besitzt,
Kann man getrost nach Hause tragen.

MEPHISTOPHELES

Doch wählt mir eine Fakultät!

SCHÜLER

Zur Rechtsgelehrsamkeit kann ich mich nicht
                                              bequemen.

MEPHISTOPHELES

Ich kann es euch so sehr nicht übel nehmen,   1
Ich weiß wie es um diese Lehre steht.

Es erben sich Gesetz' und Rechte
Wie eine ew'ge Krankheit fort;
Sie schleppen von Geschlecht sich zum Geschlechte,
Und rücken sacht von Ort zu Ort.
Vernunft wird Unsinn, Wohltat Plage;
Weh dir, daß du ein Enkel bist!
Vom Rechte, das mit uns geboren ist,
Von dem ist leider! nie die Frage.

SCHÜLER

Mein Abscheu wird durch euch vermehrt.
O glücklich der! den ihr belehrt.
Fast möcht' ich nun Theologie studieren.

MEPHISTOPHELES

Ich wünschte nicht euch irre zu führen.
Was diese Wissenschaft betrifft,
Es ist so schwer den falschen Weg zu meiden,
Es liegt in ihr so viel verborgnes Gift,
Und von der Arzenei ist's kaum zu unterscheiden.
Am besten ist's auch hier, wenn ihr nur Einen hört,
Und ⌐auf des Meisters Worte schwört⌐.
Im Ganzen – haltet euch an Worte!
Dann geht ihr durch die sichre Pforte
Zum Tempel der Gewißheit ein.

SCHÜLER

Doch ein Begriff muß bei dem Worte sein.*

Das Wort (als zeichenhafte Laut- oder Buchstaben-kette) muss eine Bedeu-tung haben.

MEPHISTOPHELES

Schon gut! Nur muß man sich nicht allzu ängstlich
quälen;

Denn eben wo Begriffe fehlen,
Da stellt ein Wort zur rechten Zeit sich ein.
Mit Worten läßt sich trefflich streiten,
Mit Worten ein System bereiten*,
An Worte läßt sich trefflich glauben,
⌐Von einem Wort läßt sich kein Jota rauben.⌐

ein philosophi-sches System (der Weltdeu-tung) auf-stellen

SCHÜLER

Verzeiht, ich halt' euch auf mit vielen Fragen,

Allein ich muß euch noch bemühn.
Wollt ihr mir von der Medizin
Nicht auch ein kräftig Wörtchen sagen?
Drei Jahr' ist eine kurze Zeit,
Und, Gott! das Feld ist gar zu weit.
Wenn man einen Fingerzeig nur hat,
Läßt sich's schon eher weiter fühlen.

MEPHISTOPHELES *für sich*

Ich bin des trocknen Tons nun satt,
Muß wieder recht den Teufel spielen.

Laut

Der Geist der Medizin ist leicht zu fassen;
Ihr durchstudiert die groß' und kleine Welt,
Um es am Ende gehn zu lassen,
Wie's Gott gefällt.
Vergebens daß ihr ringsum wissenschaftlich schweift,
Ein jeder lernt nur was er lernen kann;
Doch der den Augenblick ergreift,
Das ist der rechte Mann.
Ihr seid noch ziemlich wohlgebaut,
An Kühnheit wird's euch auch nicht fehlen,
Und wenn ihr euch nur selbst vertraut,
Vertrauen euch die andern Seelen.
Besonders lernt die Weiber führen;
Es ist ihr ewig Weh und Ach
So tausendfach
Aus Einem Punkte zu kurieren,
Und wenn ihr halbweg ehrbar tut,
Dann habt ihr sie all' unter'm Hut.
Ein Titel muß sie erst vertraulich machen,
Daß eure Kunst viel Künste übersteigt;
Zum Willkomm' tappt ihr dann nach allen
                                        Siebensachen,
Um die ein andrer viele Jahre streicht,
Versteht das Pülslein wohl zu drücken,

Und fasset sie, mit feurig schlauen Blicken,
Wohl um die schlanke Hüfte frei,
Zu seh'n, wie fest geschnürt sie sei.

SCHÜLER
Das sieht schon besser aus! Man sieht doch wo und wie.

MEPHISTOPHELES
Grau, teurer Freund, ist alle Theorie,
Und grün des Lebens goldner Baum.

SCHÜLER
Ich schwör' euch zu, mir ist's als wie ein Traum.
Dürft' ich euch wohl ein andermal beschweren*,   belästigen
Von eurer Weisheit auf den Grund zu hören?

MEPHISTOPHELES
Was ich vermag, soll gern geschehn.

SCHÜLER
Ich kann unmöglich wieder gehn,
Ich muß euch noch mein Stammbuch* überreichen.   Poesiealbum
Gönn' eure Gunst mir dieses Zeichen!

MEPHISTOPHELES
Sehr wohl.
Er schreibt und gibt's.

SCHÜLER *liest*
⌐ERITIS SICUT DEUS, SCIENTES BONUM ET MALUM.⌐
Macht's ehrerbietig zu und empfiehlt sich.

MEPHISTOPHELES
Folg' nur dem alten Spruch und meiner Muhme* der   Nahe Seiten-
                                        Schlange,   verwandte
Dir wird gewiß einmal bei deiner Gottähnlichkeit
bange!

FAUST *tritt auf.*

FAUST
Wohin soll es nun gehn?

MEPHISTOPHELES
                    Wohin es dir gefällt.

Wir sehn die kleine, dann die große Welt.
Mit welcher Freude, welchem Nutzen,

den Lehrgang
wie ein
Schmarotzer
genießen Wirst du den Cursum durchschmarutzen*!

FAUST

Allein bei meinem langen Bart
Fehlt mir die leichte Lebensart.
Es wird mir der Versuch nicht glücken;
Ich wußte nie mich in die Welt zu schicken,
Vor andern fühl' ich mich so klein;
Ich werde stets verlegen sein.

MEPHISTOPHELES

Mein guter Freund, das wird sich alles geben;
Sobald du dir vertraust, sobald weißt du zu leben.

FAUST

Wie kommen wir denn aus dem Haus?
Wo hast du Pferde, Knecht und Wagen?

MEPHISTOPHELES

Wir breiten nur den Mantel aus,
Der soll uns durch die Lüfte tragen.
Du nimmst bei diesem kühnen Schritt
Nur keinen großen Bündel mit.
Ein bißchen ⌈Feuerluft⌉, die ich bereiten werde,
Hebt uns behend von dieser Erde.
Und sind wir leicht, so geht es schnell hinauf;
Ich gratuliere dir zum neuen Lebenslauf.

Zeche* lustiger Gesellen   Gelage

FROSCH

Will keiner trinken? keiner lachen?
Ich will euch lehren Gesichter machen!
Ihr seid ja heut wie nasses Stroh,
Und brennt sonst immer lichterloh.

BRANDER

Das liegt an dir; du bringst ja nichts herbei,
Nicht eine Dummheit, keine Sauerei.

FROSCH *gießt ihm ein Glas Wein über den Kopf*

Da hast du beides!

BRANDER

                    Doppelt Schwein!

FROSCH

Ihr wollt' es ja, man soll es sein!

SIEBEL

Zur Tür hinaus wer sich entzweit!
Mit offner Brust ⌜singt Runda⌝, sauft und schreit!
Auf! Holla! Ho!

ALTMAYER

                    Weh mir, ich bin verloren!
Baumwolle her! der Kerl sprengt mir die Ohren.

SIEBEL

Wenn das Gewölbe widerschallt,
Fühlt man erst recht des Basses Grundgewalt.

FROSCH

So recht, hinaus mit dem der etwas übel nimmt!
A! tara lara da!

ALTMAYER

A! tara lara da!

FROSCH

                    Die Kehlen sind gestimmt.

Singt

> Das liebe, heil'ge ⌐Röm'sche Reich¬,
> Wie hält's nur noch zusammen?

BRANDER

> Ein garstig Lied! Pfui! ein politisch Lied!
> Ein leidig Lied! Dankt Gott mit jedem Morgen
> Daß ihr nicht braucht für's Röm'sche Reich zu sorgen!
> Ich halt' es wenigstens für reichlichen Gewinn,
> Daß ich nicht Kaiser oder Kanzler bin.
> Doch muß auch uns ein Oberhaupt nicht fehlen;
> ⌐Wir wollen einen Papst erwählen.
> Ihr wißt, welch eine Qualität
> Den Ausschlag gibt, den Mann erhöht.

FROSCH *singt*

> Schwing' dich auf, Frau Nachtigall,
> Grüß' mir mein Liebchen zehentausendmal.¬

SIEBEL

> Dem Liebchen keinen Gruß! Ich will davon nichts
> hören!

FROSCH

> Dem Liebchen Gruß und Kuß! du wirst mir's nicht
> verwehren!

Singt

> Riegel auf! in stiller Nacht.
> Riegel auf! der Liebste wacht.
> Riegel zu! des Morgens früh.

SIEBEL

> Ja, singe, singe nur, und lob' und rühme sie!
> Ich will zu meiner Zeit schon lachen.
> Sie hat mich angeführt, dir wird sie's auch so machen.
> Zum Liebsten sei ein Kobold ihr beschert!
> Der mag mit ihr auf einem Kreuzweg* schäkern;
> Ein alter Bock, wenn er vom Blocksberg kehrt,
> Mag im Galopp noch gute Nacht ihr meckern!
> Ein braver Kerl von echtem Fleisch und Blut

*Im Aberglauben ein dämonischer Ort

Ist für die Dirne viel zu gut.
Ich will von keinem Gruße wissen,
Als ihr die Fenster eingeschmissen!

BRANDER *auf den Tisch schlagend*
Paßt auf! paßt auf! Gehorchet mir!
Ihr Herrn gesteht, ich weiß zu leben;
Verliebte Leute sitzen hier,
Und diesen muß, nach Standsgebühr*,
Zur guten Nacht ich was zum Besten geben.
Gebt Acht! Ein Lied vom neusten Schnitt!
Und singt den Rundreim* kräftig mit!
Er singt

    Es war eine Ratt' im Kellernest,
    Lebte nur von Fett und Butter,
    Hatte sich ein Ränzlein* angemäst't,
    Als wie der Doktor Luther.
    Die Köchin hatt' ihr Gift gestellt;
    Da ward's so eng' ihr in der Welt,
    Als hätte sie Lieb' im Leibe.

CHORUS *jauchzend*
    Als hätte sie Lieb' im Leibe.

BRANDER
    Sie fuhr herum, sie fuhr heraus,
    Und soff aus allen Pfützen,
    Zernagt', zerkratzt' das ganze Haus,
    Wollte nichts ihr Wüten nützen;
    Sie tät gar manchen Ängstesprung,
    Bald hatte das arme Tier genung,
    Als hätt' es Lieb' im Leibe.

CHORUS
    Als hätt' es Lieb' im Leibe.

BRANDER
    Sie kam vor Angst am hellen Tag
    Der Küche zugelaufen,
    Fiel an den Herd und zuckt' und lag,

wie es sich für so jemanden gehört

Refrain

Bäuchlein

Und tät erbärmlich schnaufen.   2|
Da lachte die Vergifterin noch:
Ha! sie pfeift auf dem letzten Loch,
Als hätte sie Lieb' im Leibe.

CHORUS
Als hätte sie Lieb' im Leibe.

SIEBEL

Alte Neben-
form zu
Burschen:
Studenten

Wie sich die platten Bursche* freuen!   2|
Es ist mir eine rechte Kunst,
Den armen Ratten Gift zu streuen!

BRANDER
Sie stehn wohl sehr in deiner Gunst?

ALTMAYER

Dickwanst

Der Schmerbauch* mit der kahlen Platte!
Das Unglück macht ihn zahm und mild;   2|
Er sieht in der geschwollnen Ratte
Sein ganz natürlich Ebenbild.

FAUST und MEPHISTOPHELES.

MEPHISTOPHELES
Ich muß dich nun vor allen Dingen
In lustige Gesellschaft bringen,
Damit du siehst wie leicht sich's leben läßt.   2|
Dem Volke hier wird jeder Tag ein Fest.

Verstand

Mit wenig Witz* und viel Behagen
Dreht jeder sich im engen Zirkeltanz,
Wie junge Katzen mit dem Schwanz.
Wenn sie nicht über Kopfweh klagen,   2|
So lang' der Wirt nur weiter borgt,
Sind sie vergnügt und unbesorgt.

BRANDER
Die kommen eben von der Reise,
Man sieht's an ihrer wunderlichen Weise;

noch nicht

Sie sind nicht* eine Stunde hier.   2|

FROSCH

Wahrhaftig du hast Recht! Mein Leipzig lob' ich mir!
Es ist ein klein Paris, und bildet seine Leute.

SIEBEL

Für was siehst du die Fremden an*?

SIEBEL-NOTE-GOES-HERE

FROSCH

Laßt mich nur gehn! Bei einem vollen Glase
Zieh' ich, wie einen Kinderzahn,
Den Burschen leicht die Würmer aus der Nase.
Sie scheinen mir aus einem edlen Haus,
Sie sehen stolz und unzufrieden aus.

BRANDER

Marktschreier sind's gewiß, ich wette!

ALTMAYER

Vielleicht.

FROSCH

Gib Acht, ich schraube sie*!

ziehe sie auf

MEPHISTOPHELES *zu Faust*

Den Teufel spürt das Völkchen nie,
Und wenn er sie bei'm Kragen hätte.

FAUST

Seid uns gegrüßt, ihr Herrn!

SIEBEL

Viel Dank zum Gegengruß.

Leise, Mephistopheles von der Seite ansehend
Was hinkt der Kerl auf Einem Fuß?

MEPHISTOPHELES

Ist es erlaubt, uns auch zu euch zu setzen?
Statt eines guten Trunks, den man nicht haben kann,
Soll die Gesellschaft uns ergetzen*.

erfreuen

ALTMAYER

Ihr scheint ein sehr verwöhnter Mann.

FROSCH

Ihr seid wohl spät ⌜von Rippach aufgebrochen?
Habt ihr mit Herren Hans noch erst zu Nacht gespeis't?⌝

MEPHISTOPHELES

Heut sind wir ihn vorbei gereist!

Wir haben ihn das letztemal gesprochen.

Von seinen Vettern* wußt' er viel zu sagen,

Viel Grüße hat er uns an jeden aufgetragen.

Er neigt sich gegen Frosch.

ALTMAYER *leise*

Da hast du's! der versteht's!

SIEBEL

Ein pfiffiger Patron!

FROSCH

Nun, warte nur, ich krieg' ihn schon!

MEPHISTOPHELES

Wenn ich nicht irrte, hörten wir

Geübte Stimmen Chorus* singen?

Gewiß, Gesang muß trefflich hier

Von dieser Wölbung widerklingen!

FROSCH

Seid ihr wohl gar ein Virtuos*?

MEPHISTOPHELES

O nein! die Kraft ist schwach, allein die Lust ist groß.

ALTMAYER

Gebt uns ein Lied!

MEPHISTOPHELES

Wenn ihr begehrt, die Menge.

SIEBEL

Nur auch ein nagelneues Stück!

MEPHISTOPHELES

Wir kommen erst* aus Spanien zurück,

Dem schönen Land des Weins und der Gesänge.

Singt

Es war einmal ein König,

Der hatt' einen großen Floh –

FROSCH

Horcht! Einen Floh! Habt ihr das wohl gefaßt*?

Ein Floh ist mir ein saub'rer Gast.

Margin notes:
Weitläufige männl. Verwandte

im Chor

geübter Künstler

gerade erst

begriffen

MEPHISTOPHELES *singt*

>Es war einmal ein König,
>Der hatt' einen großen Floh,
>Den liebt' er gar nicht wenig,
>Als wie seinen eignen Sohn.
>Da rief er seinen Schneider,
>Der Schneider kam heran:
>Da, miß dem Junker Kleider,
>Und miß ihm Hosen an!

BRANDER

>Vergeßt nur nicht dem Schneider einzuschärfen,
>Daß er mir auf's genauste mißt,
>Und daß, so lieb sein Kopf ihm ist,
>Die Hosen keine Falten werfen!

MEPHISTOPHELES

>In Sammet und in Seide
>War er nun angetan,
>Hatte Bänder auf dem Kleide,
>Hatt' auch ein Kreuz daran,
>Und war sogleich Minister,
>Und hatt' einen großen Stern*.
>Da wurden seine Geschwister
>Bei Hof' auch große Herrn.

*Adelsabzeichen (wie es auch Goethe verliehen wurde)

>Und Herrn und Frau'n am Hofe,
>Die waren sehr geplagt,
>Die Königin und die Zofe
>Gestochen und genagt,
>Und durften sie nicht knicken*,
>Und weg sie jucken nicht.
>Wir knicken und ersticken
>Doch gleich wenn einer sticht.

*mit dem Nagel des Fingers zerdrücken

CHORUS *jauchzend*

>Wir knicken und ersticken
>Doch gleich wenn einer sticht.

FROSCH

Bravo! Bravo! Das war schön!

SIEBEL

So soll es jedem Floh ergehn!

BRANDER

Spitzt die Finger und packt sie fein!

ALTMAYER

Es lebe die Freiheit! Es lebe der Wein!

MEPHISTOPHELES

Ich tränke gern ein Glas, die Freiheit hoch zu ehren,

Wenn eure Weine nur ein bißchen besser wären.

SIEBEL

Wir mögen das nicht wieder hören!

MEPHISTOPHELES

Ich fürchte nur der Wirt beschweret sich;

Sonst gäb' ich diesen werten Gästen

Aus unserm Keller was zum Besten.

SIEBEL

Nur immer her! ich nehm's auf mich.

FROSCH

Schafft ihr ein gutes Glas, so wollen wir euch loben.

Nur gebt nicht gar zu kleine Proben;

urteilen   Denn wenn ich judizieren* soll,

Verlang' ich auch das Maul recht voll.

ALTMAYER *leise*

Sie sind vom Rheine, wie ich spüre.

MEPHISTOPHELES

Schafft einen Bohrer an!

BRANDER

                   Was soll mit dem geschehn?

Ihr habt doch nicht die Fässer vor der Türe?

ALTMAYER

Dahinten hat der Wirt ein Körbchen Werkzeug stehn.

MEPHISTOPHELES *nimmt den Bohrer. Zu Frosch*

Nun sagt, was wünschet ihr zu schmecken?

FROSCH

Wie meint ihr das? Habt ihr so mancherlei?

MEPHISTOPHELES

Ich stell' es einem jeden frei.

ALTMAYER zu *Frosch*

Aha, du fängst schon an die Lippen abzulecken.

FROSCH

Gut! wenn ich wählen soll, so will ich Rheinwein haben.
Das Vaterland verleiht die allerbesten Gaben.

MEPHISTOPHELES *indem er an dem Platz, wo Frosch sitzt, ein Loch in den Tischrand bohrt*

Verschafft ein wenig Wachs, die Pfropfen gleich* zu   sogleich
                                 machen!

ALTMAYER

Ach das sind Taschenspielersachen.

MEPHISTOPHELES *zu Brander*

Und ihr?

BRANDER

        Ich will Champagner Wein,
Und recht moussierend* soll er sein!   perlend

MEPHISTOPHELES

bohrt, einer hat indessen die Wachspfropfen gemacht und verstopft.

BRANDER

Man kann nicht stets das Fremde meiden,
Das Gute liegt uns oft so fern.
Ein echter deutscher Mann mag keinen Franzen* leiden,   Verächtlich
Doch ihre Weine trinkt er gern.   für: Franzosen

SIEBEL *indem sich Mephistopheles seinem Platze nähert*

Ich muß gestehn, den sauren* mag ich nicht,   trocknen
Gebt mir ein Glas vom echten süßen!

MEPHISTOPHELES *bohrt*

Euch soll sogleich Tokayer* fließen.   Berühmter
                                   Dessertwein

ALTMAYER

Nein, Herren, seht mir in's Gesicht!
Ich seh' es ein, ihr habt uns nur zum Besten.

MEPHISTOPHELES

Ei! Ei! Mit solchen edlen Gästen
Wär' es ein bißchen viel gewagt.
Geschwind! Nur grad' heraus gesagt!
Mit welchem Weine kann ich dienen?

ALTMAYER

Mit jedem! Nur nicht lang gefragt.

Nachdem die Löcher alle gebohrt und verstopft sind

MEPHISTOPHELES *mit seltsamen Gebärden*

Trauben trägt der Weinstock!
Hörner der Ziegenbock;
Der Wein ist saftig, Holz die Reben,
Der hölzerne Tisch kann Wein auch geben.
Ein tiefer Blick in die Natur!
Hier ist ein Wunder, glaubet nur!

Nun zieht die Pfropfen und genießt!

ALLE *indem sie die Pfropfen ziehen, und jedem der
verlangte Wein in's Glas läuft*

O schöner Brunnen, der uns fließt!

MEPHISTOPHELES

Nur hütet euch, daß ihr mir nichts vergießt!

Sie trinken wiederholt.

ALLE *singen*

Uns ist ganz kannibalisch wohl,
Als wie fünfhundert Säuen!

MEPHISTOPHELES

Das Volk ist frei, seht an, wie wohl's ihm geht!

FAUST

Ich hätte Lust nun abzufahren.

MEPHISTOPHELES

das Tierische   Gib nur erst Acht, die Bestialität*
Wird sich gar herrlich offenbaren.

SIEBEL

*trinkt unvorsichtig, der Wein fließt auf die Erde, und
wird zur Flamme.*

Helft! Feuer! Helft! Die Hölle brennt!

MEPHISTOPHELES *die Flamme besprechend*

Sei ruhig, freundlich Element!

Zu dem Gesellen

Für diesmal war es nur ein Tropfen ⌈Fegefeuer⌉.

SIEBEL

Was soll das sein? Wart! Ihr bezahlt es teuer!

Es scheinet, daß ihr uns nicht kennt.

FROSCH

Laß er uns das zum zweitenmale bleiben!

ALTMAYER

Ich dächt', wir hießen ihn ganz sachte seitwärts gehn.

SIEBEL

Was Herr? Er will sich unterstehn,

Und hier sein Hokuspokus treiben?

MEPHISTOPHELES

Still, altes Weinfaß!

SIEBEL

Besenstiel!

Du willst uns gar noch grob begegnen?

BRANDER

Wart nur! Es sollen Schläge regnen!

ALTMAYER

zieht einen Pfropf aus dem Tisch, es springt ihm Feuer entgegen.

Ich brenne! ich brenne!

SIEBEL

Zauberei!

Stoßt zu! der Kerl ist ⌈vogelfrei⌉!

Sie ziehen die Messer und gehn auf Mephistopheles los.

MEPHISTOPHELES *mit ernsthafter Gebärde*

Falsch Gebild und Wort

Verändern Sinn und Ort!

Seid hier und dort!

Sie stehn erstaunt und sehn einander an.

ALTMAYER

Wo bin ich? Welches schöne Land?

FROSCH

Weinberge! Seh' ich recht?

SIEBEL

Und Trauben gleich zur Hand!

BRANDER

Hier unter diesem grünen Laube,

Weinstock   Seht, welch ein Stock*! Seht, welche Traube!

Er faßt Siebeln bei der Nase. Die andern tun es wechselseitig und heben die Messer.

MEPHISTOPHELES *wie oben*

Irrtum, laß los der Augen Band!

Und merkt euch wie der Teufel spaße.

Er verschwindet mit Faust, die Gesellen fahren auseinander.

SIEBEL

Was gibt's?

ALTMAYER

Wie?

FROSCH

War das deine Nase?

BRANDER *zu Siebel*

Und deine hab' ich in der Hand!

ALTMAYER

Es war ein Schlag, der ging durch alle Glieder!

Schafft einen Stuhl, ich sinke nieder!

FROSCH

Nein, sagt mir nur, was ist geschehn?

SIEBEL

aufspüre   Wo ist der Kerl? Wenn ich ihn spüre*,

Er soll mir nicht lebendig gehn!

ALTMAYER

⌈Ich hab' ihn selbst hinaus zur Kellertüre –

Auf einem Fasse reiten sehn⌉ – –

Es liegt mir bleischwer in den Füßen.

Sich nach dem Tische wendend
Mein!* Sollte wohl der Wein noch fließen?   Mein Gott!

SIEBEL
Betrug war alles, Lug und Schein.

FROSCH
Mir däuchte* doch als tränk' ich Wein.   schien

BRANDER
Aber wie war es mit den Trauben?

ALTMAYER
Nun sag' mir eins*, man soll kein Wunder glauben!   einmal

Hexenküche

Auf einem niedrigen Herde steht ein großer Kessel über dem Feuer. In dem Dampfe, der davon in die Höhe steigt, zeigen sich verschiedne Gestalten. ⌜EINE MEERKATZE⌝ *sitzt bei dem Kessel und schäumt ihn*, und sorgt daß er nicht überläuft.* DER MEERKATER *mit den Jungen sitzt darneben und wärmt sich, Wände und Decke sind mit dem seltsamsten Hexenhausrat ausgeschmückt.*

FAUST. MEPHISTOPHELES.

FAUST

Mir widersteht* das tolle* Zauberwesen,
Versprichst du mir, ich soll genesen,
In diesem Wust von Raserei?
Verlang' ich Rat von einem alten Weibe?
Und schafft die Sudelköcherei*
Wohl dreißig Jahre mir vom Leibe?
Weh mir, wenn du nichts bessers weißt!
Schon ist die Hoffnung mir verschwunden.
Hat die Natur und hat ein edler Geist
Nicht irgend einen Balsam ausgefunden?

MEPHISTOPHELES

Mein Freund, nun sprichst du wieder klug!
Dich zu verjüngen gibt's auch ein natürlich Mittel;
⌜Allein es steht in einem andern Buch,
Und ist ein wunderlich Kapitel.

FAUST

Ich will es wissen.

MEPHISTOPHELES

Gut! Ein Mittel, ohne Geld
Und Arzt und Zauberei zu haben:

Margin notes:

schöpft den Schaum ab

verursacht einen lebhaften Widerwillen

wahnsinnige

das Kochen schmutziger Dinge

Begib dich gleich hinaus auf's Feld,
Fang' an zu hacken und zu graben,
Erhalte dich und deinen Sinn
In einem ganz beschränkten Kreise,
Ernähre dich mit ungemischter* Speise,   einfacher
Leb' mit dem Vieh als Vieh, und acht' es nicht für Raub,
Den Acker, den du erntest, selbst zu düngen⌝;
Das ist das beste Mittel, glaub',
⌜Auf achtzig Jahr dich zu verjüngen⌝!

FAUST

Das bin ich nicht gewöhnt, ich kann mich nicht
                                        bequemen,
Den Spaten in die Hand zu nehmen.
Das enge Leben steht mir gar nicht an.

MEPHISTOPHELES

So muß denn doch die Hexe dran.

FAUST

Warum denn just das alte Weib!
Kannst du den Trank nicht selber brauen?

MEPHISTOPHELES

Das wär' ein schöner Zeitvertreib!
Ich wollt' indes wohl tausend Brücken bauen.
Nicht Kunst und Wissenschaft allein,
Geduld will bei dem Werke sein.
Ein stiller Geist ist Jahre lang geschäftig;
Die Zeit nur macht die feine Gärung kräftig.
Und alles was dazu gehört
Es sind gar wunderbare Sachen!
Der Teufel hat sie's zwar gelehrt;
Allein der Teufel kann's nicht machen.
Die Tiere erblickend
Sieh, welch ein zierliches Geschlecht!
Das ist die Magd! das ist der Knecht!
Zu den Tieren
Es scheint, die Frau* ist nicht zu Hause?   Herrin des
                                                  Hauses

DIE TIERE

Bei'm Schmause,
Aus dem Haus
Zum Schornstein hinaus!

MEPHISTOPHELES

auszu-
schwärmen

Wie lange pflegt sie wohl zu schwärmen*?

DIE TIERE

So lange wir uns die Pfoten wärmen.

MEPHISTOPHELES *zu Faust*

Wie findest du die zarten Tiere?

FAUST

So abgeschmackt als ich nur jemand sah!

MEPHISTOPHELES

Unterhaltung,
Gespräch

Nein, ein Diskurs* wie dieser da,
Ist g'rade der den ich am liebsten führe!
Zu den Tieren

Die Äffchen
dienen wie
Puppen nur
zum Zeit-
vertreib.

So sagt mir doch, verfluchte Puppen*!
Was quirlt ihr in dem Brei herum?

TIERE

dünne
(verdünnte
und darum
breite)

Wir kochen breite* Bettelsuppen.

MEPHISTOPHELES

Da habt ihr ein groß Publikum.

DER KATER

macht sich herbei und schmeichelt dem Mephistopheles
O würfle nur gleich,
Und mache mich reich,
Und laß mich gewinnen!
Gar schlecht ist's bestellt,
Und wär' ich bei Geld,
So wär' ich bei Sinnen.

MEPHISTOPHELES

Wie glücklich würde sich der Affe schätzen,
Könnt' er nur auch in's ⌐Lotto⌐ setzen!

*Indessen haben die jungen Meerkätzchen mit einer gro-
ßen Kugel gespielt und rollen sie hervor.*

DER KATER

⌐Das ist die Welt;
Sie steigt und fällt
Und rollt beständig;
Sie klingt wie Glas;
Wie bald bricht das?
Ist hohl inwendig.
Hier glänzt sie sehr,
Und hier noch mehr,
Ich bin lebendig!
Mein lieber Sohn,
Halt dich davon!
Du mußt sterben!
Sie ist von Ton,
Es gibt Scherben.⌐

MEPHISTOPHELES

Was soll das Sieb?

DER KATER *holt es herunter*

Wärst du ein Dieb,
Wollt' ich dich gleich erkennen.

Er läuft zur Kätzin und läßt sie durchsehen

Sieh durch das Sieb!
Erkennst du den Dieb,
Und darfst ihn nicht nennen?

MEPHISTOPHELES *sich dem Feuer nähernd*

Und dieser Topf?

KATER und KÄTZIN

Der alberne Tropf!
Er kennt nicht den Topf,
Er kennt nicht den Kessel!

MEPHISTOPHELES

Unhöfliches Tier!

DER KATER

Den Wedel* nimm hier,
Und setz' dich in Sessel*!

als Zepter
(s. u.
V. 2449f.)

wie auf
einem Thron

Er nötigt den Mephistopheles zu sitzen.

FAUST *welcher diese Zeit über vor einem Spiegel gestan-*
den, sich ihm bald genähert, bald sich von ihm entfernt
hat
Was seh' ich? Welch ein himmlisch Bild
Zeigt sich in diesem Zauberspiegel!
O Liebe, leihe mir den schnellsten deiner Flügel,

auf ihre Felder,
in ihr Gebiet

Und führe mich in ihr Gefild*!
Ach wenn ich nicht auf dieser Stelle bleibe,
Wenn ich es wage nah' zu gehn,
Kann ich sie nur als wie im Nebel sehn! –
Das schönste Bild von einem Weibe!
Ist's möglich, ist das Weib so schön?
Muß ich an diesem hingestreckten Leibe
Den Inbegriff von allen Himmeln sehn?
So etwas findet sich auf Erden?

MEPHISTOPHELES
Natürlich, ⌐wenn ein Gott sich erst sechs Tage plagt⌐,
⌐Und selbst am Ende Bravo sagt⌐,
Da muß es was gescheites werden.

ruhig
(meinetwegen)

Für diesmal sieh dich immer* satt;

aufzuspüren

Ich weiß dir so ein Schätzchen auszuspüren*,
Und selig wer das gute Schicksal hat,
Als Bräutigam sie heim zu führen!
Faust sieht immerfort in den Spiegel. Mephistopheles,
sich in dem Sessel dehnend und mit dem Wedel spielend,
fährt fort zu sprechen
Hier sitz' ich wie der König auf dem Throne,
Den Zepter halt' ich hier, es fehlt nur noch die Krone.

DIE TIERE *welche bisher allerlei wunderliche Bewegungen*
durch einander gemacht haben, bringen dem Mephisto-
pheles eine Krone mit großem Geschrei
O sei doch so gut,
Mit Schweiß und mit Blut
Die Krone zu leimen!

Sie gehn ungeschickt mit der Krone um und zerbrechen
sie in zwei Stücke, mit welchen sie herumspringen.
Nun ist es geschehn!
Wir reden und sehn,
Wir hören und reimen;
FAUST *gegen den Spiegel*
Weh mir! ich werde schier* verrückt.   bald
MEPHISTOPHELES *auf die Tiere deutend*
Nun fängt mir an fast selbst der Kopf zu schwanken.
DIE TIERE
Und wenn es uns glückt,
Und wenn es sich schickt*,   gelingt, Wirk-
So sind es Gedanken!   lichkeit wird
FAUST *wie oben*
Mein Busen fängt mir an zu brennen!
Entfernen wir uns nur geschwind!
MEPHISTOPHELES *in obiger Stellung*
Nun, wenigstens muß man bekennen,
Daß es aufrichtige Poeten sind.

Der Kessel, welchen die Kätzin bisher außer Acht gelas-
sen, fängt an überzulaufen; es entsteht eine große
Flamme, welche zum Schornstein hinaus schlägt. DIE
HEXE *kommt durch die Flamme mit entsetzlichem Ge-*
schrei herunter gefahren.
DIE HEXE
Au! Au! Au! Au!
Verdammtes Tier! verfluchte Sau!
Versäumst den Kessel, versengst die Frau!
Verfluchtes Tier!
Faust und Mephistopheles erblickend
Was ist das hier?
Wer seid ihr hier?
Was wollt ihr da?
Wer schlich sich ein?

Feuerqual

Die Feuerpein*
Euch in's Gebein!

Sie fährt mit dem Schaumlöffel in den Kessel, und spritzt
Flammen nach Faust, Mephistopheles und den Tieren.
Die Tiere winseln.

MEPHISTOPHELES *welcher den Wedel, den er in der Hand*
hält, umkehrt, und unter die Gläser und Töpfe schlägt

Entzwei! entzwei!
Da liegt der Brei!
Da liegt das Glas!
Es ist nur Spaß,
Der Takt, du Aas,
Zu deiner Melodei.

Indem die Hexe voll Grimm und Entsetzen zurücktritt

Erkennst du mich? Gerippe! Scheusal du!
Erkennst du deinen Herrn und Meister?
Was hält mich ab, so schlag' ich zu,
Zerschmettre dich und deine Katzen-Geister!

Oberkleidung

Hast du vor'm roten Wams* nicht mehr Respekt?
Kannst du die Hahnenfeder nicht erkennen?
Hab' ich dies Angesicht versteckt?
Soll ich mich etwa selber nennen?

DIE HEXE

O Herr, verzeiht den rohen Gruß!

Traditionelles
Attribut des
Teufels

Seh' ich doch keinen Pferdefuß*.
⌈Wo sind denn eure beiden Raben?⌉

MEPHISTOPHELES

Für diesmal kommst du so davon;
Denn freilich ist es eine Weile schon,
Daß wir uns nicht gesehen haben.
Auch die Kultur, die alle Welt beleckt,
Hat auf den Teufel sich erstreckt;

Der Teufel,
wie er nördl.
der Alpen
gewöhnlich
auftritt

Das nordische Phantom* ist nun nicht mehr zu schauen,
Wo siehst du Hörner, Schweif und Klauen?
Und was den Fuß betrifft, den ich nicht missen kann,

Der würde mir bei Leuten schaden;
⌐Darum bedien' ich mich, wie mancher junge Mann,
Seit vielen Jahren falscher Waden.⌐

DIE HEXE *tanzend*

Sinn und Verstand verlier' ich schier*,
Seh' ich den Junker Satan wieder hier!

bald (i.S.v. *beinahe* o. *rasch*)

MEPHISTOPHELES

Den Namen, Weib, verbitt' ich mir!

DIE HEXE

Warum? Was hat er euch getan?

MEPHISTOPHELES

Er ist schon lang' in's Fabelbuch geschrieben;
Allein die Menschen sind nichts* besser dran,
Den Bösen sind sie los, die Bösen sind geblieben.
Du nennst mich Herr Baron, so ist die Sache gut;
Ich bin ein Kavalier*, wie andre Kavaliere.
Du zweifelst nicht an meinem edlen Blut;
Sieh her, das ist das Wappen, das ich führe!
Er macht eine unanständige Gebärde.

kein bisschen

Edelmann

DIE HEXE *lacht unmäßig*

Ha! Ha! Das ist in eurer Art!
Ihr seid ein Schelm, wie ihr nur immer war't!

MEPHISTOPHELES *zu Faust*

Mein Freund, das lerne wohl verstehn!
Dies ist die Art mit Hexen umzugehn.

DIE HEXE

Nun sagt, ihr Herren, was ihr schafft*.

befehlt

MEPHISTOPHELES

Ein gutes Glas von dem bekannten Saft!
Doch muß ich euch um's ält'ste bitten;
Die Jahre doppeln seine Kraft.

DIE HEXE

Gar gern! Hier hab' ich eine Flasche,
Aus der ich selbst zuweilen nasche,
Die auch nicht mehr im mind'sten stinkt;

Ich will euch gern ein Gläschen geben.

Leise

Doch wenn es dieser Mann unvorbereitet trinkt,

So kann er, wißt ihr wohl, nicht eine Stunde leben.

MEPHISTOPHELES

Es ist ein guter Freund, dem es gedeihen soll;

Ich gönn' ihm gern das Beste deiner Küche.

Zieh deinen Kreis, sprich deine Sprüche,

Und gib ihm eine Tasse voll!

DIE HEXE

mit seltsamen Gebärden, zieht einen Kreis und stellt
wunderbare Sachen hinein; indessen fangen die Gläser
an zu klingen, die Kessel zu tönen, und machen Musik.
Zuletzt bringt sie ein großes Buch, stellt die Meerkatzen
in den Kreis, die ihr zum Pult dienen und die Fackel
halten müssen. Sie winkt Fausten, zu ihr zu treten.

FAUST zu *Mephistopheles*

Nein, sage mir, was soll das werden?

Das tolle Zeug, die rasenden Gebärden,

Der abgeschmackteste Betrug,

Sind mir bekannt, verhaßt genug.

MEPHISTOPHELES

Ei, Possen! Das ist nur zum Lachen;

Sei nur nicht ein so strenger Mann!

Sie muß als Arzt ein Hokuspokus machen,

Damit der Saft dir wohl gedeihen kann.

Er nötigt Fausten in den Kreis zu treten.

Eindring-
lichkeit

DIE HEXE *mit großer Emphase* fängt an aus dem Buche zu*
deklamieren

> Du mußt verstehn!
>
> Aus Eins mach' Zehn,
>
> Und Zwei laß gehn,
>
> Und Drei mach' gleich,
>
> So bist du reich.
>
> Verlier' die Vier!

Aus Fünf und Sechs,
So sagt die Hex',
Mach' Sieben und Acht,
So ist's vollbracht:
Und Neun ist Eins,
Und Zehn ist keins.
Das ist das Hexen-Einmal-Eins!

FAUST

Mich dünkt, die Alte spricht im Fieber.

MEPHISTOPHELES

Das ist noch lange nicht vorüber,
Ich kenn' es wohl, so klingt das ganze Buch;
Ich habe manche Zeit damit verloren,
Denn ein vollkommner Widerspruch
Bleibt gleich geheimnisvoll für Kluge wie für Toren.
Mein Freund, die Kunst ist alt und neu.
⌐Es war die Art zu allen Zeiten,
Durch Drei und Eins, und Eins und Drei
Irrtum statt Wahrheit zu verbreiten.⌐
So schwätzt und lehrt man ungestört;
Wer will sich mit den Narr'n befassen?
Gewöhnlich glaubt der Mensch, wenn er nur Worte
                                              hört,
Es müsse sich dabei doch auch was denken lassen.

DIE HEXE *fährt fort*

Die hohe Kraft
Der Wissenschaft,
Der ganzen Welt verborgen!
Und wer nicht denkt,
Dem wird sie geschenkt,
Er hat sie ohne Sorgen.

FAUST

Was sagt sie uns für Unsinn vor?
Es wird mir gleich der Kopf zerbrechen.
Mich dünkt, ich hör' ein ganzes Chor*
Von hundert tausend Narren sprechen.

* In der
Goethezeit
meist Neutrum

MEPHISTOPHELES

Genug, genug, o treffliche Sibylle*!
Gib deinen Trank herbei, und fülle
Die Schale rasch bis an den Rand hinan;
Denn meinem Freund wird dieser Trunk nicht schaden: 2
Er ist ein Mann von vielen Graden*,
Der manchen guten Schluck getan.

DIE HEXE

*mit vielen Zeremonien, schenkt den Trank in eine
Schale; wie sie Faust an den Mund bringt, entsteht eine
leichte Flamme.*

MEPHISTOPHELES

Nur frisch hinunter! Immer zu!
Es wird dir gleich das Herz erfreuen.
Bist mit dem Teufel du und du, 2
Und willst dich vor der Flamme scheuen?

DIE HEXE *lös't den Kreis.*

FAUST *tritt heraus.*

MEPHISTOPHELES

Nun frisch hinaus! Du darfst nicht ruhn.

DIE HEXE

Mög' euch das Schlückchen wohl behagen!

MEPHISTOPHELES *zur Hexe*

Und kann ich dir was zu Gefallen tun:
So darfst du mir's nur auf Walpurgis sagen. 2

DIE HEXE

Hier ist ein Lied! wenn ihr's zuweilen singt,
So werdet ihr besondre Wirkung spüren.

MEPHISTOPHELES *zu Faust*

Komm nur geschwind und laß dich führen;
Du mußt notwendig transpirieren*,
Damit die Kraft durch Inn- und Äußres dringt. 2
Den edlen Müßiggang lehr' ich hernach dich schätzen,
Und bald empfindest du mit innigem Ergetzen*,
Wie sich Cupido* regt und hin und wider springt.

Röm. Prophe-
tin des Alter-
tums, im
18. Jh. auch
Anrede für
Hexen

Fausts
Magister- und
Doktortitel

schwitzen

Vergnügen

Liebesgott
Amor als
Verkörperung
des sexuellen
Begehrens

FAUST

Laß mich nur schnell noch in den Spiegel schauen!
Das Frauenbild war gar zu schön!

MEPHISTOPHELES

Nein! Nein! Du sollst das Muster aller Frauen
Nun bald leibhaftig vor dir seh'n.

Leise

Du siehst, mit diesem Trank im Leibe,
Bald Helenen in jedem Weibe.

Straße

FAUST MARGARETE *vorüber gehend.*

FAUST

Mein schönes Fräulein, darf ich wagen, 2
Meinen Arm und Geleit Ihr anzutragen?

MARGARETE

Bin weder Fräulein*, weder schön,
Kann ungeleitet nach Hause gehn.
Sie macht sich los und ab.

Unverheiratete
Frau adeliger
Herkunft:
Faust
schmeichelt
der *Dirne*.

FAUST

Beim Himmel, dieses Kind ist schön!
So etwas hab' ich nie gesehn. 2
Sie ist so sitt- und tugendreich,
Und etwas schnippisch doch zugleich.
Der Lippe Rot, der Wange Licht,
Die Tage der Welt vergess' ich's nicht!
Wie sie die Augen niederschlägt, 2
Hat tief sich in mein Herz geprägt;
Wie sie kurz angebunden war,
Das ist nun zum Entzücken gar!
MEPHISTOPHELES *tritt auf.*

FAUST

Hör, du mußt mir die Dirne* schaffen!

Unverheira-
tetes Mädchen
niederen
Standes,
jedoch
keine Hure

MEPHISTOPHELES

Nun, welche?

FAUST

                    Sie ging just vorbei. 2

MEPHISTOPHELES

Da die? Sie kam von ihrem Pfaffen,
Der sprach sie aller Sünden frei;

Beichtstuhl

Ich schlich mich hart am Stuhl* vorbei,
Es ist ein gar unschuldig Ding,

Das eben für nichts zur Beichte ging;
Über die hab' ich keine Gewalt!

FAUST

Ist über vierzehn Jahr doch alt.*

Und damit im 18.Jh. heiratsfähig

MEPHISTOPHELES

Du sprichst ja wie Hans Liederlich,
Der begehrt jede liebe ⌜Blum⌝ für sich,
Und dünkelt ihm es wär' kein' Ehr'
Und Gunst die nicht zu pflücken wär';
Geht aber doch nicht immer an.

FAUST

Mein Herr Magister Lobesan*,
Laß er mich mit dem Gesetz in Frieden!
Und das sag' ich ihm kurz und gut,
Wenn nicht das süße junge Blut
Heut' Nacht in meinen Armen ruht:
So sind wir um Mitternacht geschieden.

löblich, lobenswert; schon für Goethe altertümlich

MEPHISTOPHELES

Bedenk was gehn und stehen mag!
Ich brauche wenigstens vierzehn Tag',
Nur die Gelegenheit auszuspüren.

FAUST

Hätt' ich nur sieben Stunden Ruh,
Brauchte den Teufel nicht dazu,
So ein Geschöpfchen zu verführen.

MEPHISTOPHELES

Ihr sprecht schon fast wie ein Franzos;
Doch bitt' ich, laßt's euch nicht verdrießen:
Was hilft's nur g'rade zu genießen?
Die Freud' ist lange nicht so groß,
Als wenn ihr erst herauf, herum,
Durch allerlei Brimborium,
Das Püppchen geknetet und zugericht't,
Wie's lehret manche welsche Geschicht'*.

Ital. oder franz. erotische Novelle

FAUST

Hab' Appetit auch ohne das.

MEPHISTOPHELES

Scherz   Jetzt ohne Schimpf* und ohne Spaß.

Ich sag' euch, mit dem schönen Kind

Geht's ein- für allemal nicht geschwind.

Mit Sturm ist da nichts einzunehmen;

Wir müssen uns zur List bequemen.

FAUST

etwas aus   Schaff' mir etwas vom Engelsschatz*!

dem Besitz   Führ' mich an ihren Ruheplatz!

Gretchens   Schaff' mir ein Halstuch von ihrer Brust,

Ein Strumpfband meiner Liebeslust!

MEPHISTOPHELES

Damit ihr seht, daß ich eurer Pein

Will förderlich und dienstlich sein:

Wollen wir keinen Augenblick verlieren,

Will euch noch heut' in ihr Zimmer führen.

FAUST

Und soll sie sehn? sie haben?

MEPHISTOPHELES

Nein!

Sie wird bei einer Nachbarin sein.

Indessen könnt ihr ganz allein

An aller Hoffnung künft'ger Freuden

Atmosphäre,   In ihrem Dunstkreis* satt euch weiden.

Luftkreis,

der einen   **FAUST**

Himmels-   Können wir hin?

körper umgibt

MEPHISTOPHELES

Es ist noch zu früh.

FAUST

Sorg' du mir für ein Geschenk für sie.

ab.

erfolgreich   **MEPHISTOPHELES**

sein   Gleich schenken? Das ist brav! Da wird er reüssieren*!

Ich kenne manchen schönen Platz
Und manchen alt vergrabnen Schatz;
Ich muß ein bißchen revidieren*.
ab.

Umschau
halten

Abend

Ein kleines reinliches Zimmer

MARGARETE *ihre Zöpfe flechtend und aufbindend*
Ich gäb' was drum, wenn ich nur wüßt'
Wer heut der Herr gewesen ist!

im Vollbesitz seiner geistigen und körperlichen Kräfte

Er sah gewiß recht wacker* aus,   2
Und ist aus einem edlen Haus;
Das konnt' ich ihm an der Stirne lesen –
Er wär' auch sonst nicht so keck gewesen.
ab.

MEPHISTOPHELES. FAUST.
MEPHISTOPHELES
Herein, ganz leise, nur herein!
FAUST *nach einigem Stillschweigen*
Ich bitte dich, laß mich allein!   2
MEPHISTOPHELES *herumspürend*
Nicht jedes Mädchen hält so rein.
ab.

FAUST *rings aufschauend*
Willkommen süßer Dämmerschein!
Der du dies Heiligtum durchwebst.
Ergreif mein Herz, du süße Liebespein!
Die du vom Tau der Hoffnung schmachtend lebst.   2
Wie atmet rings Gefühl der Stille,
Der Ordnung, der Zufriedenheit!
In dieser Armut welche Fülle!
In diesem Kerker welche Seligkeit!
Er wirft sich auf den ledernen Sessel am Bette.
O nimm mich auf! der du die Vorwelt schon   2
Bei Freud' und Schmerz im offnen Arm empfangen!

Wie oft, ach! hat an diesem Väter-Thron
Schon eine Schar von Kindern rings gehangen!
Vielleicht hat, dankbar für den heil'gen Christ,
Mein Liebchen hier, mit vollen Kinderwangen,
Dem Ahnherrn fromm die welke Hand geküßt.
Ich fühl', o Mädchen, deinen Geist
Der Füll' und Ordnung um mich säuseln,
Der mütterlich dich täglich unterweis't,
Den Teppich* auf den Tisch dich reinlich breiten heißt,
Sogar den Sand* zu deinen Füßen kräuseln.
O liebe Hand! so göttergleich!
Die Hütte wird durch dich ein Himmelreich.
Und hier!

Er hebt einen Bettvorhang auf.

Was faßt mich für ein Wonnegraus*!
Hier möcht' ich volle Stunden säumen*.
Natur! Hier bildetest in leichten Träumen
Den ⌜eingebornen Engel⌝ aus;
Hier lag das Kind! mit warmem Leben
Den zarten Busen angefüllt,
Und hier mit heilig reinem Weben
Entwirkte sich* das Götterbild!

Und du! Was hat dich hergeführt?
Wie innig fühl' ich mich gerührt!
Was willst du hier? Was wird das Herz dir schwer?
Armsel'ger Faust! ich kenne dich nicht mehr.

Umgibt mich hier ein Zauberduft?
Mich drang's so g'rade zu genießen*,
Und fühle mich in Liebestraum zerfließen!
Sind wir ein Spiel von jedem Druck der Luft?

Und träte sie den Augenblick herein,
Wie würdest du für deinen Frevel* büßen!

Marginalien:

Früher auch:
Tischdecke

Fußböden
wurden mit
feinem
weißem Sand
bestreut.

Zugleich freu-
diges wie
furchtsames
Erschaudern

trotz Pflichten
langsam
verbringen

bildete sich
heraus

sie ohne
Umstände zu
verführen

Übertretung
der Regeln

Redensartlich für ›der ange- sehene, mächtige Mann‹

Der große Hans*, ach wie so klein!
Läg', hingeschmolzen, ihr zu Füßen.

MEPHISTOPHELES [*kommt*]

Geschwind! ich seh' sie unten kommen.

FAUST

nimmermehr zurück

Fort! Fort! Ich kehre nimmermehr*!

MEPHISTOPHELES

Hier ist ein Kästchen leidlich schwer,
Ich hab's wo anders hergenommen.

(Wand-) Schrank

Stellt's hier nur immer in den Schrein*,
Ich schwör' euch, ihr vergehn die Sinnen;

eine Anspruchsvol- lere (*Urfaust*: »eine Fürstin«)

Ich tat euch Sächelchen hinein,
Um eine andre* zu gewinnen.

Wahrhaftig

Zwar* Kind ist Kind und Spiel ist Spiel.

FAUST

Ich weiß nicht soll ich?

MEPHISTOPHELES

                                    Fragt ihr viel?

nicht zu verschenken

Meint ihr vielleicht den Schatz zu wahren*?
Dann rat' ich eurer Lüsternheit,
Die liebe schöne Tageszeit
Und mir die weitre Müh' zu sparen.
Ich hoff' nicht daß ihr geizig seid!
Ich kratz' den Kopf, reib' an den Händen –
Er stellt das Kästchen in den Schrein und drückt das Schloß wieder zu.
Nur fort! geschwind! –
Um euch das süße junge Kind
Nach Herzens Wunsch und Will' zu wenden;
Und ihr seht drein,
Als solltet ihr in den Hörsaal hinein,
Als stünden grau leibhaftig vor euch da

Lehrgebiete des Doktors der Philo- sophie

Physik und Metaphysika*!
Nur fort! –
ab.

MARGARETE *mit einer Lampe*
Es ist so schwül, so dumpfig hie
Sie macht das Fenster auf.
Und ist doch eben so warm nicht drauß'.
Es wird mir so, ich weiß nicht wie –
Ich wollt', die Mutter käm' nach Haus.
Mir läuft ein Schauer über'n ganzen Leib –
Bin doch ein töricht furchtsam Weib!

Sie fängt an zu singen, indem sie sich auszieht
Es war ein König in Thule*   In der Antike
Gar treu bis an das Grab,   sagenhafte
                                     Insel im
Dem sterbend seine Buhle*   Nordmeer
Einen goldnen Becher gab.   Geliebte

Es ging ihm nichts darüber,
Er leert ihn jeden Schmaus*;   bei jedem
                                    Schmaus
Die Augen gingen ihm über,
So oft er trank daraus.

Und als er kam zu sterben*,   als seine
Zählt' er seine Städt' im Reich,   Todesstunde
                                     nahte
Gönnt' alles seinem Erben,
Den Becher nicht zugleich.

Er saß bei'm Königsmahle,
Die Ritter um ihn her,
Auf hohem Väter-Saale*,   im hohen
                                    Saal seiner
Dort auf dem Schloß am Meer.   Vorfahren

Dort stand der alte Zecher,
Trank letzte Lebensglut,
Und warf den heiligen Becher
Hinunter in die Flut.

sich mit
Wasser füllen
Er sah ihn stürzen, trinken*
Und sinken tief ins Meer,
Die Augen täten ihm sinken,
Trank nie einen Tropfen mehr.

*Sie eröffnet den Schrein, ihre Kleider einzuräumen, und
erblickt das Schmuckkästchen.*
Wie kommt das schöne Kästchen hier herein?
Ich schloß doch ganz gewiß den Schrein.
Es ist doch wunderbar! Was mag wohl drinne sein?
Vielleicht bracht's jemand als ein Pfand,
Und meine Mutter lieh darauf.
Da hängt ein Schlüsselchen am Band,
Ich denke wohl ich mach' es auf!
Was ist das? Gott im Himmel! Schau,

noch nie
So was hab' ich mein' Tage nicht* gesehn!
Ein Schmuck! Mit dem könnt' eine Edelfrau
Am höchsten Feiertage gehn.
Wie sollte mir die Kette stehn?
Wem mag die Herrlichkeit gehören?
Sie putzt sich damit auf und tritt vor den Spiegel.
Wenn nur die Ohrring' meine wären!
Man sieht doch gleich ganz anders drein.
Was hilft euch Schönheit, junges Blut?
Das ist wohl alles schön und gut,
Allein man läßt's auch alles sein;
Man lobt euch halb mit Erbarmen.
Nach Golde drängt,
Am Golde hängt
Doch Alles. Ach wir Armen!

Spaziergang*

Ortsangabe:
Spazierweg

FAUST *in Gedanken auf und ab gehend. Zu ihm*
MEPHISTOPHELES.

MEPHISTOPHELES
Bei aller verschmähten Liebe! Bei'm höllischen
Elemente!
Ich wollt' ich wüßte was ärgers, daß ich's fluchen
könnte!

FAUST
Was hast? was kneipt* dich denn so sehr?
So kein Gesicht sah' ich in meinem Leben!

kneift,
ergrimmt

MEPHISTOPHELES
Ich möcht'* mich gleich dem Teufel übergeben,
Wenn ich nur selbst kein Teufel wär'!

könnte

FAUST
Hat sich dir was im Kopf verschoben?
Dich kleidet's, wie ein Rasender zu toben!

MEPHISTOPHELES
Denkt nur, den Schmuck für Gretchen angeschafft,
Den hat ein Pfaff hinweggerafft! –
Die Mutter kriegt das Ding zu schauen,
Gleich fängt's ihr heimlich an zu grauen:
Die Frau hat gar einen feinen Geruch*,
Schnuffelt immer im Gebetbuch,
Und riecht's einem jeden Möbel* an,
Ob das Ding heilig ist oder profan*;
Und an dem Schmuck da spürt sie's klar,
Daß dabei nicht viel Segen war.
Mein Kind, rief sie, ungerechtes Gut
Befängt die Seele, zehrt auf das Blut.
Wollen's der Mutter Gottes weihen,
Wird uns mit Himmels-Manna* erfreuen!

Geruchssinn

Aller Besitz,
der beweglich
ist, v.a. der
Hausrat

weltlich

Himmlische
Speise als
Lohn für den
Verzicht
(*Offenbarung*
2,17)

Margretlein zog ein schiefes Maul,
Ist halt, dacht’ sie, ⌈ein geschenkter Gaul⌉,
Und wahrlich! gottlos ist nicht der,
Der ihn so fein gebracht hierher.
Die Mutter ließ einen Pfaffen kommen;
Der hatte kaum den Spaß vernommen,
Ließ sich den Anblick wohl behagen.
Er sprach: So ist man recht gesinnt!
⌈Wer überwindet der gewinnt.⌉
⌈Die Kirche hat einen guten Magen,
Hat ganze Länder aufgefressen⌉,
Und doch noch nie sich übergessen;
Die Kirch’ allein, meine lieben Frauen,
Kann ungerechtes Gut verdauen.

FAUST

Das ist ein allgemeiner Brauch,
⌈Ein Jud’ und König kann es auch.⌉

MEPHISTOPHELES

Strich drauf ein Spange, Kett’ und Ring’,
Als wären’s eben Pfifferling’*,
Dankt’ nicht weniger und nicht mehr,
Als ob’s ein Korb voll Nüsse wär’,
Versprach ihnen allen himmlischen Lohn –
Und sie waren sehr erbaut davon.

FAUST

Und Gretchen?

MEPHISTOPHELES

    Sitzt nun unruhvoll,
Weiß weder was sie will noch soll,
Denkt an’s Geschmeide* Tag und Nacht,
Noch mehr an den der’s ihr gebracht.

FAUST

Des Liebchens Kummer tut mir leid.
Schaff’ du ihr gleich ein neu Geschmeid’!
Am ersten war ja so nicht viel.

Früher häufiger und darum wertloser Speisepilz

(durch Schmieden entstandener) Schmuck

MEPHISTOPHELES

O ja, dem Herrn ist Alles Kinderspiel!

FAUST

Und mach', und richt's nach meinem Sinn!
Häng' dich an ihre Nachbarin.
Sei Teufel doch nur nicht wie Brei*,   träge,
Und schaff' einen neuen Schmuck herbei!   schwerfällig

MEPHISTOPHELES

Ja, gnäd'ger Herr, von Herzen gerne.
Faust ab.

MEPHISTOPHELES

So ein verliebter Tor verpufft
Euch Sonne, Mond und alle Sterne
Zum Zeitvertreib dem Liebchen in die Luft.
ab.

Der Nachbarin Haus

MARTHE *allein*

Gott verzeih's meinem lieben Mann,
Er hat an mir nicht wohl getan!
Geht da stracks* in die Welt hinein,
Und läßt mich auf dem Stroh* allein.
Tät' ihn doch wahrlich nicht betrüben,
Tät' ihn, weiß Gott, recht herzlich lieben.
Sie weint.
Vielleicht ist er gar tot! – O Pein! – –
Hätt' ich nur einen Totenschein*!

MARGARETE *kommt*

MARGARETE

Frau Marthe!

MARTHE

Gretelchen, was soll's?

MARGARETE

Fast sinken mir die Knie nieder!
Da find' ich so ein Kästchen wieder
In meinem Schrein, von Ebenholz*,
Und Sachen herrlich ganz und gar,
Weit reicher als das erste war.

MARTHE

Das muß sie nicht der Mutter sagen;
Tät's wieder gleich zur Beichte tragen.

MARGARETE

Ach seh' sie nur! ach schau' sie nur!

MARTHE *putzt sie auf.*

O du glücksel'ge Kreatur!

MARGARETE

⌐Darf mich, leider, nicht auf der Gassen,
Noch in der Kirche mit sehen lassen.⌐

MARTHE

Komm du nur oft zu mir herüber,

---

geradewegs

Bettstroh:
Sie ist also
eine – sexuell
unbefriedigte –
Strohwitwe.

Um wieder
heiraten zu
können

Schwarzes,
feines, sehr
hartes und
darum kost-
bares Edelholz

Und leg' den Schmuck hier heimlich an;
Spazier' ein Stündchen lang dem Spiegelglas vorüber,
Wir haben unsre Freude dran;
Und dann gibt's einen Anlaß, gibt's ein Fest,
Wo man's so nach und nach den Leuten sehen läßt.
Ein Kettchen erst, die Perle dann in's Ohr;
Die Mutter sieht's wohl nicht, man macht ihr auch
was vor.

MARGARETE

Wer konnte nur die beiden Kästchen bringen?
Es geht nicht zu mit rechten Dingen!
Es klopft.

MARGARETE

Ach Gott! mag das meine Mutter sein?

MARTHE *durch's Vorhängel* guckend*   Kleiner
                                                        Vorhang
Es ist ein fremder Herr – Herein!   vor dem
                                                        Türfenster
MEPHISTOPHELES *tritt auf.*

MEPHISTOPHELES

Bin so frei g'rad' herein zu treten,
Muß bei den Frauen Verzeihn erbeten.
Tritt ehrerbietig vor Margareten zurück.
Wollte nach Frau Marthe Schwerdtlein fragen!

MARTHE

Ich bin's, was hat der Herr zu sagen?

MEPHISTOPHELES *leise zu ihr*

Ich kenne Sie jetzt, mir ist das genug;
Sie hat da gar vornehmen Besuch.
Verzeiht die Freiheit die ich genommen,
Will Nachmittage wieder kommen.

MARTHE *laut*

Denk', Kind, um alles in der Welt!
Der Herr dich für ein Fräulein* hält.   Vgl. V. 2605.

MARGARETE

Ich bin ein armes junges Blut;
Ach Gott! der Herr ist gar zu gut:
Schmuck und Geschmeide sind nicht mein.

MEPHISTOPHELES

Ach, es ist nicht der Schmuck allein;
Sie hat ein Wesen, einen Blick so scharf!
Wie freut mich's daß ich bleiben darf.

MARTHE

Was bringt er denn? Verlange sehr –

MEPHISTOPHELES

Ich wollt' ich hätt' eine frohere Mär'*!
Ich hoffe sie läßt mich's drum nicht büßen:
⌈Ihr Mann ist tot und läßt sie grüßen.⌉

eine
erfreulichere
Nachricht

MARTHE

Ist tot? das treue Herz! O weh!
Mein Mann ist tot! Ach ich vergeh'!

MARGARETE

Ach! liebe Frau, verzweifelt nicht!

MEPHISTOPHELES

So hört die traurige Geschicht'!

MARGARETE

Ich möchte drum mein' Tag' nicht lieben,
Würde mich Verlust zu Tode betrüben.

MEPHISTOPHELES

Freud' muß Leid, Leid muß Freude haben.

MARTHE

Erzählt mir seines Lebens Schluß!

MEPHISTOPHELES

Er liegt in Padua begraben
Bei'm heiligen Antonius*,
⌈An einer wohlgeweihten Stätte
Zum ewig kühlen Ruhebette.⌉

Antonius
von Padua
(1195–1231),
Schutzheiliger
der Eheleute

MARTHE

Habt ihr sonst nichts an mich zu bringen*?

mir zu über-
bringen

MEPHISTOPHELES

Ja, eine Bitte, groß und schwer;
Laß sie doch ja für ihn dreihundert Messen singen!
Im übrigen sind meine Taschen leer.

MARTHE

Was! Nicht ein Schaustück*? Kein Geschmeid'?   Gedenkmünze
Was jeder Handwerksbursch im Grund des Säckels

                               spart,

Zum Angedenken aufbewahrt,
Und lieber hungert, lieber bettelt!

MEPHISTOPHELES

Madam, es tut mir herzlich leid;
Allein er hat sein Geld wahrhaftig nicht verzettelt*.   für Klei-
Auch er bereute seine Fehler sehr,   nigkeiten
Ja, und bejammerte sein Unglück noch viel mehr.   vergeudet

MARGARETE

Ach! daß die Menschen so unglücklich sind!
Gewiß ich will für ihn manch Requiem* noch beten.   Totengebet

MEPHISTOPHELES

Ihr wäret wert, gleich in die Eh' zu treten:
Ihr seid ein liebenswürdig Kind.

MARGARETE

Ach nein, das geht jetzt noch nicht an.

MEPHISTOPHELES

Ist's nicht ein Mann, sei's derweil' ein Galan*.   (vornehm
's ist eine der größten Himmelsgaben,   gekleideter)
So ein lieb Ding im Arm zu haben.   Liebhaber

MARGARETE

Das ist des Landes nicht der Brauch.

MEPHISTOPHELES

Brauch oder nicht! Es gibt sich auch.*   Das macht
                                    weiter nichts.

MARTHE

Erzählt mir doch!

MEPHISTOPHELES

             Ich stand an seinem Sterbebette,
Es war was* besser als von Mist,   etwas
Von halbgefaultem Stroh; allein* ⌐er starb als Christ,   jedoch
Und fand daß er weit mehr noch auf der Zeche hätte⌐.
Wie, rief er, muß ich mich von Grund aus hassen,

So mein Gewerb, mein Weib so zu verlassen!
Ach! die Erinnrung tötet mich.
Vergäb' sie mir nur noch in diesem Leben! –

MARTHE *weinend*

Der gute Mann! ich hab' ihm längst vergeben.

MEPHISTOPHELES

Allein, weiß Gott! sie war mehr Schuld als ich.

MARTHE

Das lügt er! Was! am Rand des Grab's zu lügen!

MEPHISTOPHELES

Er fabelte gewiß in letzten Zügen,
Wenn ich nur halb ein Kenner bin.
Ich hatte, sprach er, nicht zum Zeitvertreib zu gaffen,
Erst Kinder, und dann Brot für sie zu schaffen,
Und Brot im allerweit'sten Sinn,
Und konnte nicht einmal mein Teil in Frieden essen.

MARTHE

Hat er so aller Treu', so aller Lieb' vergessen,
Der Plackerei bei Tag und Nacht!

MEPHISTOPHELES

Nicht doch, er hat euch herzlich dran gedacht.
Er sprach: Als ich nun weg von Malta ging,
innig   Da betet' ich für Frau und Kinder brünstig*;
Uns war denn auch der Himmel günstig,
Daß unser Schiff ein Türkisch Fahrzeug fing,
Das einen Schatz des großen Sultans führte.
Da ward der Tapferkeit ihr Lohn,
Und ich empfing denn auch, wie sich's gebührte,
Mein wohlgemess'nes Teil davon.

MARTHE

Ei wie? Ei wo? Hat er's vielleicht vergraben?

MEPHISTOPHELES

Wer weiß, wo nun es die vier Winde haben.
Neapel   Ein schönes Fräulein nahm sich seiner an,
(ital. Napoli)   Als er in Napel* fremd umher spazierte;

Sie hat an ihm viel Lieb's und Treu's getan,
Daß er's bis an sein selig Ende spürte.

MARTHE

Der Schelm*! der Dieb an seinen Kindern!   Bösewicht
Auch alles Elend, alle Not
Konnt' nicht sein schändlich Leben hindern!

MEPHISTOPHELES

Ja seht! dafür ist er nun tot.
Wär' ich nun jetzt an eurem Platze,   das gehörige
                                                            Trauerjahr
Betraurt' ich ihn ein züchtig Jahr*,
Visierte* dann unterweil' nach einem neuen Schatze.   hielte
                                                            Ausschau

MARTHE

Ach Gott! wie doch mein erster war,
Find' ich nicht leicht auf dieser Welt den andern!
Es konnte kaum ein herziger Närrchen sein.
Er liebte nur das allzuviele Wandern,
Und fremde Weiber, und fremden Wein,
Und das verfluchte Würfelspiel.

MEPHISTOPHELES   so wäre es
                                                            in Ordnung
Nun, nun, so konnt' es gehn und stehen*,   gewesen
Wenn er euch ungefähr so* viel   ebenso
Von seiner Seite nachgesehen.
Ich schwör' euch zu, mit dem Beding*   unter dieser
                                                            Bedingung
Wechselt' ich selbst mit euch den Ring!

MARTHE

O es beliebt dem Herrn zu scherzen!

MEPHISTOPHELES *für sich*

Nun mach' ich mich bei Zeiten fort!
Die hielte wohl den Teufel selbst bei'm Wort.
zu Gretchen
Wie steht es denn mit Ihrem Herzen?

MARGARETE

Was meint der Herr damit?

MEPHISTOPHELES *für sich*

                    Du gut's, unschuldig's Kind!

Laut
Lebt wohl ihr Fraun!

MARGARETE

Lebt wohl!

MARTHE

O sagt mir doch geschwind!

Ich möchte gern ein Zeugnis* haben,

Wo, wie und wann mein Schatz gestorben und

begraben.

Ich bin von je der Ordnung Freund gewesen,

Möcht' ihn auch tot im Wochenblättchen lesen.

MEPHISTOPHELES

Ja, gute Frau, ⌐durch zweier Zeugen Mund

Wird allerwegs die Wahrheit kund⌐;

Habe noch gar einen feinen Gesellen*,

Den will ich euch vor den Richter stellen.

Ich bring' ihn her.

MARTHE

O tut das ja!

MEPHISTOPHELES

Und hier die ⌐Jungfrau⌐ ist auch da? –

Ein braver Knab'*! ist viel gereis't,

Fräuleins alle Höflichkeit erweis't.

MARGARETE

Müßte vor dem Herren schamrot werden.

MEPHISTOPHELES

Vor keinem Könige der Erden.

MARTHE

Da hinter'm Haus in meinem Garten

Wollen wir der Herrn heut' Abend warten.

Rechtsgültige
Zeugen-
aussage

Kameraden

Auch:
Jüngling,
junger Mann

Faust I

Straße

FAUST. MEPHISTOPHELES.

FAUST
Wie ist's? Will's fördern*? Will's bald gehn?   vorangehen

MEPHISTOPHELES
Ah bravo! Find' ich euch in Feuer?
In kurzer Zeit ist Gretchen euer.
Heut' Abend sollt ihr sie bei Nachbar' Marthen sehn:
Das ist ein Weib wie auserlesen
Zum Kuppler- und Zigeunerwesen!

FAUST
So recht!

MEPHISTOPHELES
          Doch wird auch was von uns begehrt.

FAUST
Ein Dienst ist wohl des andern wert.

MEPHISTOPHELES
Wir legen nur ein gültig Zeugnis nieder,
Daß ihres Ehherrn ausgereckte* Glieder   im Grabe
In Padua an heil'ger Stätte ruhn.   ausgestreckte

FAUST
Sehr klug! Wir werden erst die Reise machen müssen!

MEPHISTOPHELES
SANCTA SIMPLICITAS*! darum ist's nicht zu tun;   (lat.) Heilige
Bezeugt nur ohne viel zu wissen.   Einfalt!; vgl.
                                                          Erl. zu
FAUST   V. 3040.
Wenn Er nichts bessers hat, so ist der Plan zerrissen.

MEPHISTOPHELES
⌈O heil'ger Mann! Da wär't ihr's nun!⌉
Ist es das erstemal in eurem Leben,
Daß ihr falsch Zeugnis abgelegt?
Habt ihr von Gott, der Welt und was sich d'rin bewegt,

Vom Menschen, was sich ihm in Kopf und Herzen regt,
Definitionen nicht mit großer Kraft gegeben? 3
Mit frecher Stirne, kühner Brust?
Und wollt ihr recht in's Innre gehen,
Habt ihr davon, ihr müßt es g'rad' gestehen,
So viel als von Herrn Schwerdtleins Tod gewußt!

FAUST

Du bist und bleibst ein Lügner, ein ⌜Sophiste⌝. 3

MEPHISTOPHELES

Ja, wenn man's nicht ein bißchen tiefer wüßte.
Denn morgen wirst, in allen Ehren,
Das arme Gretchen nicht betören,
Und alle Seelenlieb' ihr schwören?

FAUST

Und zwar von Herzen.

MEPHISTOPHELES

Gut und schön! 3
Dann wird von ewiger Treu' und Liebe,
Von einzig überallmächt'gem Triebe –
Wird das auch so von Herzen gehn?

FAUST

Laß das! Es wird! – Wenn ich empfinde,
Für das Gefühl, für das Gewühl 3
Nach Namen suche, keinen finde,
Dann durch die Welt mit allen Sinnen schweife,
Nach allen höchsten Worten greife,
Und diese Glut, von der ich brenne,
Unendlich, ewig, ewig nenne, 3
Ist das ein teuflisch Lügenspiel?

MEPHISTOPHELES

Ich hab' doch Recht!

FAUST

Hör'! merk' dir dies –
Ich bitte dich, und schone meine Lunge –
Wer Recht behalten will und hat nur eine Zunge,

Behält's gewiß.
Und komm', ich hab' des Schwätzens Überdruß,
Denn du hast Recht, vorzüglich weil ich muß.

Garten

MARGARETE *an* FAUSTENS *Arm,* MARTHE *mit* MEPHISTO-
PHELES *auf und ab spazierend.*

MARGARETE

Ich fühl' es wohl, daß mich der Herr nur schont,
Herab sich läßt, mich zu beschämen.
Ein Reisender ist so gewohnt
Aus Gütigkeit fürlieb zu nehmen;
Ich weiß zu gut, daß solch' erfahrnen Mann
Mein arm Gespräch nicht unterhalten kann.

FAUST

Ein Blick von dir, Ein Wort mehr unterhält,
Als alle Weisheit dieser Welt.
Er küßt ihre Hand.

MARGARETE

Inkommodiert euch nicht!* Wie könnt ihr sie nur
küssen?
Sie ist so garstig, ist so rauh!
Was hab' ich nicht schon alles schaffen* müssen!
Die Mutter ist gar zu genau.
Gehn vorüber.

MARTHE

Und ihr, mein Herr, ihr reis't so immer fort?

MEPHISTOPHELES

Ach, daß Gewerb' und Pflicht uns dazu treiben!
Mit wie viel Schmerz verläßt man manchen Ort,
Und darf doch nun einmal nicht bleiben!

MARTHE

In raschen Jahren geht's wohl an,
So um und um frei durch die Welt zu streifen;
Doch kömmt die böse Zeit heran,
Und sich als Hagestolz* allein zum Grab' zu schleifen,
Das hat noch Keinem wohl getan.

Margin notes:
Macht keine Umstände!
arbeiten
Älterer Junggeselle

MEPHISTOPHELES

Mit Grausen seh' ich das von weiten.

MARTHE

Drum, werter Herr, beratet euch* in Zeiten.

Gehn vorüber.

verseht euch mit dem Nötigen

MARGARETE

Ja, aus den Augen aus dem Sinn!
Die Höflichkeit ist euch geläufig;
Allein ihr habt der Freunde häufig,
Sie sind verständiger als ich bin.

FAUST

O Beste! glaube, was man so verständig nennt,
Ist oft mehr Eitelkeit und Kurzsinn.

MARGARETE

                            Wie?

FAUST

Ach, daß die Einfalt, daß die Unschuld nie
Sich selbst und ihren heil'gen Wert erkennt!
Daß Demut, Niedrigkeit, die höchsten Gaben
Der liebevoll austeilenden Natur –

MARGARETE

Denkt ihr an mich ein Augenblickchen nur,
Ich werde Zeit genug an euch zu denken haben.

FAUST

Ihr seid wohl viel allein?

MARGARETE

Ja, unsre Wirtschaft* ist nur klein,
Und doch will sie versehen* sein.
Wir haben keine Magd; muß kochen, fegen, stricken
Und nähn, und laufen früh und spat;
Und meine Mutter ist in allen Stücken
So akkurat*!
Nicht daß sie just so sehr sich einzuschränken hat;
Wir könnten uns weit eh'r als andre regen*:
Mein Vater hinterließ ein hübsch Vermögen,

Haushalt

diese Arbeit erledigt

genau, sorgfältig

konnten uns finanziell mehr leisten

Ein Häuschen und ein Gärtchen vor der Stadt.
Doch hab' ich jetzt so ziemlich stille Tage;
Mein Bruder ist Soldat,
Mein Schwesterchen ist tot.
Ich hatte mit dem Kind wohl meine liebe Not;
Doch übernähm' ich gern noch einmal alle Plage,
So lieb war mir das Kind.

FAUST

                      Ein Engel, wenn dir's glich.

MARGARETE

Ich zog es auf, und herzlich liebt' es mich.
Es war nach meines Vaters Tod geboren,
Die Mutter gaben wir verloren,
So elend wie sie damals lag,
Und sie erholte sich sehr langsam, nach und nach.
Da konnte sie nun nicht d'ran denken
stillen   Das arme Würmchen selbst zu tränken*,
Und so erzog ich's ganz allein,
Mit Milch und Wasser; so ward's mein.
Auf meinem Arm, in meinem Schoß
War's freundlich, zappelte, ward groß.

FAUST

Du hast gewiß das reinste Glück empfunden.

MARGARETE

Doch auch gewiß gar manche schwere Stunden.
Des Kleinen Wiege stand zu Nacht
brauchte   An meinem Bett', es durfte kaum sich regen*,
sich kaum
zu bewegen War ich erwacht;
Bald mußt' ich's tränken, bald es zu mir legen,
Bald, wenn's nicht schwieg, vom Bett' aufstehn,
Und tänzelnd in der Kammer auf und nieder gehn,
Und früh am Tage schon am Waschtrog stehn;
Dann auf dem Markt und an dem Herde sorgen,
Und immer fort wie heut so morgen.
wohlgemut, Da geht's, mein Herr, nicht immer mutig* zu;
munter

Doch schmeckt dafür das Essen, schmeckt die Ruh.
Gehn vorüber.

MARTHE

Die armen Weiber sind doch übel dran:
Ein Hagestolz ist schwerlich zu bekehren.

MEPHISTOPHELES

Es käme nur auf eures gleichen an,
Mich eines bessern zu belehren.

MARTHE

Sagt g'rad', mein Herr, habt ihr noch nichts gefunden?
Hat sich das Herz nicht irgendwo gebunden?

MEPHISTOPHELES

Das Sprichwort sagt: Ein eigner Herd,
Ein braves Weib, sind Gold und Perlen wert.

MARTHE

Ich meine, ob ihr niemals Lust bekommen?

MEPHISTOPHELES

Man hat mich überall recht höflich aufgenommen.

MARTHE

Ich wollte sagen: ward's nie Ernst in eurem Herzen?

MEPHISTOPHELES

Mit Frauen soll man sich nie unterstehn zu scherzen.

MARTHE

Ach, ihr versteht mich nicht!

MEPHISTOPHELES

                                    Das tut mir herzlich leid!
Doch ich versteh' – daß ihr sehr gütig seid.
Gehn vorüber.

FAUST

Du kanntest mich, o kleiner Engel, wieder,
Gleich als ich in den Garten kam?

MARGARETE

Saht ihr es nicht? ich schlug die Augen nieder.

FAUST

Und du verzeihst die Freiheit, die ich nahm,

Was sich die Frechheit unterfangen,
Als du jüngst aus dem Dom gegangen?

MARGARETE
Ich war bestürzt, mir war das nie geschehn;
Es konnte niemand von mir übels sagen.
Ach, dacht' ich, hat er in deinem Betragen
Was freches, unanständiges gesehn?
Es schien ihn gleich nur anzuwandeln*,
Mit dieser Dirne g'rade hin zu handeln*.
Gesteh' ich's doch! Ich wußte nicht was sich
Zu eurem Vorteil hier zu regen gleich begonnte*;
Allein gewiß, ich war recht bös' auf mich,
Daß ich auf euch nicht böser werden konnte.

FAUST
Süß Liebchen!

MARGARETE
                    Laßt einmal!
*Sie pflückt eine Sternblume und zupft die Blätter ab, eins
nach dem andern.*

FAUST
                              Was soll das? Einen Strauß?

MARGARETE
Nein, es soll nur ein Spiel.

FAUST
                              Wie?

MARGARETE
                              Geht! ihr lacht mich aus.
Sie rupft und murmelt.

FAUST
Was murmelst du?

MARGARETE *halb laut*
                    Er liebt mich – liebt mich nicht.

FAUST
Du holdes Himmels-Angesicht!

MARGARETE *fährt fort*
Liebt mich – Nicht – Liebt mich – Nicht –

Das letzte Blatt ausrupfend, mit holder Freude
Er liebt mich!

FAUST

Ja, mein Kind! Laß dieses Blumenwort
Dir Götter-Ausspruch sein. Er liebt dich!
Verstehst du, was das heißt? Er liebt dich!
Er faßt ihre beiden Hände.

MARGARETE

⌈Mich überläuft's!⌉

FAUST

O schaudre nicht! Laß diesen Blick,
Laß diesen Händedruck dir sagen,
Was unaussprechlich ist:
Sich hinzugeben ganz und eine Wonne
Zu fühlen, die ewig sein muß!
Ewig! – Ihr Ende würde Verzweiflung sein.
Nein, kein Ende! Kein Ende!

MARGARETE

*drückt ihm die Hände, macht sich los und läuft weg. Er
steht einen Augenblick in Gedanken, dann folgt er ihr.*

MARTHE *kommend*

Die Nacht bricht an.

MEPHISTOPHELES

        Ja, und wir wollen fort.

MARTHE

Ich bät' euch länger hier zu bleiben,
Allein es ist ein gar zu böser* Ort.   für unsere
Es ist als hätte niemand nichts zu treiben Absichten
Und nichts zu schaffen,   ungeeigneter
Als auf des Nachbarn Schritt und Tritt zu gaffen,
Und man kommt in's Gered', wie man sich immer stellt*. wie man sich
Und unser Pärchen?   auch verhält

MEPHISTOPHELES

        Ist den Gang dort aufgeflogen.   Leichtsinnige
Mutwill'ge Sommervögel!*   Schmetter-
                                                            linge!

MARTHE

Er scheint ihr gewogen.

MEPHISTOPHELES

Und sie ihm auch. Das ist der Lauf der Welt.

Ein Gartenhäuschen

MARGARETE *springt herein, steckt sich hinter die Tür, hält die Fingerspitze an die Lippen, und guckt durch die Ritze.*

MARGARETE
Er kommt!

FAUST *kommt.*
                    Ach Schelm, so neckst du mich!
Treff' ich dich!
Er küßt sie.

MARGARETE *ihn fassend und den Kuß zurückgebend*
                    Bester Mann! von Herzen lieb' ich dich!

MEPHISTOPHELES *klopft an.*

FAUST *stampfend*
Wer da?

MEPHISTOPHELES
                    Gut Freund!

FAUST
                              Ein Tier!

MEPHISTOPHELES
                                   Es ist wohl Zeit zu scheiden.

MARTHE *kommt.*
Ja, es ist spät, mein Herr.

FAUST
                              Darf ich euch nicht geleiten?

MARGARETE
Die Mutter würde mich – Lebt wohl!

FAUST
                                   Muß ich denn gehn?
Lebt wohl!

MARTHE
          Ade!

MARGARETE
              Auf baldig Wiedersehn!

Faust und Mephistopheles ab.

MARGARETE

Du lieber Gott! was so ein Mann
Nicht alles alles denken kann!
Beschämt nur steh' ich vor ihm da,
Und sag' zu allen Sachen ja.
Bin doch ein arm unwissend Kind,
Begreife nicht was er an mir find't.
ab.

Wald und Höhle

FAUST *allein*

Erhabner Geist, du gabst mir, gabst mir Alles,
Warum* ich bat. Du hast mir nicht umsonst   worum
Dein Angesicht im Feuer zugewendet.
Gabst mir die herrliche Natur zum Königreich,
Kraft, sie zu fühlen, zu genießen. Nicht
Kalt staunenden Besuch erlaubst du nur,
Vergönnest mir in ihre tiefe Brust
Wie in den Busen eines Freund's zu schauen.
Du führst die Reihe der Lebendigen
Vor mir vorbei, und lehrst mich meine Brüder
Im stillen Busch, in Luft und Wasser kennen.
Und wenn der Sturm im Walde braus't und knarrt,
Die Riesenfichte stürzend Nachbaräste
Und Nachbarstämme quetschend nieder streift,
Und ihrem Fall dumpf hohl der Hügel donnert:
Dann führst du mich zur sichern Höhle, zeigst
Mich dann mir selbst, und meiner eignen Brust
Geheime tiefe Wunder öffnen sich.
Und steigt vor meinem Blick der reine Mond
Besänftigend herüber: schweben mir
Von Felsenwänden, aus dem feuchten Busch,
Der Vorwelt silberne Gestalten auf,
Und lindern der Betrachtung strenge Lust.

O daß dem Menschen nichts Vollkomm'nes wird,
Empfind' ich nun. Du gabst zu dieser Wonne,
Die mich den Göttern nah' und näher bringt,
Mir den Gefährten, den ich schon nicht mehr
Entbehren kann, wenn er gleich, kalt und frech,
Mich vor mir selbst erniedrigt, und zu Nichts,
Mit einem Worthauch, deine Gaben wandelt.
Er facht in meiner Brust ein wildes Feuer

Nach jenem schönen Bild geschäftig an.
So tauml' ich von Begierde zu Genuß,
Und im Genuß verschmacht' ich nach Begierde.   3|

MEPHISTOPHELES *tritt auf.*

MEPHISTOPHELES

dies   Habt ihr nun bald das* Leben g'nug geführt?
Wie kann's euch in die Länge freuen?
Es·ist wohl gut, daß man's einmal probiert;
Dann aber wieder zu was Neuen!

FAUST

Ich wollt', du hättest mehr zu tun,   3|
Als mich am guten Tag zu plagen.

MEPHISTOPHELES

Nun nun! ich lass' dich gerne ruhn,
brauchst   Du darfst* mir's nicht im Ernste sagen.
irrsinnig   An dir Gesellen unhold, barsch und toll*,
Ist wahrlich wenig zu verlieren.   3|
Den ganzen Tag hat man die Hände voll!
Was ihm gefällt und was man lassen soll,
Kann man dem Herrn nie an der Nase spüren.

FAUST

Das ist so just der rechte Ton!
langweilt,   Er will noch Dank, daß er mich ennuyiert*.   3|
ärgert

MEPHISTOPHELES

Wie hätt'st du, armer Erdensohn,
Durcheinander   Dein Leben ohne mich geführt?
der Phantasie
Vom Kribskrabs der Imagination*
für lange Zeit   Hab' ich dich doch auf Zeiten lang kuriert*;
geheilt
Und wär' ich nicht, so wär'st du schon   3|
wie ein Uhu   Von diesem Erdball abspaziert.
durch langes
Herumsitzen   Was hast du da in Höhlen, Felsenritzen
steif und träge   Dich wie ein Schuhu zu versitzen*?
zu werden
schlürfst du   Was schlurfst* aus dumpfem* Moos und triefendem
feuchtem,   Gestein,
nassem

Wie eine Kröte, Nahrung ein?
Ein schöner, süßer Zeitvertreib!
Dir steckt der Doktor noch im Leib.

FAUST

Verstehst du, was für neue Lebenskraft
Mir dieser Wandel* in der Öde schafft?   Umhergehen
Ja, würdest du es ahnen können,
Du wärest Teufel g'nug mein Glück mir nicht zu gönnen.

MEPHISTOPHELES

Ein überirdisches Vergnügen!
In Nacht und Tau auf den Gebirgen liegen,
Und Erd und Himmel wonniglich* umfassen,   voller Freude
Zu einer Gottheit sich aufschwellen lassen,
Der Erde Mark mit Ahnungsdrang* durchwühlen,   Aus dem
Alle sechs Tagewerk' im Busen fühlen,   Erahnen
In stolzer Kraft ich weiß nicht was genießen,   erwachsener
Bald liebewonniglich in alles überfließen,   Drang
Verschwunden ganz der Erdensohn,
Und dann die hohe Intuition –
⌜*Mit einer Gebärde*⌝
Ich darf* nicht sagen wie – zu schließen.   brauche

FAUST

Pfui über dich!

MEPHISTOPHELES

        Das will euch nicht behagen;
Ihr habt das Recht gesittet pfui zu sagen.
Man darf das nicht vor keuschen Ohren nennen,
Was keusche Herzen nicht entbehren können.
Und kurz und gut, ich gönn' Ihm das Vergnügen,
Gelegentlich sich etwas vorzulügen;
Doch lange hält Er das nicht aus.
Du bist schon wieder abgetrieben*,   ermüdet,
Und, währt es länger, aufgerieben   entkräftet
In Tollheit oder Angst und Graus.
Genug damit! Dein Liebchen sitzt dadrinne,

Und alles wird ihr eng' und trüb'.
Du kommst ihr gar nicht aus dem Sinne,
Sie hat dich übermächtig lieb.
Erst kam deine Liebeswut übergeflossen,

über die
Ufer steigt

Wie vom geschmolznen Schnee ein Bächlein übersteigt*;
Du hast sie ihr in's Herz gegossen;
Nun ist dein Bächlein wieder seicht.
Mich dünkt, anstatt in Wäldern zu thronen,

stünde es …
wohl an

Ließ es dem großen Herren gut*,
Das arme affenjunge Blut
Für seine Liebe zu belohnen.
Die Zeit wird ihr erbärmlich lang;
Sie steht am Fenster, sieht die Wolken ziehn
Über die alte Stadtmauer hin.
⌜Wenn ich ein Vöglein wär'!⌝ so geht ihr Gesang
Tagelang, halbe Nächte lang.
Einmal ist sie munter, meist betrübt,
Einmal recht ausgeweint,
Dann wieder ruhig, wie's scheint,
Und immer verliebt.

FAUST
⌜Schlange! Schlange!⌝

MEPHISTOPHELES *für sich*
Gelt! daß ich dich fange!

FAUST
⌜Verruchter! hebe dich von hinnen⌝,
Und nenne nicht das schöne Weib!
Bring' die Begier zu ihrem süßen Leib
Nicht wieder vor die halb verrückten Sinnen!

MEPHISTOPHELES
Was soll es denn? Sie meint, du seist entfloh'n,
Und halb und halb bist du es schon.

FAUST
Ich bin ihr nah', und wär' ich noch so fern,
Ich kann sie nie vergessen, nie verlieren;

Ja, ich beneide schon den Leib des Herrn*,
Wenn ihre Lippen ihn indes berühren.

Die Oblate
bei der
Kommunion

MEPHISTOPHELES

Gar wohl, mein Freund! Ich hab' euch oft beneidet
Um's ⌐Zwillingspaar, das unter Rosen weidet⌐.

FAUST

Entfliehe, Kuppler!

MEPHISTOPHELES

           Schön! Ihr schimpft und ich muß lachen.
⌐Der Gott, der Bub' und Mädchen schuf,
Erkannte gleich den edelsten Beruf,
Auch selbst Gelegenheit zu machen.⌐
Nur fort, es ist ein großer Jammer!
Ihr sollt in eures Liebchens Kammer,
Nicht etwa in den Tod.

FAUST

Was ist die Himmelsfreud' in ihren Armen?
Laß mich an ihrer Brust erwarmen!
Fühl' ich nicht immer ihre Not?
Bin ich der Flüchtling nicht? der Unbehaus'te?
Der Unmensch ohne Zweck und Ruh?
Der wie ein Wassersturz von Fels zu Felsen braus'te
Begierig wütend nach dem Abgrund zu.
Und seitwärts sie, mit kindlich dumpfen Sinnen,
Im Hüttchen auf dem kleinen Alpenfeld,
Und all ihr häusliches Beginnen
Umfangen in der kleinen Welt.
Und ich, der Gottverhaßte,
Hatte nicht genug,
Daß ich die Felsen faßte
Und sie zu Trümmern schlug!
Sie, ihren Frieden mußt' ich untergraben!
Du, Hölle, mußtest dieses Opfer haben!
Hilf, Teufel, mir die Zeit der Angst verkürzen!
Was muß geschehn, mag's gleich geschehn!

Mag ihr Geschick auf mich zusammenstürzen
Und sie mit mir zu Grunde gehn.

MEPHISTOPHELES
Wie's wieder siedet, wieder glüht!
Geh' ein und tröste sie, du Tor!
Wo so ein Köpfchen keinen Ausgang sieht,
Stellt er sich gleich das Ende vor.
Es lebe wer sich tapfer hält!
Du bist doch sonst so ziemlich eingeteufelt.
Nichts Abgeschmackters* find' ich auf der Welt,
Als einen Teufel der verzweifelt.

Geschmack-
loseres,
Sinnloseres

Gretchens Stube

GRETCHEN *am Spinnrade allein*

Meine Ruh' ist hin,
Mein Herz ist schwer;
Ich finde sie nimmer
Und nimmermehr.

Wo ich ihn nicht hab'
Ist mir das Grab,
Die ganze Welt
Ist mir vergällt*.

> bitter
> geworden
> (wie Galle)

Mein armer Kopf
Ist mir verrückt,
Mein armer Sinn*
Ist mir zerstückt.

> Bewusstsein,
> Verstand
> und Wille

Meine Ruh' ist hin,
Mein Herz ist schwer;
Ich finde sie nimmer
Und nimmermehr.

Nach ihm nur schau' ich
Zum Fenster hinaus,
Nach ihm nur geh' ich
Aus dem Haus.

Sein hoher* Gang,
Sein' edle Gestalt,
Seines Mundes Lächeln,
Seiner Augen Gewalt,

> aufrechter

Und seiner Rede
Zauberfluß,
Sein Händedruck,
Und ach sein Kuß!

Meine Ruh' ist hin.
Mein Herz ist schwer,
Ich finde sie nimmer
Und nimmermehr.

⌜Mein Busen⌝ drängt
Sich nach ihm hin.
Ach dürft' ich fassen
Und halten ihn!

Und küssen ihn
So wie ich wollt',
An seinen Küssen
Vergehen sollt'!

Marthens Garten

MARGARETE. FAUST.

MARGARETE
Versprich mir, Heinrich!
FAUST
                    Was ich kann!
MARGARETE
Nun sag', wie hast du's mit der Religion?
Du bist ein herzlich guter Mann,
Allein ich glaub', du hält'st nicht viel davon.
FAUST
Laß das, mein Kind! Du fühlst, ich bin dir gut;
Für meine Lieben ließ ich Leib und Blut,
Will niemand sein Gefühl und seine Kirche rauben.
MARGARETE
Das ist nicht recht, man muß d'ran glauben!
FAUST
Muß man?
MARGARETE
            Ach! wenn ich etwas auf dich könnte*!   einwirken
Du ehrst auch nicht ⌜die heil'gen Sakramente⌝.   könnte
FAUST
Ich ehre sie.
MARGARETE
            Doch ohne Verlangen.
Zur Messe, zur Beichte bist du lange nicht gegangen.
Glaubst du an Gott?
FAUST
                    Mein Liebchen, wer darf sagen,
Ich glaub' an Gott?
Magst Priester oder Weise fragen,
Und ihre Antwort scheint nur Spott
Über den Frager zu sein.

MARGARETE

So glaubst du nicht?

FAUST

Versteh mich nicht falsch

Mißhör' mich nicht*, du holdes Angesicht!
Wer darf ihn nennen?
Und wer bekennen:
Ich glaub' ihn.
Wer empfinden

anmaßen

Und sich unterwinden*
Zu sagen: ich glaub' ihn nicht?
Der Allumfasser,
Der Allerhalter,
Faßt und erhält er nicht
Dich, mich, sich selbst?
Wölbt sich der Himmel nicht dadroben?
Liegt die Erde nicht hierunten fest?
Und steigen freundlich blickend
Ewige Sterne nicht herauf?
Schau' ich nicht Aug' in Auge dir,
Und drängt nicht alles
Nach Haupt und Herzen dir,
Und webt in ewigem Geheimnis
Unsichtbar sichtbar neben dir?
Erfüll' davon dein Herz, so groß es ist,
Und wenn du ganz in dem Gefühle selig bist,
Nenn' es dann wie du willst,
Nenn's Glück! Herz! Liebe! Gott!
Ich habe keinen Namen
Dafür! Gefühl ist alles;
Name ist Schall und Rauch,
Umnebelnd Himmelsglut.

MARGARETE

Das ist alles recht schön und gut;
Ungefähr sagt das der Pfarrer auch,
Nur mit ein bißchen andern Worten.

FAUST

Es sagen's aller Orten
Alle Herzen unter dem himmlischen Tage,
Jedes in seiner Sprache;
Warum nicht ich in der meinen?

MARGARETE

Wenn man's so hört, möcht's leidlich scheinen,
Steht aber doch immer schief darum;
Denn du hast kein Christentum.

FAUST

Lieb's Kind!

MARGARETE

    Es tut mir lang' schon weh,
Daß ich dich in der* Gesellschaft seh'.   dieser

FAUST

Wie so?

MARGARETE

   Der Mensch, den du da bei dir hast,
Ist mir in tiefer inn'rer Seele verhaßt;
Es hat mir in meinem Leben
So nichts einen Stich in's Herz gegeben,   dieses
Als des* Menschen widrig* Gesicht.   widerliches

FAUST

Liebe Puppe*, fürcht' ihn nicht!   Kleines Kind,
auch zärtliche
Anrede für

MARGARETE   eine geliebte
                 Person
Seine Gegenwart bewegt mir das Blut.   anderen
Ich bin sonst allen Menschen gut;   Geschlechts
Aber, wie* ich mich sehne dich zu schauen,   wie sehr auch
Hab' ich vor dem Menschen ein heimlich* Grauen,   insgeheimes,
Und halt' ihn für einen Schelm* dazu!   unwillkürliches
Gott verzeih' mir's, wenn ich ihm Unrecht tu'!   Bösewicht

FAUST

Es muß auch solche Käuze* geben.   seltsamen
                 Menschen

MARGARETE

Wollte nicht mit seines Gleichen leben!

Kommt er einmal zur Tür herein,
Sieht er immer so spöttisch drein,
Und halb ergrimmt;
Man sieht, daß er an nichts keinen Anteil nimmt;
Es steht ihm an der Stirn' geschrieben,
Daß er nicht mag eine Seele lieben.
Mir wird's so wohl in deinem Arm,
So frei, so hingegeben warm,
Und seine Gegenwart schnürt mir das Inn're zu.

FAUST

Du ahnungsvoller Engel du!

MARGARETE

Das übermannt mich so sehr,
Daß, wo er nur mag zu uns treten*,
Mein' ich sogar, ich liebte dich nicht mehr.
Auch wenn er da ist, könnt' ich nimmer beten,
Und das frißt mir in's Herz hinein;
Dir, Heinrich, muß es auch so sein.

FAUST

Du hast nun die Antipathie!

MARGARETE

Ich muß nun* fort.

FAUST

          Ach kann ich nie
Ein Stündchen ruhig dir am Busen hängen,
Und Brust an Brust und Seel' in Seele drängen?

MARGARETE

Ach wenn ich nur alleine schlief'!
Ich ließ dir gern heut Nacht den Riegel offen;
Doch meine Mutter schläft nicht tief,
Und würden wir von ihr betroffen*,
Ich wär' gleich auf der Stelle tot!

FAUST

Du Engel, das hat keine Not*.
Hier ist ein Fläschchen! Drei Tropfen nur

zu uns zu
treten vermag

nun einmal
(konzessiv)

über einer
bösen Tat
angetroffen,
ertappt

das ist
nicht nötig

In ihren Trank umhüllen
Mit tiefem Schlaf gefällig die Natur.

MARGARETE

Was tu' ich nicht um deinetwillen?
Es wird ihr hoffentlich nicht schaden!

FAUST

Würd' ich sonst, Liebchen, dir es raten?

MARGARETE

Seh' ich dich, bester Mann, nur an,
Weiß nicht was mich nach deinem Willen treibt;
Ich habe schon so viel für dich getan,
Daß mir zu tun fast nichts mehr übrig bleibt.
ab.

MEPHISTOPHELES *tritt auf.*

MEPHISTOPHELES

Der Grasaff'*! ist er weg?

FAUST

         Hast wieder spioniert?

MEPHISTOPHELES

Ich hab's ausführlich wohl vernommen,
Herr Doktor wurden da katechisiert*;
Hoff' es soll Ihnen wohl bekommen.
Die Mädels sind doch sehr interessiert,
Ob einer fromm und schlicht nach altem Brauch.
Sie denken, duckt er da, folgt er uns eben auch.

FAUST

Du Ungeheuer siehst nicht ein,
Wie diese treue liebe Seele
Von ihrem Glauben voll,
Der ganz allein
Ihr selig machend ist, sich heilig quäle,
Daß sie den liebsten Mann verloren halten* soll.

MEPHISTOPHELES

Du übersinnlicher, sinnlicher Freier*,
Ein Mägdelein nasführet dich*.

Törichte, auch:
eitle, einge-
bildete Person

auf den
rechten
Glauben hin
geprüft

für verdammt
halten

Mann, der die
Ehe eingehen
möchte

führt dich
an der Nase
herum

FAUST

Du Spottgeburt von Dreck und Feuer!

MEPHISTOPHELES

Und die ⌈Physiognomie⌉ versteht sie meisterlich.
In meiner Gegenwart wird's ihr sie weiß nicht wie,
Mein Mäskchen da weissagt verborgnen Sinn;

exzentrischer
Mensch

Sie fühlt, daß ich ganz sicher ein Genie*,

3

Vielleicht wohl gar der Teufel bin.
Nun heute Nacht – ?

FAUST

                        Was geht dich's an?

MEPHISTOPHELES

Hab' ich doch meine Freude d'ran!

Am Brunnen

GRETCHEN *und* LIESCHEN
mit Krügen.

LIESCHEN
Hast nichts von Bärbelchen gehört?
GRETCHEN
Kein Wort. Ich komm' gar wenig unter Leute.
LIESCHEN
Gewiß, Sibylle sagt' mir's heute!
Die hat sich endlich auch betört*.   verführen
Das ist das Vornehmtun!   lassen
GRETCHEN
                    Wie so?
LIESCHEN
                    Es stinkt!
Sie füttert zwei, wenn sie nun ißt und trinkt.
GRETCHEN
Ach!
LIESCHEN
So ist's ihr endlich recht ergangen.
Wie lange hat sie an dem Kerl gehangen!
Das war ein Spazieren,
Auf Dorf und Tanzplatz Führen,
Mußt' überall die erste sein,
Kurtesiert'* ihr immer mit Pastetchen und Wein;   machte ihr
Bild't sich was auf ihre Schönheit ein,   den Hof
War doch so ehrlos sich nicht zu schämen
Geschenke von ihm anzunehmen.
War ein Gekos' und ein Geschleck';
Da ist denn auch das Blümchen* weg!   Jungfräu-
GRETCHEN   lichkeit
Das arme Ding!

LIESCHEN

Bedauerst sie noch gar!
Wenn unser eins am Spinnen war,
Uns Nachts die Mutter nicht hinunterließ:

Geliebten
Stand sie bei ihrem Buhlen* süß,

Bank bei oder vor einer Haustür
Auf der Türbank* und im dunkeln Gang
Ward ihnen keine Stunde zu lang.
Da mag sie denn sich ducken nun,
⌈Im Sünderhemdchen Kirchbuß' tun!⌉

GRETCHEN

Er nimmt sie gewiß zu seiner Frau.

LIESCHEN

Er wär' ein Narr! Ein flinker Jung'
Hat anderwärts noch Luft genung,
Er ist auch fort.

GRETCHEN

Das ist nicht schön!

LIESCHEN

⌈Kriegt sie ihn, soll's ihr übel gehn.
Das Kränzel reißen die Buben ihr,
Und Häckerling streuen wir vor die Tür!⌉
ab.

GRETCHEN *nach Hause gehend*

hemmungslos lästern
Wie konnt' ich sonst so tapfer schmälen*,

sich verfehlen
Wenn tät ein armes Mägdlein fehlen*!

Dativus commodi: für die Zunge
Wie konnt' ich über andrer Sünden
Nicht Worte g'nug der Zunge* finden!

schwärzte es darüber hinaus weiter (an)
Wie schien mir's schwarz, und schwärzt's noch gar*,
Mir's immer doch nicht schwarz g'nug war,
Und segnet' mich und tat so groß,

stehe dem Sündenvorwurf wehrlos gegenüber
Und bin nun selbst der Sünde bloß*!
Doch – alles was dazu mich trieb,
Gott! war so gut! ach war so lieb!

Zwinger*

Freier Platz zw. äußerer u. innerer Stadtmauer

In der Mauerhöhle ein Andachtsbild der Mater dolorosa*, *Blumenkrüge davor.*

Maria als ›Schmerzensmutter‹ bei der Kreuzigung Christi

GRETCHEN *steckt frische Blumen in die Krüge.*
> Ach neige,
> Du Schmerzenreiche,
> Dein Antlitz gnädig meiner Not!

> Das Schwert im Herzen,
> Mit tausend Schmerzen
> Blickst auf zu deines Sohnes Tod.

> Zum Vater blickst du,
> Und Seufzer schickst du
> Hinauf um sein' und deine Not.

> Wer fühlet,
> Wie wühlet
> Der Schmerz mir im Gebein?
> Was mein armes Herz hier banget,
> Was es zittert, was verlanget,
> Weißt nur du, nur du allein!

> Wohin ich immer gehe,
> Wie weh, wie weh, wie wehe
> Wird mir im Busen hier!
> Ich bin ach kaum alleine*,
> Ich wein', ich wein', ich weine,
> Das Herz zerbricht in mir.

Kaum bin ich, ach, alleine

> Die Scherben* vor meinem Fenster
> Betaut' ich mit Tränen, ach!

Blumentöpfe

Als ich am frühen Morgen
Dir diese Blumen brach.
Schien hell in meine Kammer
Die Sonne früh herauf,
Saß ich in allem Jammer
In meinem Bett' schon auf.

Hilf! rette mich von Schmach und Tod!
Ach neige,
Du Schmerzenreiche,
Dein Antlitz gnädig meiner Not!

Nacht

Straße vor Gretchens Türe

VALENTIN *Soldat, Gretchens Bruder*

Wenn ich so saß bei einem Gelag,
Wo mancher sich berühmen mag*,   prahlen kann
Und die Gesellen mir den Flor*   Blüte,
Der Mägdlein laut gepriesen vor,   Schönheit
Mit vollem Glas das Lob verschwemmt*,   mit einem
Den Ellenbogen aufgestemmt   Trunk
Saß ich in meiner sichern Ruh,   bekräftigt
Hört' all' dem Schwadronieren* zu,   Prahlen
Und streiche lächelnd meinen Bart,
Und kriege das volle Glas zur Hand
Und sage: Alles nach seiner Art!
Aber ist eine im ganzen Land,
Die meiner trauten Gretel gleicht,
Die meiner Schwester das Wasser reicht?
Topp! Topp! Kling! Klang! das ging herum!
Die einen schrieen: er hat Recht,
Sie ist die Zier vom ganzen Geschlecht!
Da saßen alle die Lober stumm.
Und nun! – um's Haar sich auszuraufen
Und an den Wänden hinauf zu laufen! –
Mit Stichelreden, Naserümpfen
Soll* jeder Schurke mich beschimpfen!   wird
Soll wie ein böser Schuldner sitzen*,   werde
Bei jedem Zufallswörtchen schwitzen!   dasitzen
Und möcht' ich sie zusammenschmeißen*:   wie einer, der
Könnt' ich sie doch nicht Lügner heißen.   seine Schulden
                                                    nicht zahlen
                                                    kann
Was kommt heran? Was schleicht herbei?   wenn ich sie
Irr' ich nicht, es sind ihrer zwei.   auch schlagen
                                                    könnte

Ist er's, gleich pack' ich ihn beim Felle,
Soll nicht lebendig von der Stelle!

Nebenraum
der Kirche zur
Lagerung der
Utensilien für
den Gottes-
dienst

FAUST. MEPHISTOPHELES.

FAUST

Wie von dem Fenster dort der Sakristei*

flackert Aufwärts der Schein des ew'gen Lämpchens flämmert*

So nacht-
schwarz sieht
es auch in
meiner Brust
aus. Und schwach und schwächer seitwärts dämmert,
Und Finsternis drängt ringsum bei!
So sieht's in meinem Busen nächtig*.

MEPHISTOPHELES

schmachtend Und mir ist's wie dem Kätzlein schmächtig*,
Das an den Feuerleitern schleicht,
Sich leis' dann um die Mauern streicht;
Mir ist's ganz tugendlich dabei,
Ein bißchen Diebsgelüst, ein bißchen Rammelei.
So spukt mir schon durch alle Glieder
Die herrliche Walpurgisnacht.
Die kommt uns übermorgen wieder,
Da weiß man doch warum man wacht.

FAUST

⌈Rückt wohl der Schatz indessen in die Höh',
Den ich dorthinten flimmern seh'?

MEPHISTOPHELES

Du kannst die Freude bald erleben,
Das Kesselchen herauszuheben.
Ich schielte neulich so hinein,
Sind herrliche Löwentaler drein.⌉

FAUST

(geschmiedete)
Juwelierarbeit Nicht ein Geschmeide*? Nicht ein Ring?

Geliebte Meine liebe Buhle* damit zu zieren.

MEPHISTOPHELES

Ich sah dabei wohl so ein Ding,
Als wie eine Art von Perlenschnüren.

Faust I

FAUST

    So ist es recht! Mir tut es weh,
    Wenn ich ohne Geschenke zu ihr geh'.

MEPHISTOPHELES

    Es sollt' euch eben nicht verdrießen
    Umsonst auch etwas zu genießen.
    Jetzt da der Himmel voller Sterne glüht,
    Sollt ihr ein wahres Kunststück hören:
    Ich sing' ihr ein moralisch Lied,
    Um sie gewisser zu betören.
    Singt zur Zither

           ⌜Was machst du mir⌝
           Vor Liebchens Tür
           Kathrinchen hier
           Bei frühem Tagesblicke*?   Tageslicht
           Laß, laß es sein!
           Er läßt dich ein
           Als Mädchen ein,
           Als Mädchen nicht zurücke.

           Nehmt euch in Acht!
           Ist es vollbracht,
           Dann gute Nacht
           Ihr armen, armen Dinger!
           Habt ihr euch lieb,
           Tut keinem Dieb
           Nur nichts zu Lieb',
           Als mit dem Ring am Finger.

VALENTIN *tritt vor.*

    Wen lockst du hier? bei'm Element*!   Alter Fluch
    Vermaledeiter* ⌜Rattenfänger⌝!   Verfluchter
    Zum Teufel erst das Instrument!
    Zum Teufel hinter drein den Sänger!

MEPHISTOPHELES

    Die Zither ist entzwei! an der ist nichts zu halten.

VALENTIN

Nun soll es an ein Schädelspalten!

MEPHISTOPHELES *zu Faust*

Herr Doktor nicht gewichen! Frisch!

Hart an mich an, wie ich euch führe.

Heraus mit eurem ⌈Flederwisch⌉!

wehre ab, fange ab

Nur zugestoßen! Ich pariere*.

VALENTIN

Pariere den!

MEPHISTOPHELES

Warum denn nicht?

VALENTIN

Auch den!

MEPHISTOPHELES

Gewiß!

VALENTIN

Ich glaub' der Teufel ficht!

Was ist denn das? Schon wird die Hand mir lahm.

MEPHISTOPHELES *zu Faust*

Stoß zu!

VALENTIN *fällt*

O weh!

Damals ein grobes Wort für einen groben Menschen

MEPHISTOPHELES

Nun ist der Lümmel* zahm!

Nun aber fort! Wir müssen gleich verschwinden:

Denn schon entsteht ein mörderlich Geschrei*.

Lautes öffentliches Rufen, Voraussetzung für die Anklage einer Tat als Mord

⌈Ich weiß mich trefflich mit der Polizei,

Doch mit dem Blutbann schlecht mich abzufinden.⌉

MARTHE *am Fenster*

Heraus! Heraus!

GRETCHEN *am Fenster*

Herbei ein Licht!

MARTHE *wie oben*

Man schilt und rauft, man schreit und ficht.

VOLK

Da liegt schon einer tot!

MARTHE *heraustretend*
Die Mörder sind sie denn entflohn?
GRETCHEN *heraustretend*
Wer liegt hier?
VOLK
                Deiner Mutter Sohn.
GRETCHEN
Allmächtiger! welche Not!
VALENTIN
Ich sterbe! das ist bald gesagt
Und bälder noch* getan.   *noch rascher*
Was steht ihr Weiber, heult und klagt?
Kommt her und hört mich an!

Alle treten um ihn.

Mein Gretchen sieh! du bist noch jung,
Bist gar noch nicht gescheit genung,
Machst deine Sachen schlecht.
Ich sag' dir's im Vertrauen nur:
⌐Du bist doch nun einmal eine Hur';
So sei's auch eben recht.⌐
GRETCHEN
Mein Bruder! Gott! Was soll mir das?
VALENTIN
Lass' unsern Herr Gott aus dem Spaß.
Geschehn ist leider nun geschehn,
Und wie es gehn kann, so wird's gehn.
Du fingst mit Einem heimlich an,
Bald kommen ihrer mehre* dran,   *mehrere*
Und wenn dich erst ein Dutzend hat,   *von denen*
So hat dich auch die ganze Stadt.

Wenn erst die Schande wird geboren,
Wird sie heimlich zur Welt gebracht,

Und man zieht den Schleier der Nacht
Ihr über Kopf und Ohren;
Ja, man möchte sie gern ermorden.
Wächst sie aber und macht sich groß,

nackt,
unverhüllt

Dann geht sie auch bei Tage bloß*,
Und ist doch nicht schöner geworden.
Je häßlicher wird ihr Gesicht,

umso mehr

Je mehr* sucht sie des Tages Licht.

mit einer
ansteckenden
Krankheit
infizierten

Ich seh' wahrhaftig schon die Zeit,
Daß alle brave Bürgersleut',
Wie von einer angesteckten* Leichen,

Familiär für:
Hure

Von dir, du Metze*! seitab weichen.
Dir soll das Herz im Leib verzagen,
Wenn sie dir in die Augen sehn!
⌜Sollst keine goldne Kette mehr tragen!
In der Kirche nicht mehr am Altar stehn!⌝
In einem schönen Spitzenkragen
Dich nicht bei'm Tanze wohlbehagen!
In eine finstre Jammerecken
Unter Bettler und Krüppel dich verstecken,
Und wenn dir denn auch Gott verzeiht,

verflucht

Auf Erden sein vermaledeit*!

MARTHE

Befehlt eure Seele Gott zu Gnaden!

üble Nachrede

Wollt ihr noch Lästrung* auf euch laden?

VALENTIN

Könnt' ich dir nur an den dürren Leib,
Du schändlich kupplerisches Weib!
Da hofft' ich aller meiner Sünden

in reichem
Maße
(mit älterem
Femininum)

Vergebung reiche Maß* zu finden.

GRETCHEN

Mein Bruder! Welche Höllenpein!

VALENTIN

Ich sage, laß die Tränen sein!
Da du dich sprachst der Ehre los,

Gabst mir den schwersten Herzensstoß.
Ich gehe durch den Todesschlaf
5 Zu Gott ein als Soldat und brav*.
(*stirbt.*)

tapfer und
rechtschaffen

Dom

Totenamt, Totenmesse (für Gretchens Mutter und Bruder)

Amt*, Orgel und Gesang

GRETCHEN *unter vielem Volke.* BÖSER GEIST *hinter Gretchen.*

BÖSER GEIST

Wie anders, Gretchen, war dir's,
Als du noch voll Unschuld
Hier zum Altar trat'st,
abgegriffenen Gebetbuch
Aus dem vergriffnen Büchelchen*
Gebete lalltest,   3
Halb Kinderspiele,
Halb Gott im Herzen!
Gretchen!
Wo steht dir der Kopf?
Wo steht dein Kopf?*
In deinem Herzen,   3
Welche Missetat?
⌈Bet'st du für deiner Mutter Seele, die
Durch dich zur langen, langen Pein hinüberschlief?⌉
Auf deiner Schwelle wessen Blut?
– Und unter deinem Herzen   3
Regt sich's nicht quillend schon,
Und ängstet dich und sich
Mit ahnungsvoller Gegenwart?

GRETCHEN

Weh! Weh!
Wär' ich der Gedanken los,   3
Die mir herüber und hinüber gehen
›mir widerlich‹ oder ›gegen meinen Willen‹?
Wider mich*!

CHOR

⌈DIES IRAE, DIES ILLA
SOLVET SAECLUM IN FAVILLA.⌉

Orgelton.

BÖSER GEIST

Grimm faßt dich!
Die Posaune tönt!
Die Gräber beben!
Und dein Herz,
Aus Aschenruh'
Zu Flammenqualen
Wieder aufgeschaffen*,   auferweckt
Bebt auf!

GRETCHEN

Wär' ich hier weg!
Mir ist als ob die Orgel mir
Den Atem versetzte*,   stocken ließe,
Gesang mein Herz   raubte
Im Tiefsten lös'te.

CHOR

⌐Judex ergo cum sedebit,
Quidquid latet adparebit,
Nil inultum remanebit.⌐

GRETCHEN

Mir wird so eng'!
Die Mauern-Pfeiler
Befangen mich*!   umgeben
Das Gewölbe   mich, halten
Drängt mich! – Luft!   mich
                                                gefangen

BÖSER GEIST

Verbirg' dich! Sünd' und Schande
Bleibt nicht verborgen.
Luft? Licht?
Weh dir!

CHOR

⌐Quid sum miser tunc dicturus?
Quem patronum rogaturus?
Cum vix justus sit securus.⌐

BÖSER GEIST

Gesicht Ihr Antlitz* wenden
⌈Verklärte⌉ von dir ab.
Die Hände dir zu reichen,
Schauert's den Reinen.
Weh!

CHOR
⌈QUID SUM MISER TUNC DICTURUS?⌉

GRETCHEN
Nachbarin! Euer ⌈Fläschchen⌉! –
Sie fällt in Ohnmacht.

Harzgebirg
Gegend von Schirke und Elend*

FAUST. MEPHISTOPHELES.

MEPHISTOPHELES

Verlangst du nicht nach einem Besenstiele?
Ich wünschte mir den allerderbsten Bock.
Auf diesem Weg* sind wir noch weit vom Ziele.

FAUST

So lang' ich mich noch frisch auf meinen Beinen fühle,
Genügt mir dieser Knotenstock*.

Was hilft's daß man den Weg verkürzt! –
Im Labyrinth der Täler hinzuschleichen,
Dann diesen Felsen zu ersteigen,
Von dem der Quell sich ewig sprudelnd stürzt,
Das ist die Lust, die solche Pfade würzt!
Der Frühling webt schon in den Birken
Und selbst die Fichte fühlt ihn schon;
Sollt' er nicht auch auf unsre Glieder wirken?

MEPHISTOPHELES

Fürwahr ich spüre nichts davon!
Mir ist es winterlich im Leibe;
Ich wünschte Schnee und Frost auf meiner Bahn.
Wie traurig steigt die unvollkommne Scheibe
Des roten Monds mit später Glut heran,
Und leuchtet schlecht, daß man bei jedem Schritte
Vor einen Baum, vor einen Felsen rennt!
Erlaub' daß ich ein ⌐Irrlicht⌐ bitte!
Dort seh' ich eins, das eben lustig brennt.
He da! mein Freund! Darf ich dich zu uns fodern*?
Was willst du so vergebens lodern?
Sei doch so gut und leucht' uns da hinauf!

IRRLICHT

Aus Ehrfurcht, hoff' ich, soll es mir gelingen,
Mein leichtes Naturell zu zwingen;
Nur Zickzack geht gewöhnlich unser Lauf.

MEPHISTOPHELES

Ei! Ei! er denkt's den Menschen nachzuahmen.
Geh er nur g'rad', ins Teufels Namen!
Sonst blas' ich ihm sein Flacker-Leben aus.

IRRLICHT

Ich merke wohl, ihr seid der Herr vom Haus,
Und will mich gern nach euch bequemen.

durch Zauberei irrsinnig

Allein bedenkt! der Berg ist heute zaubertoll*,
Und wenn ein Irrlicht euch die Wege weisen soll,
So müßt ihr's so genau nicht nehmen.

FAUST, MEPHISTOPHELES, IRRLICHT

im Wechselgesang

Kreis, in dem Traum und Zauberei herrschen

In die Traum- und Zaubersphäre*
Sind wir, scheint es, eingegangen.
Führ' uns gut und mach' dir Ehre!
Daß wir vorwärts bald gelangen,
In den weiten öden Räumen.

Seh' die Bäume hinter Bäumen,
Wie sie schnell vorüber rücken,
Und die Klippen, die sich bücken,
Und die langen Felsennasen,
Wie sie ⌜schnarchen⌝, wie sie blasen!

Fläche mit kurzhalmigem Gras

Durch die Steine, durch den Rasen*
Eilet Bach und Bächlein nieder.
Hör' ich Rauschen? hör' ich Lieder?
Hör' ich holde Liebesklage,
Stimmen jener Himmelstage?
⌜Was wir hoffen, was wir lieben!⌝
Und das Echo, wie die Sage
Alter Zeiten, hallet wider.

Uhu! Schuhu! tönt es näher,
Kauz und Kiebitz und der Häher,
Sind sie alle wach geblieben?
Sind das Molche durch's Gesträuche?
Lange Beine, dicke Bäuche!
Und die Wurzeln, wie die Schlangen,
Winden sich aus Fels und Sande,
Strecken wunderliche Bande,
Uns zu schrecken, uns zu fangen;
Aus belebten derben Masern*
Strecken sie Polypenfasern*
Nach dem Wandrer. Und die Mäuse
Tausendfärbig, scharenweise,
Durch das Moos und durch die Heide!
Und die Funkenwürmer* fliegen,
Mit gedrängten Schwärme-Zügen,
Zum verwirrenden Geleite.

Aber sag' mir ob wir stehen,
Oder ob wir weiter gehen?
Alles, alles scheint zu drehen,
Fels und Bäume, die Gesichter
Schneiden, und die irren Lichter,
Die sich mehren, die sich blähen.

MEPHISTOPHELES

Fasse wacker meinen Zipfel!*
Hier ist so ein Mittelgipfel,
Wo man mit Erstaunen sieht,
Wie im Berg der Mammon* glüht.

FAUST

Wie seltsam glimmert* durch die Gründe*
Ein morgenrötlich trüber Schein!
Und selbst bis in die tiefen Schlünde*
Des Abgrunds wittert* er hinein.
Da steigt ein Dampf, dort ziehen Schwaden,

Farbig abweichende Partien im Holz

Dünne, faserartige Auswüchse, die den Tentakeln des Polypen ähneln

Glühwürmchen, Leuchtkäfer

Ergreife mutig meinen Mantelrand!

Reichtum, hier: die silbererzhaltigen Gänge und Adern im Felsgestein

glänzt schwach und zitternd

Vertiefungen, Täler

Öffnungen

dringt

Hier leuchtet Glut aus Dunst und Flor*,
Dann schleicht sie wie ein zarter Faden,
Dann bricht sie wie ein Quell hervor.
Hier schlingt sie eine ganze Strecke,
Mit hundert Adern, sich durch's Tal,
Und hier in der gedrängten Ecke
Vereinzelt sie sich auf einmal.
Da sprühen Funken in der Nähe,
Wie ausgestreuter goldner Sand.
Doch schau! in ihrer ganzen Höhe
Entzündet sich die Felsenwand.⌐

MEPHISTOPHELES

Erleuchtet nicht zu diesem Feste
Herr Mammon* prächtig den Palast?
Ein Glück daß du's gesehen hast;
Ich spüre schon die ungestümen Gäste.

FAUST

Wie ras't die Windsbraut* durch die Luft!
Mit welchen Schlägen trifft sie meinen Nacken!

MEPHISTOPHELES

Du mußt des Felsens alte Rippen packen;
Sonst stürzt sie dich hinab in dieser Schlünde* Gruft.
Ein Nebel verdichtet die Nacht.
Höre wie's durch die Wälder kracht!
Aufgescheucht fliegen die Eulen.
Hör' es splittern die Säulen
Ewig grüner Paläste.
Girren und Brechen der Äste
Der Stämme mächtiges Dröhnen!
Der Wurzeln Knarren und Gähnen!
Im fürchterlich verworrenen Falle
Über einander krachen sie alle,
Und durch die übertrümmerten Klüfte
Zischen und heulen die Lüfte.
Hörst du Stimmen in der Höhe?

In der Ferne, in der Nähe?
Ja, den ganzen Berg entlang
Strömt ein wütender Zaubergesang!

HEXEN *im Chor*

Die Hexen zu dem Brocken ziehn,
Die Stoppel ist gelb, die Saat ist grün.
Dort sammelt sich der große Hauf,
Herr Urian* sitzt oben auf.   (norddt.)
                                               der Teufel
So geht es über Stein und Stock
⌐Es f[arz]t* die Hexe, es st[ink]t der Bock.⌐   furzt

STIMME

Die alte ⌐Baubo⌐ kommt allein;
Sie reitet auf einem Mutterschwein.

CHOR

⌐So Ehre dem, wem Ehre gebührt!⌐
Frau Baubo vor! und angeführt!
Ein tüchtig Schwein und Mutter drauf;
Da folgt der ganze Hexenhauf.

STIMME

Welchen Weg kommst du her?

STIMME

                        Über'n Ilsenstein*!   Heute Ilse-
Da guckt' ich der Eule in's Nest hinein.   stein, Berg
                                                 nordöstl. des
Die macht ein Paar Augen!   Brocken

STIMME

                        O fahre zur Hölle!
Was reit'st du so schnelle!

STIMME

Mich hat sie geschunden,
Da sieh nur die Wunden!

HEXEN. *Chor*

⌐Der Weg ist breit⌐, der Weg ist lang,
Was ist das für ein toller* Drang?   irrsinniger
Die Gabel sticht, der Besen kratzt,
⌐Das Kind erstickt, die Mutter* platzt.⌐   Gebärmutter

HEXENMEISTER. *Halbes Chor*

>Wir schleichen wie die Schneck' im Haus,
>Die Weiber alle sind voraus.
>Denn, geht es zu des Bösen Haus,
>Das Weib hat tausend Schritt voraus.

ANDRE HÄLFTE

>Wir nehmen das nicht so genau,
>Mit tausend Schritten macht's die Frau;
>Doch, wie sie auch sich eilen kann,
>⌈Mit einem Sprunge macht's der Mann.⌉

STIMME *oben*

>Kommt mit, kommt mit, vom Felsensee!

STIMMEN *von unten*

>Wir möchten gerne mit in die Höh'.
>Wir waschen und blank sind wir ganz und gar;
>Aber auch ewig unfruchtbar.

BEIDE CHÖRE

>Es schweigt der Wind, es flieht der Stern,
>Der trübe Mond verbirgt sich gern.
>Im Sausen sprüht das Zauber-Chor
>Viel tausend Feuerfunken hervor.

STIMME *von unten*

>Halte! Halte!

STIMME *von oben*

>Wer ruft da aus der Felsenspalte?

STIMME *unten*

>Nehmt mich mit! Nehmt mich mit!
>Ich steige schon dreihundert Jahr,
>Und kann den Gipfel nicht erreichen.
>Ich wäre gern bei Meinesgleichen.

BEIDE CHÖRE

>Es trägt der Besen, trägt der Stock,
>Die Gabel trägt, es trägt der Bock;
>Wer heute sich nicht heben kann,
>Ist ewig ein verlorner Mann.

HALBHEXE* *unten*

Frau, die sich erst halb dem Teufel übergeben hat

    Ich tripple nach, so lange Zeit;
    Wie sind die Andern schon so weit!
    Ich hab' zu Hause keine Ruh,
    Und komme hier doch nicht dazu.

CHOR DER HEXEN

    ⌜Die Salbe gibt den Hexen Mut⌝,
    Ein Lumpen ist zum Segel gut,
    Ein gutes Schiff ist jeder Trog;
    Der flieget nie, der heut nicht flog.

BEIDE CHÖRE

    Und wenn wir um den Gipfel ziehn,
    So streichet an dem Boden hin.
    Und deckt die Heide weit und breit
    Mit eurem Schwarm der Hexenheit*.

Gesamtheit der Hexen

Sie lassen sich nieder.

MEPHISTOPHELES

    Das drängt und stößt, das ruscht* und klappert!

drängt sich rauschend herbei

    Das zischt und quirlt, das zieht und plappert!
    Das leuchtet, sprüht und stinkt und brennt!
    Ein wahres Hexenelement!
    Nur fest an mir! sonst sind wir gleich getrennt.
    Wo bist du?

FAUST *in der Ferne*

        Hier!

MEPHISTOPHELES

        Was! dort schon hingerissen?
    Da werd' ich Hausrecht brauchen müssen.
    Platz! Junker Voland* kommt. Platz! süßer Pöbel, Platz!

Alter Name für den Teufel (zu mittelhochdt. *vâlant* ›Teufel‹)

    Hier, Doktor, fasse mich! und nun, in Einem Satz,
    Laß uns aus dem Gedräng' entweichen;
    Es ist zu toll, sogar für Meinesgleichen.
    Dort neben leuchtet was mit ganz besond'rem Schein,
    Es zieht mich was nach jenen Sträuchen.
    Komm, komm! wir schlupfen da hinein.

FAUST

Du Geist des Widerspruchs! Nur zu! du magst
                                       mich führen.
Ich denke doch, das war recht klug gemacht:
Zum Brocken wandlen wir in der Walpurgisnacht,
Um uns beliebig nun hieselbst zu isolieren.

MEPHISTOPHELES

Da sieh nur welche bunten Flammen!
Es ist ein muntrer Klub beisammen.
Im Kleinen ist man nicht allein.

FAUST

Doch droben möcht' ich lieber sein!
Schon seh' ich Glut und Wirbelrauch.
Dort strömt die Menge zu dem Bösen;
Da muß sich manches Rätsel lösen.

MEPHISTOPHELES

Doch manches Rätsel knüpft sich auch.
Laß du die große Welt nur sausen,
Wir wollen hier im Stillen hausen.
Es ist doch lange hergebracht,
Daß in der großen Welt man kleine Welten macht.
Da seh' ich junge Hexchen nackt und bloß,
Und alte die sich klug verhüllen.
Seid freundlich, nur um meinetwillen;
Die Müh' ist klein, der Spaß ist groß.
Ich höre was von Instrumenten tönen!
Verflucht Geschnarr! Man muß sich dran gewöhnen.
Komm mit! Komm mit! Es kann nicht anders sein,
Ich tret' heran und führe dich herein,
Und ich verbinde dich auf's neue.
Was sagst du, Freund? das ist kein kleiner Raum.
Da sieh nur hin! du siehst das Ende kaum.
Ein Hundert Feuer brennen in der Reihe;
Man tanzt, man schwatzt, man kocht, man trinkt,
                                       man liebt;
Nun sage mir, wo es was bessers gibt?

FAUST

Willst du dich nun, um uns hier einzuführen
Als Zaub'rer oder Teufel produzieren?

MEPHISTOPHELES

Zwar bin ich sehr gewohnt inkognito zu gehn;
Doch läßt am Galatag* man seinen Orden sehn.
Ein ⌜Knieband⌝ zeichnet mich nicht aus,
Doch ist der Pferdefuß hier ehrenvoll zu Haus.
Siehst du die Schnecke da? Sie kommt herangekrochen;
Mit ihrem tastenden Gesicht*
Hat sie mir schon was abgerochen.
Wenn ich auch will, verleugn' ich hier mich nicht.
Komm nur! von Feuer gehen wir zu Feuer,
Ich bin der Werber und du bist der Freier.

Zu einigen, die um verglimmende Kohlen sitzen

Ihr alten Herrn, was macht ihr hier am Ende?
Ich lobt' euch, wenn ich euch hübsch in der Mitte fände,
Von Saus umzirkt* und Jugendbraus;
Genug allein ist jeder ja zu Haus.

GENERAL

Wer mag* auf Nationen trauen!
Man habe noch so viel für sie getan;
Denn bei dem Volk, wie bei den Frauen,
Steht immerfort die Jugend oben an.

MINISTER

Jetzt ist man von dem Rechten allzuweit,
Ich lobe mir die guten Alten;
Denn freilich, da wir alles galten,
Da war die rechte goldne Zeit.

PARVENÜ*

Wir waren wahrlich auch nicht dumm,
Und taten oft was wir nicht sollten;
⌜Doch jetzo kehrt sich alles um und um⌝,
Und eben da wir's fest erhalten wollten.

AUTOR

Wer mag wohl überhaupt jetzt eine Schrift

Festtag, an dem man prächtige Galakleidung trägt

Sehsinn, Sehkraft; bei der Schnecke an der Spitze der tastenden Fühler

umringt, umgeben

kann

Emporkömmling

nicht allzu
klugem

Von mäßig klugem* Inhalt lesen!

Und was das liebe junge Volk betrifft, 4

Das ist noch nie so naseweis gewesen.

MEPHISTOPHELES *der auf einmal sehr alt erscheint*

Zum jüngsten Tag fühl' ich das Volk gereift,

Da ich zum letztenmal den Hexenberg ersteige,

⌐Und, weil mein Fäßchen trübe läuft,

So ist die Welt auch auf der Neige⌐. 4

TRÖDELHEXE

Ihr Herren geht nicht so vorbei!

Laßt die Gelegenheit nicht fahren!

Aufmerksam blickt nach meinen Waren;

Es steht dahier gar mancherlei.

Und doch ist nichts in meinem Laden, 4

Dem keiner auf der Erde gleicht,

Das nicht einmal zum tücht'gen Schaden

Der Menschen und der Welt gereicht.

Kein Dolch ist hier, von dem nicht Blut geflossen,

Kein Kelch, aus dem sich nicht in ganz gesunden Leib 4

Verzehrend heißes Gift ergossen,

Kein Schmuck, der nicht ein liebenswürdig Weib

Verführt, kein Schwert das nicht den Bund gebrochen,

Nicht etwa hinterrücks den Gegenmann durchstochen.

MEPHISTOPHELES

Anrede für
eine nahe
Seitenver-
wandte

Frau Muhme*! Sie versteht mir schlecht die Zeiten. 4

Getan geschehn! Geschehn getan!

Verleg' sie sich auf Neuigkeiten!

Nur Neuigkeiten ziehn uns an.

FAUST

Daß ich mich nur nicht selbst vergesse!

Heiß' ich mir das doch eine Messe! 4

MEPHISTOPHELES

Der ganze Strudel strebt nach oben;

Du glaubst zu schieben und du wirst geschoben.

FAUST

Wer ist denn das?

MEPHISTOPHELES
                    Betrachte sie genau!
⌐Lilith ist das.
FAUST
              Wer?
MEPHISTOPHELES
                    Adams erste Frau.⌐
    Nimm dich in Acht vor ihren schönen Haaren,
    Vor diesem Schmuck, mit dem sie einzig prangt.
    Wenn sie damit den jungen Mann erlangt,
    So läßt sie ihn sobald nicht wieder fahren.
FAUST
    Da sitzen zwei, die alte mit der jungen;
    Die haben schon was rechts gesprungen*!   schon tüchtig
                                                              getanzt
MEPHISTOPHELES
    Das hat nun heute keine Ruh.
    Es geht zum neuen Tanz; nun komm! wir greifen zu.
FAUST *mit der jungen tanzend*
              Einst hatt' ich einen schönen Traum;
              Da sah ich einen Apfelbaum,
              Zwei schöne Äpfel glänzten dran,
              Sie reizten mich, ich stieg hinan.
DIE SCHÖNE
              ⌐Der Äpfelchen begehrt ihr sehr
              Und schon vom Paradiese her.⌐
              Von Freuden fühl' ich mich bewegt,
              Daß auch mein Garten solche trägt.
MEPHISTOPHELES *mit der Alten*
              ⌐Einst hatt' ich einen wüsten Traum;
              Da sah' ich einen gespaltnen Baum,
              Der hatt' ein [ungeheures Loch];
              So [groß] es war, gefiel mir's doch.
DIE ALTE
              Ich biete meinen besten Gruß
              Dem Ritter mit dem Pferdefuß!

Halt' er einen [rechten Pfropf] bereit,
Wenn er [das große Loch] nicht scheut.⌐

PROKTOPHANTASMIST⌐

Verfluchtes Volk! was untersteht ihr euch?
Hat man euch lange nicht bewiesen,
Ein Geist steht nie auf ordentlichen Füßen?
Nun tanzt ihr gar, uns andern Menschen gleich!

DIE SCHÖNE *tanzend*

Was will denn der auf unserm Ball?

FAUST *tanzend*

Ei! der ist eben überall.

kritisch
abschätzen

Was Andre tanzen muß er schätzen*.
Kann er nicht jeden Schritt beschwätzen,
So ist der Schritt so gut als nicht geschehn.
⌐Am meisten ärgert ihn, sobald wir vorwärts gehn.
Wenn ihr euch so im Kreise drehen wolltet,
Wie er's in seiner alten Mühle tut⌐,
Das hieß er allenfalls noch gut;
Besonders wenn ihr ihn darum begrüßen solltet.

PROKTOPHANTASMIST

Ihr seid noch immer da! Nein das ist unerhört.
Verschwindet doch! Wir haben ja aufgeklärt!
Das Teufelspack es fragt nach keiner Regel.
Wir sind so klug und ⌐dennoch spukt's in Tegel⌐.
Wie lange hab' ich nicht ⌐am Wahn hinausgekehrt⌐
Und nie wird's rein, das ist doch unerhört!

langweilen,
auf die Nerven
gehen

DIE SCHÖNE

So hört doch auf uns hier zu ennuyieren*!

Doppeldeutig:
Herrschaft des
Gespensts,
aber auch des
Verstandes

PROKTOPHANTASMIST

Ich sag's euch Geistern in's Gesicht,
Den Geistesdespotismus* leid' ich nicht;
Mein Geist kann ihn nicht exerzieren*.

militär. drillen,
nach Belieben
komman-
dieren

Es wird fortgetanzt.

Heut, seh' ich, will mir nichts gelingen;
⌐Doch eine Reise nehm' ich immer mit⌐

Und hoffe noch, vor meinem letzten Schritt,
Die Teufel und die Dichter zu bezwingen.

MEPHISTOPHELES

Er wird sich gleich in eine Pfütze setzen,
Das ist die Art wie er sich soulagiert*,

beruhigt,
erleichtert

Und wenn Blutegel sich an seinem Steiß ergetzen*,

ergötzen,
erfreuen

Ist er von Geistern und von Geist kuriert.
Zu Faust, der aus dem Tanz getreten ist
Was lässest du das schöne Mädchen fahren?
Das dir zum Tanz so lieblich sang.

FAUST

Ach! mitten im Gesange sprang
Ein ⌈rotes Mäuschen⌉ ihr aus dem Munde.

MEPHISTOPHELES

Das ist was rechts! Das nimmt man nicht genau;
Genug die Maus war doch nicht grau.
Wer fragt darnach in einer Schäferstunde*?

Zeitspanne,
die ganz
der Liebe
gewidmet ist

FAUST

Dann sah' ich –

MEPHISTOPHELES

Was?

FAUST

Mephisto, siehst du dort
Ein blasses, schönes Kind allein und ferne stehen?
Sie schiebt sich langsam nur vom Ort,
Sie scheint ⌈mit geschloss'nen Füßen⌉ zu gehen.
Ich muß bekennen, daß mir deucht*,

scheint
(Infinitiv:
dünken)

Daß sie dem guten Gretchen gleicht.

MEPHISTOPHELES

Laß das nur stehn! Dabei wird's niemand wohl.
Es ist ein Zauberbild, ist leblos, ein Idol*.

(Götzen-)Bild

Ihm zu begegnen ist nicht gut;
Vom starren Blick erstarrt des Menschen Blut,
Und ⌈er wird fast in Stein verkehrt,
Von der Meduse⌉ hast du ja gehört.

FAUST

Fürwahr es sind die Augen einer Toten,
Die eine liebende Hand nicht schloß.
Das ist die Brust, die Gretchen mir geboten,
Das ist der süße Leib, den ich genoß.

MEPHISTOPHELES

Das ist die Zauberei, du leicht verführter Tor!
Denn jedem kommt sie wie sein Liebchen vor.

FAUST

Welch eine Wonne! welch ein Leiden!
Ich kann von diesem Blick nicht scheiden.
⌈Wie sonderbar muß diesen schönen Hals
Ein einzig rotes Schnürchen schmücken,
Nicht breiter als ein Messerrücken!⌉

MEPHISTOPHELES

Ganz recht! ich seh' es ebenfalls.
Sie kann das Haupt auch unterm Arme tragen;
Denn Perseus hat's ihr abgeschlagen. –
Nur immer diese Lust zum Wahn!
Komm doch das Hügelchen heran,
Hier ist's so lustig wie im Prater*;
Und hat man mir's nicht angetan*,
So seh' ich wahrlich ein Theater.
Was gibt's denn da?

SERVIBILIS

                    Gleich fängt man wieder an.
Ein neues Stück, ⌈das letzte Stück⌉ von sieben;
Soviel zu geben ist allhier der Brauch.
Ein ⌈Dilettant⌉ hat es geschrieben,
Und Dilettanten spielen's auch.
Verzeiht ihr Herrn, wenn ich verschwinde;
Mich dilettiert's* den Vorhang aufzuziehn.

MEPHISTOPHELES

Wenn ich euch auf dem Blocksberg finde,
Das find' ich gut; denn da gehört ihr hin.

Seit 1766 Vergnügungspark in Wien

mich nicht behext

Wortspiel mit »Dilettant«: mich erfreut, mich gelüstet es

Walpurgisnachtstraum
oder ⌈Oberons und Titanias goldne Hochzeit⌉

Intermezzo*

Zwischenspiel
(zur Walpur-
gisnacht)

THEATERMEISTER

⌈Heute ruhen wir einmal
Miedings wackre Söhne.
Alter Berg und feuchtes Tal,
Das ist die ganze Szene!⌉

HEROLD

Daß die Hochzeit golden sei
Soll'n funfzig Jahr sein vorüber;
Aber ist der Streit vorbei,
Das golden ist mir lieber.

OBERON*

Seid ihr Geister wo ich bin,
So zeigt's in diesen Stunden;
König und die Königin,
Sie sind auf's neu verbunden.

Elfenkönig in
Shakespeares
*Sommer-
nachtstraum*

PUCK*

Kommt der Puck und dreht sich quer
Und schleift den Fuß im Reihen*;
Hundert kommen hinterher
Sich auch mit ihm zu freuen.

Kobold im
*Sommer-
nachtstraum*

Tanz

ARIEL*

Ariel bewegt den Sang
In himmlisch reinen Tönen;
Viele Fratzen lockt sein Klang,
Doch lockt er auch die Schönen.

Luftgeist in
Shakespeares
Sturm

OBERON

Gatten die sich vertragen wollen,
Lernen's von uns beiden!
Wenn sich zweie lieben sollen,
Braucht man sie nur zu scheiden.

Elfenkönigin
im *Sommer-*
nachtstraum

rasch,
geschwind
Süden
(ital.) alle
(Instrumente)

(ital.)
mit größter
Lautstärke

TITANIA[*]

Schmollt der Mann und ⌐grillt⌐ die Frau,
So faßt sie nur behende[*],
Führt mir nach dem Mittag[*] Sie
Und Ihn an Nordens Ende.

ORCHESTER TUTTI[*] **FORTISSIMO**[*]

Fliegenschnauz' und Mückennas',
Mit ihren Anverwandten,
Frosch im Laub' und Grill' im Gras'
Das sind die Musikanten!

SOLO

Seht da kommt der Dudelsack!
Es ist die Seifenblase.
Hört den Schneckeschnickeschnack
Durch seine stumpfe Nase.

GEIST DER SICH ERST BILDET

Spinnenfuß und Krötenbauch
Und Flügelchen dem Wichtchen!
Zwar ein Tierchen gibt es nicht,
Doch gibt es ein Gedichtchen.

EIN PÄRCHEN

Kleiner Schritt und hoher Sprung
Durch Honigtau und Düfte;

genug

Zwar du trippelst mir genung[*],
Doch geht's nicht in die Lüfte.

NEUGIERIGER REISENDER

Ist das nicht Maskeraden-Spott?
Soll ich den Augen trauen?
Oberon den schönen Gott
Auch heute hier zu schauen!

Rechtgläubiger
(Christ)

ORTHODOX[*]

Keine Klauen, keinen Schwanz!
Doch bleibt es außer Zweifel,
So wie ⌐die Götter Griechenlands⌐,
So ist auch er ein Teufel.

NORDISCHER KÜNSTLER

> Was ich ergreife das ist heut
> Fürwahr ⌈nur skizzenweise⌉;
> Doch ich bereite mich bei Zeit
> Zur italien'schen Reise.

PURIST*

> Ach! mein Unglück führt mich her:
> Wie wird nicht hier geludert*!
> Und von dem ganzen Hexenheer
> Sind zweie nur ⌈gepudert⌉.

Jmd., der
das Ideal der
Reinheit
vertritt

liederlich
gelebt

JUNGE HEXE

> Der Puder ist so wie der Rock
> Für alt' und graue Weibchen;
> ⌈Drum sitz' ich nackt auf meinem Bock
> Und zeig' ein derbes Leibchen.⌉

MATRONE*

> Wir haben zu viel Lebensart
> Um hier mit euch zu maulen;
> Doch hoff' ich, sollt ihr jung und zart,
> So wie ihr seid, verfaulen.

Angesehene
ältere verhei-
rate oder
verwitwete
Frau

KAPELLMEISTER

> Fliegenschnauz' und Mückennas'
> Umschwärmt mir nicht die Nackte!
> Frosch im Laub' und Grill' im Gras'
> So bleibt doch auch im Takte!

WINDFAHNE *nach der einen Seite*

> Gesellschaft wie man wünschen kann.
> Wahrhaftig lauter Bräute!
> Und Junggesellen, Mann für Mann,
> Die hoffnungsvollsten Leute.

WINDFAHNE *nach der andern Seite*

> Und tut sich nicht der Boden auf
> Sie alle zu verschlingen,
> So will ich mit behendem* Lauf
> Gleich in die Hölle springen.

raschem,
geschwindem

⌜XENIEN⌝

> Als Insekten sind wir da,
> Mit kleinen scharfen Scheren,
> Satan, unsern Herrn Papa,
> Nach Würden zu verehren.

⌜HENNINGS⌝

> Seht! wie sie in gedrängter Schar
> Naiv zusammen scherzen.
> Am Ende sagen sie noch gar,
> Sie hätten gute Herzen.

MUSAGET

> Ich mag in diesem Hexenheer
> Mich gar zu gern verlieren;
> Denn freilich diese wüßt' ich eh'r,
> Als Musen anzuführen.

(franz.)
vormals,
ehemals CI-DEVANT* GENIUS DER ZEIT

> Mit rechten Leuten wird man was.
> ⌜Komm, fasse meinen Zipfel!⌝
> Der Blocksberg, wie der deutsche Parnaß*,
> Hat gar einen breiten Gipfel.

*Griech.
Musenberg*

NEUGIERIGER REISENDER

> Sagt wie heißt der steife Mann?
> Er geht mit stolzen Schritten.
> Er schnopert* was er schnopern kann.
> ⌜»Er spürt nach Jesuiten.«⌝

schnuppert

⌜KRANICH⌝

> In dem Klaren mag ich gern
> Und auch im Trüben fischen;
> Darum seht ihr den frommen Herrn
> Sich auch mit Teufeln mischen.

⌜WELTKIND⌝

Fahrzeug

*Erbauliche
Versammlung
relig. Eiferer
(Frömmler)*

> Ja für die Frommen, glaubet mir,
> Ist alles ein Vehikel*;
> Sie bilden auf dem Blocksberg hier
> Gar manches Konventikel*.

TÄNZER

Da kommt ja wohl ein neues Chor*?
Ich höre ferne Trommeln.
Nur ungestört! es sind im Rohr
Die unisonen Dommeln*.

TANZMEISTER

Wie jeder doch die Beine lupft!
Sich wie er kann herauszieht!
Der Krumme springt, der Plumpe hupft
Und fragt nicht wie es aussieht.

FIDELER*

Das haßt sich schwer das Lumpenpack
Und gäb' sich gern das Restchen;
Es eint sie hier der Dudelsack
⌜Wie Orpheus Leier die Bestjen⌝.

⌜DOGMATIKER⌝

Ich lasse mich nicht irre schrein,
Nicht durch Kritik noch Zweifel.
Der Teufel muß doch etwas sein;
Wie gäb's denn sonst auch Teufel?

⌜IDEALIST⌝

Die Phantasie in meinem Sinn
Ist diesmal gar zu herrisch.
Fürwahr, wenn ich das alles bin,
So bin ich heute närrisch.

⌜REALIST⌝

Das Wesen ist mir recht zur Qual
Und muß mich baß* verdrießen;
Ich stehe hier zum erstenmal
Nicht fest auf meinen Füßen.

⌜SUPERNATURALIST⌝

Mit viel Vergnügen bin ich da
Und freue mich mit diesen;
Denn von den Teufeln kann ich ja
Auf gute Geister schließen.

SKEPTIKER

Sie gehn den Flämmchen auf der Spur,
Und glaub'n sich nah dem Schatze.
Auf Teufel reimt der Zweifel nur;
Da bin ich recht am Platze.

KAPELLMEISTER

Frosch im Laub' und Grill' im Gras'
Verfluchte Dilettanten*!
Fliegenschnauz' und Mückennas'
Ihr seid doch Musikanten!

Amateure

DIE GEWANDTEN

Sanssouci* so heißt das Heer
Von lustigen Geschöpfen,
Auf den Füßen geht's nicht mehr,
Drum gehn wir auf den Köpfen.

(franz.) sorglos

DIE UNBEHÜLFLICHEN*

Sonst haben wir manchen Bissen erschranzt*,
Nun aber Gott befohlen!
Unsere Schuhe sind durchgetanzt,
Wir laufen auf nackten Sohlen.

Unbeholfenen

als Hof-
schranzen, als
unterwürfige
Höflinge,
durch Buckeln
erbettelt

IRRLICHTER

Von dem Sumpfe kommen wir,
Woraus wir erst entstanden;
Doch sind wir gleich im Reihen hier
Die glänzenden Galanten*.

Vornehm-
Eleganten

STERNSCHNUPPE

Aus der Höhe schoß ich her
Im Stern- und Feuerscheine,
Liege nun im Grase quer,
Wer hilft mir auf die Beine?

DIE MASSIVEN

Platz und Platz! und ringsherum!
So gehn die Gräschen nieder,
Geister kommen, Geister auch
Sie haben plumpe Glieder.

PUCK

Tretet nicht so mastig* auf   dick und fett
Wie Elephantenkälber,
Und der Plumpst'* an diesem Tag   Plumpeste,
Sei Puck der derbe selber.   Unbeholfenste

ARIEL

Gab die liebende Natur
Gab der Geist euch Flügel,
Folget meiner leichten Spur,
Auf zum ⌈Rosenhügel⌉!

ORCHESTER PIANISSIMO

Wolkenzug und Nebelflor*   Nebelschleier
Erhellen sich von oben.
Luft im Laub und Wind im Rohr,
Und alles ist zerstoben.

Trüber Tag
Feld

FAUST. MEPHISTOPHELES.

FAUST. MEPHISTOPHELES.

FAUST

Im Elend! Verzweifelnd! Erbärmlich auf der Erde lange
verirrt und nun gefangen! Als Missetäterin im Kerker zu
entsetzlichen Qualen eingesperrt das holde unselige Geschöpf! Bis dahin! dahin! – Verräterischer, nichtswürdi-
ger Geist, und das hast du mir verheimlicht! – Steh nur,
steh! Wälze die teuflischen Augen ingrimmend* im Kopf
herum! Steh und trutze* mir durch deine unerträgliche
Gegenwart! Gefangen! Im unwiederbringlichen Elend!
Bösen Geistern übergeben und der richtenden gefühl-
losen Menschheit! Und mich wiegst du indes in abge-
schmackten* Zerstreuungen, verbirgst mir ihren wach-
senden Jammer und lässest sie hülflos verderben!

MEPHISTOPHELES

Sie ist die erste nicht.

FAUST

Hund! abscheuliches Untier! – Wandle ihn, du unendli-
cher Geist! wandle den Wurm wieder in seine Hunds-
gestalt, wie er sich oft nächtlicher Weise gefiel vor mir
herzutrotten, dem harmlosen Wandrer vor die Füße zu
kollern* und sich dem niederstürzenden auf die Schul-
tern zu hängen. Wandl' ihn wieder in seine Lieblings-
bildung, daß er vor mir im Sand auf dem Bauch krieche,
ich ihn mit Füßen trete, den Verworfnen! – Die erste
nicht! – Jammer! Jammer! von keiner Menschenseele zu
fassen, daß mehr als ein Geschöpf in die Tiefe dieses
Elendes versank, daß nicht das erste genugtat für die
Schuld aller übrigen in seiner windenden Todesnot vor
den Augen des ewig Verzeihenden! Mir wühlt es Mark

voller Ingrimm, voll heftigen Zorns

trotze

törichten

kullern, rollen

und Leben durch, das Elend dieser einzigen; du grinsest gelassen über das Schicksal von Tausenden hin!

MEPHISTOPHELES

Nun sind wir schon wieder an der Grenze unsres Witzes*, da wo euch Menschen der Sinn überschnappt. Warum machst du Gemeinschaft mit uns, wenn du sie nicht durchführen kannst? Willst fliegen und bist vor'm Schwindel nicht sicher? Drangen* wir uns dir auf, oder du dich uns?

FAUST

Fletsche deine gefräßigen Zähne mir nicht so entgegen! Mir ekelts! – Großer herrlicher Geist, der du mir zu erscheinen würdigtest, der du mein Herz kennest und meine Seele, warum an den Schandgesellen mich schmieden, der sich am Schaden weidet und an Verderben sich letzt*?

MEPHISTOPHELES

Endigst du?

FAUST

Rette sie! oder weh dir! Den gräßlichsten Fluch über dich auf Jahrtausende!

MEPHISTOPHELES

Ich kann die Bande des Rächers nicht lösen, seine Riegel nicht öffnen. – Rette sie! – Wer war's, der sie in's Verderben stürzte? Ich oder du?

FAUST *blickt wild umher.*

MEPHISTOPHELES

Greifst du nach dem Donner? Wohl, daß er euch elenden Sterblichen nicht gegeben ward! Den unschuldig entgegnenden* zu zerschmettern, das ist so Tyrannen-Art sich in Verlegenheiten Luft zu machen.

FAUST

Bringe mich hin! Sie soll frei sein!

MEPHISTOPHELES

Und die Gefahr der du dich aussetzest? Wisse, noch liegt

Verstandes

Drängten

vergnügt, erfreut, belustigt

Begegnenden, Gegenübertretenden

auf der Stadt Blutschuld von deiner Hand. Über des Erschlagenen Stätte schweben rächende Geister und lauern auf den wiederkehrenden Mörder.

FAUST

Noch das von dir? Mord und Tod einer Welt über dich Ungeheuer! Führe mich hin, sag' ich, und befrei' sie!

MEPHISTOPHELES

Ich führe dich und was ich tun kann, höre! ⌐Habe ich alle Macht im Himmel und auf Erden?⌐ Des Türners* Sinne will ich umnebeln, bemächtige dich der Schlüssel und führe sie heraus mit Menschenhand. Ich wache! die Zauberpferde sind bereit, ich entführe euch. Das vermag ich.

FAUST

Auf und davon!

Turmwächters

Nacht, offen Feld

FAUST, MEPHISTOPHELES.
auf schwarzen Pferden daher brausend

FAUST
Was weben* die dort um den Rabenstein*?

verfertigen, schaffen

Hinrichtungsstätte

MEPHISTOPHELES
Weiß nicht was sie kochen und schaffen.

FAUST
Schweben auf, schweben ab, neigen sich, beugen sich.

MEPHISTOPHELES
Eine Hexenzunft*.

Zusammengehörige Gruppe von Hexen

FAUST
Sie streuen und weihen.

MEPHISTOPHELES
Vorbei! Vorbei!

Kerker

lange nicht mehr empfundener und daher vergessener Schauder

FAUST *mit einem Bund Schlüssel und einer Lampe, vor einem eisernen Türchen*

Mich faßt ein längst entwohnter Schauer*,

Der Menschheit ganzer Jammer faßt mich an.

Hier wohnt sie hinter dieser feuchten Mauer,

gutgemeinter Irrtum

Und ihr Verbrechen war ein guter Wahn*!

Du zauderst zu ihr zu gehen!

Du fürchtest sie wieder zu sehen!

Dein ängstliches Warten zieht

Fort! Dein Zagen zögert* den Tod heran.

Er ergreift das Schloß. Es singt inwendig

⌜Meine Mutter, die Hur,

Die mich umgebracht hat!

Bösewicht

Mein Vater, der Schelm*,

gegessen

Der mich gessen* hat!

Mein Schwesterlein klein

Hub auf die Bein,

An einem kühlen Ort;

Da ward ich ein schönes Waldvögelein;

Fliege fort, fliege fort!⌝

FAUST *aufschließend*

Sie ahnet nicht, daß der Geliebte lauscht,

Die Ketten klirren hört, das Stroh das rauscht.

Er tritt ein.

MARGARETE *sich auf dem Lager verbergend*

Weh! Weh! Sie kommen. Bittrer Tod!

FAUST *leise*

Still! Still! ich komme dich zu befreien.

MARGARETE *sich vor ihn hinwälzend*

Bist du ein Mensch, so fühle meine Not.

FAUST

Du wirst die Wächter aus dem Schlafe schreien!

Er faßt die Ketten, sie aufzuschließen.

MARGARETE *auf den Knieen*

Wer hat dir Henker diese Macht
Über mich gegeben!
Du holst mich schon um Mitternacht.
Erbarme dich und laß mich leben!
Ist's morgen früh nicht zeitig genung*?   rechtzeitig
Sie steht auf.   genug
Bin ich doch noch so jung, so jung!
Und soll schon sterben!
⌐Schön war ich auch⌐, und das war mein Verderben.
Nah war der Freund, nun ist er weit;
⌐Zerrissen liegt der Kranz, die Blumen zerstreut.⌐
Fasse mich nicht so gewaltsam an!
Schone mich! Was hab' ich dir getan?
Laß mich nicht vergebens flehen,
Hab' ich dich doch mein Tage* nicht gesehen!   nie im Leben

FAUST

Werd' ich den Jammer überstehen!

MARGARETE

Ich bin nun ganz in deiner Macht.
Laß mich nur erst das Kind noch tränken*.   stillen
Ich herzt'* es diese ganze Nacht;   umarmte, ans
Sie nahmen mir's um mich zu kränken*   Herz drückte
Und sagen nun, ich hätt' es umgebracht.   quälen
Und niemals werd' ich wieder froh.
Sie singen Lieder auf mich! Es ist bös von den Leuten!
Ein altes Märchen endigt so,
Wer heißt sie's deuten?

FAUST *wirft sich nieder.*

Ein Liebender liegt dir zu Füßen
Die Jammerknechtschaft aufzuschließen.

MARGARETE *wirft sich zu ihm.*

O laß uns knien die Heil'gen anzurufen!
Sieh! unter diesen Stufen,
Unter der Schwelle

Siedet die Hölle!
Der Böse,
Mit furchtbarem Grimme,
Macht ein Getöse!

FAUST *laut*

Gretchen! Gretchen!

MARGARETE *aufmerksam*

Das war des Freundes Stimme!
Sie springt auf. Die Ketten fallen ab.
Wo ist er? Ich hab' ihn rufen hören.
Ich bin frei! Mir soll niemand wehren.
An seinen Hals will ich fliegen,
An seinem Busen liegen!
Er rief Gretchen! Er stand auf der Schwelle.
⌈Mitten durch's Heulen und Klappen der Hölle⌉,
Durch den grimmigen teuflischen Hohn,
Erkannt' ich den süßen, den liebenden Ton.

FAUST

Ich bin's!

MARGARETE

         Du bist's! O sag' es noch einmal!
Ihn fassend
Er ist's! Er ist's! Wohin ist alle Qual?
Wohin die Angst des Kerkers? der Ketten?
Du bist's! Kommst mich zu retten!
Ich bin gerettet! –
Schon ist die Straße wieder da,
Auf der ich dich zum erstenmale sah.
Und der heitere Garten,
Wo ich und Marthe deiner warten*.

auf dich
warten

FAUST *fortstrebend*

Komm mit! Komm mit!

MARGARETE

verweile,
bleibe

         O weile*!
Weil' ich doch so gern wo du weilest.
Liebkosend.

FAUST

Eile!
Wenn du nicht eilest,
Werden wir's teuer büßen müssen.

MARGARETE

Wie? du kannst nicht mehr küssen?
Mein Freund, so kurz von mir entfernt,
Und hast's Küssen verlernt?
Warum wird mir an deinem Halse so bang?
Wenn sonst von deinen Worten, deinen Blicken
Ein ganzer Himmel mich überdrang,
Und du mich küßtest als wolltest du mich ersticken.
Küsse mich!
Sonst küss' ich dich!
Sie umfaßt ihn.
O weh! deine Lippen sind kalt,
Sind stumm.
Wo ist dein Lieben
Geblieben?
Wer brachte mich drum?
Sie wendet sich von ihm.

FAUST

Komm! Folge mir! Liebchen, fasse Mut!
Ich herze* dich mit tausendfacher Glut;
Nur folge mir! Ich bitte dich nur dies!

MARGARETE *zu ihm gewendet*

Und bist du's denn? Und bist du's auch gewiß?

FAUST

Ich bin's! Komm mit!

MARGARETE

          Du machst die Fesseln los,
Nimmst wieder mich in deinen Schoß.
Wie kommt es, daß du dich vor mir nicht scheust? –
Und weißt du denn, mein Freund, wen du befreist?

FAUST

Komm! komm! Schon weicht die tiefe Nacht.

(Randglosse: * umarme, drücke ans Herz)

MARGARETE

Meine Mutter hab' ich umgebracht,
Mein Kind hab' ich ertränkt.
War es nicht dir und mir geschenkt?
Dir auch – Du bist's! ich glaub' es kaum.   4
Gib deine Hand! Es ist kein Traum!
Deine liebe Hand! – Ach aber sie ist feucht!
Wische sie ab! Wie mich deucht*
Ist Blut dran.
Ach Gott! Was hast du getan!   4
Stecke den Degen ein;
Ich bitte dich drum!

FAUST

Laß das Vergang'ne vergangen sein,
Du bringst mich um.

MARGARETE

Nein, du mußt übrig bleiben!   4
Ich will dir die Gräber beschreiben,
Für die mußt du sorgen
Gleich morgen:
Der Mutter den besten Platz geben,
Meinen Bruder sogleich darneben,   4
Mich ein wenig bei Seit',
Nur nicht gar zu weit!
Und das Kleine mir an die rechte Brust.
Niemand wird sonst bei mir liegen! –
Mich an deine Seite zu schmiegen   4
Das war ein süßes, ein holdes* Glück!
Aber es will mir nicht mehr gelingen;
Mir ist's als müßt' ich mich zu dir zwingen,
Als stießest du mich von dir zurück;
Und doch bist du's und blickst so gut, so fromm.   4

FAUST

Fühlst du daß ich es bin, so komm!

MARGARETE

Dahinaus?

(margin note beside "Wie mich deucht"): mir scheint

(margin note beside "ein holdes"): höchst
angenehmes

FAUST

In's Freie.

MARGARETE

Ist das Grab drauß',
Lauert der Tod, so komm!
Von hier in's ewige Ruhebett
Und weiter keinen Schritt –
Du gehst nun fort? O Heinrich, könnt' ich mit!

FAUST

Du kannst! So wolle nur! Die Tür steht offen.

MARGARETE

Ich darf nicht fort*; für mich ist nichts zu hoffen.   brauche nicht
Was hilft es fliehn? Sie lauern doch mir auf.   fortzugehen
Es ist so elend betteln zu müssen,
Und noch dazu mit bösem Gewissen!
Es ist so elend in der Fremde schweifen
Und sie werden mich doch ergreifen!

FAUST

Ich bleibe bei dir.

MARGARETE

Geschwind! Geschwind!
Rette dein armes Kind.
Fort! Immer den Weg
Am Bach hinauf,
Über den Steg,
In den Wald hinein,
Links wo die Planke steht,
Im Teich.
Faß es nur gleich!
Es will sich heben,
Es zappelt noch!
Rette! rette!

FAUST

Besinne dich doch!
Nur Einen Schritt, so bist du frei!

MARGARETE

Wären wir nur den Berg vorbei!

Da sitzt meine Mutter auf einem Stein,

Es faßt mich kalt bei'm Schopfe!

Da sitzt meine Mutter auf einem Stein

Und wackelt mit dem Kopfe;

Sie winkt nicht, sie nickt nicht, der Kopf ist ihr schwer,

Sie schlief so lange, sie wacht nicht mehr.

Sie schlief damit wir uns freuten.

Es waren glückliche Zeiten!

FAUST

Hilft hier kein Flehen, hilft kein Sagen,

So wag' ich's dich hinweg zu tragen.

MARGARETE

Laß mich! Nein, ich leide keine Gewalt!

Fasse mich nicht so mörderisch an!

Sonst hab' ich dir ja alles zu lieb getan.

FAUST

Der Tag graut! Liebchen! Liebchen!

MARGARETE

Tag! Ja es wird Tag! der letzte Tag dringt herein;

Mein Hochzeittag sollt' es sein!

Sag Niemand daß du schon bei Gretchen warst.

⌈Weh meinem Kranze!⌉

Es ist eben geschehn!

Wir werden uns wiedersehn;

Aber nicht beim Tanze.

Die Menge drängt sich, man hört sie nicht.

Der Platz, die Gassen

Können sie nicht fassen.

Die Glocke ruft, ⌈das Stäbchen bricht⌉.

Wie sie mich binden und packen!

⌈Zum Blutstuhl bin ich schon entrückt.⌉

Schon zuckt* nach jedem Nacken

Die Schärfe* die nach meinem zückt.

Stumm liegt die Welt wie das Grab!

macht
eine rasche
Bewegung

Metonymie:
das scharfe
Richtschwert

FAUST

   ⌐O wär' ich nie geboren!⌐

MEPHISTOPHELES *erscheint draußen.*

   Auf! oder ihr seid verloren.

   Unnützes Zagen*! Zaudern und Plaudern!

   Meine Pferde schaudern*,

   Der Morgen dämmert auf.

MARGARETE

   Was steigt aus dem Boden herauf?

   Der! der! Schick' ihn fort!

   Was will der an dem heiligen Ort?

   Er will mich!

FAUST

          Du sollst leben!

MARGARETE

   Gericht Gottes! Dir hab' ich mich übergeben!

MEPHISTOPHELES zu *Faust*

   Komm! komm! Ich lasse dich mit ihr im Stich.

MARGARETE

   Dein bin ich Vater! Rette mich!

   Ihr Engel! Ihr heiligen Scharen,

   Lagert euch umher, mich zu bewahren!

   Heinrich! Mir graut's vor dir.

MEPHISTOPHELES

   Sie ist gerichtet!

STIMME *von oben*

          Ist gerettet!

MEPHISTOPHELES *zu Faust*

               Her zu mir!

   Verschwindet mit Faust.

STIMME *von innen, verhallend*

   Heinrich! Heinrich!

ängstliches
Zaudern

schütteln sich

Anhang

Vergleichsszenen aus *Faust. Frühe Fassung*

Nacht.

In einem hochgewölbten engen gothischen Zimmer.
<u>Faust</u> unruhig auf seinem Sessel am Pulten

Hab nun ach die Philosophey
Medizin und Juristerey,
Und leider auch die Theologie
Durchaus studirt mit heisser Müh.
5 Da steh ich nun ich armer Tohr.
Und bin so klug als wie zuvor.
Heisse Docktor und Professor gar
Und ziehe schon an die zehen Jahr
Herauf herab und queer und krum
10 Meine Schüler an der Nas herum
Und seh daß wir nichts wissen können,
Das will mir schier das Herz verbrennen.
Zwar bin ich gescheuter als alle die Laffen
Docktors, Professors, Schreiber und Pfaffen
15 Mich blagen keine Skrupel noch Zweifel
Fürcht mich weder vor Höll noch Teufel.
Dafür ist mir auch all Freud entrissen
Bild mir nicht ein was rechts zu wissen
Bild mir nicht ein ich könnt was lehren
20 Die Menschen zu bessern und zu bekehren,
Auch hab ich weder Gut noch Geld
Noch Ehr und Herrlichkeit der Welt.
Es mögt kein Hund so länger leben
Drum hab ich mich der Magie ergeben
25 Ob mir durch Geistes Krafft und Mund
Nicht manch Geheimniß werde kund.

Daß ich nicht mehr mit sauren Schweis
Rede von dem was ich nicht weis.
Daß ich erkenne was die Welt
Im innersten zusammenhält
Schau alle Würkungskrafft und Saamen
Und thu nicht mehr in Worten kramen.

3

KONKORDANZ-ZEILE:
Faust. Frühe Fassung, v. 1-32 entspricht (≈) *Faust 1*, v. 354-385

Mephistopheles im Schlafrock eine grose
Perrücke auf. **Student**.

Student.

Ich bin alhier erst kurze Zeit,
Und komme voll Ergebenheit
Einen Mann zu sprechen und zu kennen
Den alle wir mit Ehrfurcht nennen.

Mephistopheles

Eure Höflichkeit erfreut mich sehr,
Ihr seht einen Mann wie andre mehr.
Habt ihr euch hier schon umgethan.

Student

Ich bitt euch nehmt euch meiner an.
Ich komm mit allem gutem Muth,
Ein leidlich Geld und frischem Blut.
Meine Mutter wollt mich kaum entfernen,
Mögte gern was rechts hier aussen lernen.

Meph:

Da seyd ihr eben recht am Ort.

Student

Aufrichtig! Mögt schon wieder fort!
Sieht all so trocken ringsum aus
Als säs Heishunger in iedem Haus.

Meph:

Bitt euch! dran euch nicht weiter kehrt,
Hier alles sich vom Studenten nährt.
Doch erst, wo werdet ihr logiren?
Das ist ein Hauptstück!

z. 249-62 ≈ v. 1868-81 | z. 263-68 nur hier

Student

Wolltet mich führen*
Bin warrlich ganz ein irres Lamm.
Mögt gern das gute so allzusamm,
Mögt gern das böse mir all vom Leib,
Und Freyheit, auch wohl Zeitvertreib,
Mögt auch dabey studiren tief,
Dass mirs über Kopf und Ohren lief!
O Herr helft dass meiner Seel
Am guten Wesen nimmer fehl.

Mephis: krazt sich.

Kein Logie habt ihr? wie ihr sagt.

Student.

Hab noch nicht 'mal darnach gefragt.
Mein Wirthshaus nährt mich leidlich gut,
Feines Mägdlein drinn aufwarten thut.

Meph:

Behüte Gott das führt euch weit!
Caffee und Billard! Weh dem Spiel!
Die Mägdlein ach sie geilen viel!
Vertripplistreichelt eure Zeit.
Dagegen sehn wirs leidlich gern,
Dass alle Studiosi nah und fern
Uns wenigstens einmal die Wochen
Kommen untern Absaz gekrochen.
Will einer an unserm Speichel sich lezzen
Den thun wir zu unsrer Rechten sezzen.

Student.

Mir wird ganz greulich vorm Gesicht!

Meph:

Das schadt der guten Sache nicht.

---

* *Gegen die Handschrift als 2. Halbvers von 268 zu lesen (Reimordnung!)*

z. 269-92 nur hier

Dann fordersamst mit dem Logie
Wüßt ich euch wohl nichts bessers hie,
Als geht zu Frau Sprizbierlein morgen
Weis Studiosos zu versorgen.
Hats Haus von oben bis unten voll,
Und versteht weidlich was sie soll.
Zwar Noes Arche war saubrer gefacht,
Doch ists einmal so hergebracht.
Ihr zahlt was andre vor euch zahlten
Die ihren Nahm aufs –Haus* mahlten.

                    Student.
Wird mir fast so eng um's Herz herum
Als zu Haus im Colegium.

                    Meph:
Euer Logie wär nun bestellt.
Nun euren Tisch für leidlich Geld!

                    Student.
Mich dünkt das gäb sich alle nach,
Wer erst von Geists Erweitrung sprach!

                    Meph:
Mein Schatz! das wird euch wohl verziehn,
Kennt nicht den Geist der Akademien.
Der Mutter Tisch müßt ihr vergessen,
Klar Wasser geschiedne Butter fressen.
Statt Hopfen Keim und iung Gemüs,
Geniessen mit Dank Brennesseln süs,
Sie thun einen Gänse stuhlgang treiben,
Aber eben drum nicht bass bekleiben,
Hammel und Kalb kühren ohne End,
Als wie unsers Herr Gotts Firmament.

------

* ›Anstandsstrich‹ als Auslassungszeichen (wohl der Schreiberin)
für Scheiß-

z. 293-318 nur hier

[Studierzimmer]   209

Doch zahlend wird von euch ergänzt
Was Schwärmerian vor euch geschwänzt.
Müsst euren Beutel wohl versorgen,
Besonders keinem Freunde borgen
Aber redlich zu allen Maalen
Wirth, Schneider und Professor zahlen.

Student.

Hochwürdger Herr das findet sich.
Aber nun bitt ich leitet mich!
Mir steht das Feld der Weisheit offen,
Wäre gern so grade zu geloffen,
Aber sieht drinn so bunt und kraus
Auch seitwärts wüst und trocken aus
Fern thät sich's mir vor die Sinnen stellen,
Als wie ein Tempe voll frischer Quellen.

Meph:

Sagt mir erst eh ihr weiter geht,
Was wählt ihr für eine Fakultät?

Student

Soll zwar ein Mediziner werden,
Doch wünscht ich rings von aller Erden,
Von allem Himmel und all Natur,
So viel mein Geist vermögt zu fassen.

Meh:

Ihr seyd da auf der rechten Spur,
Doch müßt ihr euch nicht zerstreuen lassen
Mein theurer Freund ich rath euch drum,
Zuerst Collegium Logikum.
Da wird der Geist euch wohl dressirt,
In Spansche Stiefeln eingeschnürt,
Dass er bedächtger so fort an
Hinschleiche die Gedanken Bahn.
Und nicht etwa die Kreuz und Queer

z. 319-32 nur hier | z. 333-34 ≈ v. 1896-97 | z. 335 nur hier |
z. 336-40 ≈ v. 1898-1903 | z. 341-47 ≈ v. 1910-16

Anhang: *Faust. Frühe Fassung*

Irrlichtelire den Weeg daher.
Dann lehret man euch manchen Tag,
Daß was ihr sonst auf Einen Schlag
Getrieben wie Essen und trinken frey,
Eins! Zwey! Drey! dazu nöthig sey.
Zwar ists mit der Gedanken Fabrick
Wie mit einem Weber Meisterstück,
Wo ein Tritt tausend Fäden regt
Die Schifflein rüber hinüber schiessen
Die Fäden ungesehen fliessen.
Ein Schlag tausend Verbindungen schlägt.
Der Philosoph der tritt herein
Und beweist euch es müßt so seyn.
Das erst wär so, das zweyte so
Und drum das dritt und virte so.
Und wenn das erst und zweyt nicht wär
Das dritt und viert wär nimmermehr.
Das preisen die Schüler aller Orten
Sind aber keine Weber worden.
Wer will was lebigs erkennen und beschreiben,
Muß erst den Geist herauser treiben,
Dann hat er die Theil in seiner Hand,
Fehlt leider nur das geistlich Band.
Encheiresin naturae nennts die Chimie!
Bohrt sich selbst einen Esel und weis nicht wie.

Student

Kann euch nicht eben ganz verstehen.

Meph:

Das wird nächstens schon besser gehen.
Wenn ihr lernt alles reduziren,
Und gehörig klassifiziren.

Student.

Mir wird von allem dem so dumm

z. 348-77 ≈ v. 1917-46

Als ging mir ein Mühlrad im Kopf herum.

                    Meph:
Nachher vor allen andern Sachen
Müßt ihr euch an die Metaphisick machen,
Da seht daß ihr tiefsinnig fasst,
Was in des Menschen Hirn nicht passt,
Für was drein geht und nicht drein geht,
Ein prächtig Wort zu Diensten steht.
Doch vorerst dieses halbe Jahr
Nehmt euch der besten Ordnung wahr.
Fünf Stunden nehmt ihr ieden Tag,
Seyd drinne mit dem Glockenschlag.
Habt euch zu Hause wohl preparirt,
Paragraphos wohl einstudirt.
Damit ihr nachher besser seht
Dass er nichts sagt als was im Buche steht.
Doch euch des Schreibens ia befleisst,
Als dicktirt euch der heilig Geist.

                    Student.
Verzeiht ich halt euch auf mit vielen Fragen
Allein ich muß euch noch bemühn.
Wollt ihr mir von der Medizin,
Nicht auch ein kräfftig Wörtgen sagen!
Drey Jahr ist eine kurze Zeit,
Und Gott das Feld ist gar zu weit.
Wenn man ein' Fingerzeig nur hat
Lässt sichs schon ehe weiter fühlen.

              Meh:/: vor sich :/
Bin des Professor Tons nun satt,
Will wieder einmal den Teufel spielen.

                /: laut :/
Der Geist der Medizin ist leicht zu fassen,
Ihr durchstudirt die gros und kleine Welt,

z. 378-94 ≈ v. 1947-63 | z. 395-406 ≈ v. 2001-12

Um es am Ende gehn zu lassen
Wie's Gott gefällt.
Vergebens daß ihr ringsum wissenschafftlich schweift,
Ein ieder lernt nur was er lernen kann.
Doch der den Augenblick ergreift,
Das ist der rechte Mann.
Ihr seyd noch ziemlich wohl gebaut,
An Kühnheit wirds euch auch nicht fehlen,
Und wenn ihr euch nur selbst vertraut
Vertrauen euch die andern Seelen.
Besonders lernt die Weiber führen
Es ist ihr ewig Weh und Ach
So tausendfach,
Aus Einem Punckte zu kuriren.
Und wenn ihr halbweeg ehrbaar thut,
Dann habt ihr sie all unterm Hut.
Ein Titel muß sie erst vertraulich machen,
Dass eure Kunst viel Künste übersteigt
Zum Willkomm tappt ihr dann nach allen Siebensachen,
Um die ein andrer viele Jahre streicht.
Versteht das Pülslein wohl zu drücken,
Und fasset sie mit feurig schlauen Blicken,
Wohl um die schlanke Hüfte frey
Zu sehn wie fest geschnürt sie sey.
                    Student.
Das sieht schon besser aus als die Philosophie.
                    Meh:
Grau, theurer Freund, ist alle Theorie
Und grün des Lebens goldner Baum.
                    Student.
Ich schwör euch zu mir ists als wie ein Traum.
Dürft ich euch wohl ein andermal beschweeren,
Von eurer Weisheit auf den Grund zu hören.

z. 407-36 ≈ v. 2013-42

Meph:
Was ich vermag soll gern geschen
Student.
Ich kann ohnmöglich wieder gehn,
Ich muß euch noch mein Stammbuch überreichen,
Gönn eure Gunst mir dieses Zeichen.
Meph:
Sehr wohl.
/: er schreibt und giebts :/
Student /: liest :/
Eritis sicut Deus scientis* bonum et malum.
/: machts ehrbietig zu und empfielt sich :/
Meph:
Folg nur dem alten Spruch von meiner Muhme der
Schlange,
Dir wird gewiss einmal bey deiner Gottähnlichkeit bange.

---

* *Faust I, v. 2048 richtig:* SCIENTES

Z. 437-44 ≈ V. 2043-50

Auerbachs Keller in Leipzig.

Zeche lustiger Gesellen

Frosch

Will keiner sauffen keiner lachen!
Ich werd euch lehren Gesichter machen!
Ihr seyd ia heut wie nasses Stroh
Und brennt sonst immer lichterloh.

Brander

Das liegt an dir, du bringst ia nichts herbey,
Nicht eine Dummheit, keine Sauerey.

Frosch /: gießt ihm ein Glas
Wein übern Kopf :/

Da hast du beides!

Brander

Esel! Schwein!

Frosch

Muß man mit euch nicht beydes seyn.

Siebel.

Drey Teufel! ruht! und singt runda! und drein gesoffen
drein gekrischen. Holla he! Auf! He da!

Alten.

Baumwolle her! der sprengt uns die Ohren.

Siebel

Kann ich davor dass das verflucht niedrige Gewölbe so
wiederschallt. Sing.

Frosch.

A! Tara! Tara! lara! di! – Gestimmt ist! Und was nun

Das liebe heilge römsche Reich
Wie hälts nur noch zusammen.

Brander.

Pfuy ein garstig Lied! Ein politisch Lied, ein leidig Lied

---

z. 445-52 ≈ v. 2073-80 | z. 1-9 ≈ (mit erheblichen Abweichungen) v. 2081-92

Dankt Gott dass euch das heilige römische Reich nichts
angeht. Wir wollen einen Papst wählen.

Frosch

> Schwing dich auf Frau Nachtigall
> Grüs mein Liebgen zehntausendmal.

Siebel.

Wetter und Todt. Grüs mein Liebgen! – Eine Hammel-
mauspastete mit gestopften dürren Eichenblättern vom
Blocksberg, durch einen geschundnen Haasen mit dem
Hahnenkopf überschickt, und keinen Grus von der Nach-
tigall. Hatt sie mich nicht – Meinen Stuz bart und alle Ap-
partinenzien hinter die Thüre geworfen wie einen stumpf-
fen Besen, und das um – drey Teufel! Keinen Grus sag ich
dir als die Fenster eingeschmissen

Frosch /: den Krug auf den
Tisch stossend :/

Ruh iezt! – Ein neu' Lied Kammeraden, ein alt Lied wenn
ihr wollt! – Aufgemerkt und den Rundreim mit gesungen.
Frisch und hoch auf! –

> Es war ein Ratt im Keller Nest,
> Lebt nur von Fett und Butter,
> Hätt sich ein Ränzlein angemäst
> Als wie der – – – – *
> Die Köchin hätt ihr Gift gestellt
> Da wards so eng ihr in der Welt,
> Als hett sie Lieb im Leibe!

Chorus iauchzend

> Als hett sie Lieb im Leibe.

Frosch

> Sie fuhr herum sie fuhr her aus
> Und soff aus allen Pfüzzen,

---

* *Faust I, v. 2129:* Doktor Luther.

z. 10 ≈ v. 94 | z. 11 ≈ v. 2098 | z. 12-13 ≈ v. 2101-02 | z. 14-20 nur hier |
z. 20-21 ≈ v. 2117-18 | z. 22-34 ≈ v. 2124-35

Zernagt zerkrazt das ganze Haus,
Wollt nichts ihr Wüten nützen.
Sie thät so manchen Aengstesprung
Bald hätt das arme Tier genung,
Als hett es Lieb im Leibe.
                    Chorus
Als hett es Lieb im Leibe
                    Frosch
Sie kam vor Angst am hellen Tag
Der Küche zu gelaufen,
Fiel an den Heerd und zuckt und lag
Und thät erbärmlich schnauffen.
Da lachte die Vergifftrinn noch:
Ha sie pfeift auf dem lezten Loch
Als hett sie Lieb im Leibe.
                    Chorus
Als hett sie Lieb im Leibe.
                    Siebel.
Und eine hinlängliche Portion Rattenpulver der Köchin in
die Suppe. Ich bin nit mitleidig, aber so eine Ratte könnte
einen Stein erbarmen.
                    Brander
Selbst Ratte! Ich mögte den Schmeerbauch so am Heerde
sein Seelgen ausblasen sehn!
                    Faust, Mephistopheles.
                    Meph:
Nun schau wie sie's hier treiben! Wenn dirs gefällt, derglei-
chen Sozietät schaff ich dir Nacht nächtlich
                    Faust
Guten Abend ihr Herren
                    Alle
Grosen Dank!

z. 35-48 ≈ v. 2145-2149 | z. 49-53 ≈ (mit erheblichen Abweichungen)
v. 2150-57 | z. 54-55 nur hier | z. 56-57 ≈ v. 2183

Siebel

Wer ist der Storcher da!

Brander.

Still! das ist was vornehmes inkognito, sie haben so was unzufriednes böses im Gesicht.

Siebel

Pah! Commödianten wenns hoch kommt.

Meph: /: leise :/

Merks! den Teufel vermuthen die Kerls nie so nah er ihnen immer ist.

Frosch.

Ich will 'en die Würme schon aus der Nase ziehn, wo sie herkommen! – Ist der Weeg von Rippach herüber so schlimm, dass ihr so tief in die Nacht habt reisen müssen.

Faust.

Wir kommen den Weeg nit

Frosch.

Ich meinte etwa ihr hättet bey den berühmten Hans drüben zu Mittag gespeißt

Faust.

Ich kenn ihn nicht.

/: die andern lachen :/

Frosch.

O er ist von altem Geschlecht. Hat eine weitläufige Familie.

Meph:

Ihr seyd wohl seiner Vettern einer.

Brander /: leise zu Frosch :/

Stecks ein! der versteht den Rummel.

Frosch.

Bey Wurzen ists fatal, da muß man so lang auf die Fähre manchmal warthen.

---

z. 58 nur hier | z. 59-60 ≈ v. 2177-78 | z. 61 ≈ v. 2179 | z. 62-63 ≈ v. 2181-2182 | z. 64 ≈ (mit erheblichen Abweichungen) v. 2176 | z. 65-73 ≈ (mit erheblichen Abweichungen) v. 2189-95 | z. 74-75 nur hier

Faust.

So!

Siebel /: leise :/

Sie kommen aus dem Reiche man siehts 'en an. Lasst sie
nur erst fidel werden. – Seyd ihr Freunde von einen herz-
haften Schluck! Herbey mit euch.

Meph:

Immer zu. /: sie stoßen an und trinken :/

Frosch.

Nun Herrn ein Liedgen. Für einen Krug ein Liedgen, das ist
billig.

Faust

Ich habe keine Stimme.

Meph:

Ich sing eins für mich, zwey für meinen Cammeraten, hundert wenn ihr wollt, wir kommen aus Spanien wo
Nachs*so viel Lieder gesungen werden als Sterne am Himmel stehn.

Brander

Das verbät ich mir, ich hasse das Geklimpere, ausser wenn
ich einen Rausch habe, und schlafe daß die Welt unterge-
hen dürfte. – Für kleine Mädgen ists so was die nit schlafen
können, und am Fenster stehen Monden Kühlung einzu-
suckeln.

Meph:

Er**war einmal ein König
Der hett einen grosen Floh!

Siebel

Stille! Horch! Schöne Rarität! schöne Liebhaberey!

---

* *Schreibfehler für* Nachts
** *Faust I, v.* 2211: Es

   z. 76-84 nur hier | z. 85-87 ≈ (mit erheblichen Abweichungen) v. 2205-06 |
   z. 88-92 nur hier | z. 93-95 ≈ (mit erheblichen Abweichungen) v. 2207-09

Frosch.

Noch ein mahl.

Meph:

Es war einmal ein König
Der hett einen grosen Floh
Den liebt er gar nit wenig
Als wie sein eignen Sohn,
Da rief er seinen Schneider,
Der Schneider kam heran:
Da mess den Junker Kleider
Und meß ihm Hosen an.

Siebel

Wohl gemeßen! Wohl! /: sie schlagen in ein Gelächter aus :/ Daß sie nur keine Falten werfen!

Meph:

In Sammet und in Seide
War er nun angethan
Hätte Bänder auf dem Kleide
Hätt auch ein Kreutz daran.
Und war so gleich Minister
Und hätt einen grosen Stern,
Da wurden sein Geschwister
Bey Hof auch grose Herrn.
Und Herrn und Fraun am Hofe
Die waren sehr geplagt,*
Und durften sie nicht knicken,
Und weg sie jagen nicht
Wir knicken und ersticken
Doch gleich wenn einer sticht.

Chorus, iauchzend :/

---

* *Faust I folgt v. 2253 f.:* Die Königin und die Zofe | Gestochen und genagt,

z. 93-108 ≈ (mit erheblichen Abweichungen) v. 2210-24 |
z. 109-20 ≈ v. 2223-38

Anhang: *Faust. Frühe Fassung*

Wir kniken und ersticken
Doch gleich wenn einer sticht.
Alle durch einander.
Bravo! Bravo! Schön und trefflich! Noch eins! Noch ein
paar Krüg. Noch ein paar Lieder.
Faust.
Meine Herren! Der Wein geht an! Geht an wie in Leipzig
die Weine alle angehn müssen. Doch dünckt mich ihr wür-
det erlauben daß man euch aus einem andern Fasse zapfte.
Siebel
Habt ihr einen eignen Keller? Handelt ihr mit Weinen? Seid
ihr vielleicht von denen Schelmen aus 'm Reich? –
Alten.
Wart ein bissgen! /: ersteht auf :/ Ich hab so eine Probe,
ob ich weiter trinken darf. /: Er macht die Augen zu und
steht eine Weile :/ Nun! nun! das Köpfgen schwanckt
schon!
Siebel
Pah! eine Flasche! Ich wills vor Gott verantworten und vor
deiner Frauen. Euren Wein!
Faust.
Schafft mir einen Bohrer.
Frosch
Der Wirth hat so ein Körbel mit Werckzeug in der Ecke
stehn.
Faust. nimmt den Bohrer
Gut! Was verlangt ihr für Wein?
Frosch
He!
Faust
Was für ein Gläsgen mögtet ihr trinken? Ich schaffs euch!

z. 121-23 ≈ v. 1238-41 | z. 124-35 nur hier |
z. 136-41 ≈ (mit erheblichen Abweichungen) v. 2257-62

Frosch.

He! He! So ein Glas Reinwein ächten Nierensteiner.

Faust

Gut! /: er bohrt in den Tisch an Froschens Seite :/ Nun schafft Wachs!

Alten

Da ein Kerzenstümpfgen.

Faust

So! /: er stopft das Loch :/ Halt iezzo! – und ihr?

Siebel

Muskaten Wein! Spanischen Wein sonst keinen Tropfen. Ich will nur sehn wo das hinaus läufft.

Faust /: bohrt und ver-
stopft :/.

Was beliebt euch?

Alten

Rothen Wein! Einen Französchen! – Die Franzosen kann ich nicht leiden, so grosen Respeckt ich vor ihren Wein hab.

Faust /: wie oben :/

Nun was schafft ihr?

Brander

Hält er uns für'n Narren?

Faust

Schnell Herr nennt einen Wein!

Brander

Tockayer denn! – Soll er doch nicht aus dem Tische laufen!

Faust.

Stille iunger Herr! – Nun aufgeschaut! Die Gläser unterge-halten. Jeder ziehe den Wachspfropfen heraus! Dass aber kein Tropfen an die Erde fällt, sonst giebts ein Unglük!

Alten

Mir wirds unheimlich. Der hat den Teufel.

z. 141-55 ≈ (mit erheblichen Abweichungen) v. 2262-76 |
z. 156-59 ≈ (mit erheblichen Abweichungen) v. 2290-93

Faust

Ausgezogen!

> /: Sie ziehn die Pfropfen, iedem läuft der verlangte
> Wein in's Glas :/

Faust

Zugestopft! Und nun versucht!

Siebel

Wohl! trefflich wohl!

Alle

Wohl! Majestatisch wohl! – Willkommner Gast.

>> /: sie trinken wiederhohlt :/

Meph:

Sie sind nun eingeschifft.

Faust

Gehn wir!

Meph:

Noch ein Moment.

Alle singen.

> Uns ist gar kannibalisch wohl
> Als wie fünfhundert Säuen!

/: Sie trinken wiederholt, Siebel lässt den Pfropf fallen, es fliest auf die Steine und wird zur Flamme die an Siebeln hinauf lodert :/

Siebel.

Hölle und Teufel!

Brander

Zauberey! Zauberey!

Faust

Sagt ichs euch nicht.

> /: er verstopft die Oeffnung und spricht einge
> Worte, die Flamme flieht :/

z. 160-71 ≈ (mit erheblichen Abweichungen) v. 2294-2300

Siebel.

Herr und Satan! – Meynt er, er dürft in ehrliche Gesell-
schafft sich machen und sein Höllisches Hokuspokus treiben.

Faust

Stille Mastschwein!

Siebel.

Mir Schwein! Du Besenstil! Brüder! Schlagt ihn zusammen! Stost ihn nieder! /: sie ziehn die Messer :/ Ein Zauberer ist Vogelfrey! Nach den Reichsgesetzen Vogelfrey.
/: Sie wollen über Fausten her, er winckt, sie stehn in fro-
hem Erstaunen auf einmal und sehn einander an :/

Siebel

Was seh ich! Weinberge!

Brander

Trauben um diese Jahrs zeit.

Alten

Wie reif! Wie schön!

Frosch

Halt das ist die schönste! /: sie greifen zu, kriegen einander bey den Nasen, und heben die Messer :/

Faust.

Halt! – Geht und schlaft euren Rausch aus!

    /: Faust und Meph: ab. Es gehen ihnen die Augen
auf; sie fahren mit Geschrey aus einader* :/

Siebel

Meine Nase! War das deine Nase? Waren das die Trauben?
Wo ist er?

Brander

Fort! Es war der Teufel selbst.

Frosch

Ich hab ihn auf einem Fasse hinaus reiten sehn

---

* *Faust I, nach v.* 2321*:* aus einander.

z. 172-87 ≈ (mit erheblichen Abweichungen) v. 2306-30

Alten

Hast du! Da ist gewiß auf den Marckt nit sicher – Wie
kommen wir nach Hause.

Brander

Siebel geh zu erst!

Siebel

Kein Narr!

Frosch

Kommt wir wecken die Häscher unterm Rathaus, für ein
Trinck geld thun die wohl ihre Schuldigkeit. Fort!

Siebel

Sollte wohl der Wein noch laufen.

/: er visitirt die Pfropfen :/

Alten

Bildt dirs nicht ein! Trocken wie Holz!

Frosch

Fort ihr Bursche! Fort!

/: alle ab :/

z. 188-96 nur hier

Gretgens Stube.

Gretgen am Spinn rocken allein.

Meine Ruh ist hin
Mein Herz ist schweer
Ich finde sie nimmer
Und nimmer mehr.

Wo ich ihn nicht hab   1
Ist mir das Grab,
Die ganze Welt
Ist mir vergällt.

Mein armer Kopf
Ist mir verrückt,   1
Mein armer Sinn
Ist mir zerstückt.

Meine Ruh ist hin
Mein Herz ist schweer
Ich finde sie nimmer   1
Und nimmermehr.

Nach ihm nur schau ich
Zum Fenster hinaus
Nach ihm nur geh ich
Aus dem Haus.   1

Sein hoher Gang
Sein edle Gestalt
Seines Mundes Lächlen
Seiner Augen Gewalt

z. 1066-1090 ≈ v. 3374-98

Und seiner Rede
Zauberfluss
Sein Händeduck*
Und ach sein Kuss.

Meine Ruh ist hin
Mein Herz ist schweer
Ich finde sie nimmer
Und nimmer mehr.

Mein Schoos! Gott! drängt
Sich nach ihm hin
Ach dürft ich fassen
Und halten ihn

Und küssen ihn
So wie ich wollt
An seinen Küssen
Vergehen sollt.

---

* *Faust I, v. 3400:* Händedruck,

z. 1091-1105 ≈ v. 3398-3413

Kerker.

Faust mit einem Bund Schlüssel und einer Lampe
an einem eisernen Türgen.
Es fasst mich längst verwohnter Schauer. Inneres Grauen
der Menschheit. Hier! Hier! – Auf! – Dein Zagen zögert
den Todt heran!
/: er fasst das Schloss es singt innwendig :/

> Meine Mutter die Hur
> Die mich umgebracht hat   5
> Mein Vater der Schelm
> Der mich gessen hat
> Mein Schwesterlein klein
> Hub auf die Bein
> An einen kühlen Ort,   1
> Da ward ich ein schönes Waldvögelein
> Fliege fort! Fliege fort!

Faust /: zittert wankt ermannt sich und schließt auf, er
hört die Ketten klirren und das Stroh rauschen :/

Margarethe /: sich verbergend auf
ihrem Lager :/
Weh! Weh! sie kommen. Bittrer Todt!
Faust / leise :/
Still! Ich komme dich zu befreyn. /: erfasst ihre Ketten sie
aufzuschliessen :/
Marg: /: wehrend :/
Weg! Um Mitternacht! Hencker ist dir's morgen frühe   1
nicht zeitig gnug.
Faust
Lass!

z. 1-17 ≈ v. 4405-24

Marg: /: walzt sich vor ihn hin :/
Erbarme dich mein und laß mich leben! Ich bin so iung, so
iung, und war schön und bin ein armes iunges Mädgen.
Sieh nur einmal die Blumen an, sieh nur einmal die Kron.
Erbarme dich mein! Was hab ich dir gethan? Hab dich
mein Tage nicht gesehn.

Faust.
Sie verirrt und ich vermags nicht.

Marg:
Sieh das Kind! Muss ich's doch tränken. Da hatt ich's
eben! Da! Ich habs getränckt! Sie nahmen mirs, und sagen
ich hab es umgebracht, und singen Liedger auf mich! – Es
ist nicht wahr – es ist ein Märgen das sich so endigt, es ist
nicht auf mich daß Sie's singen.

Faust /: der sich zu ihr hinwirft :/
Gretgen!

Margr: / die sich aufreist :/
Wo ist er! Ich hab ihn rufen hören! er rief Gretgen! Er rief
mir! Wo ist er! Ach durch all das Heulen und Zähnklappen
erkenn ich ihn, er ruft mir: Gretgen! /: Sich vor ihm nie-
derwerfend :/ Mann! Mann! Gieb mir ihn schaff mir ihn!
Wo ist er!

Faust /: erfasst sie wütend um
den Hals :/
Meine Liebe! Meine Liebe!

Margr:
/: sinckt ihr Haupt in seinen Schoos verbergend :/

Faust
Auf meine Liebe! Dein Mörder wird dein Befreyer. Auf! –
/: Er schliesst über ihrer Betäubung die Arm Kette auf :/
Komm, wir entgehen den schröcklichen Schicksaal.

Margr /: angelehnt :/
Küsse mich! Küsse mich!

z. 18-34 ≈ (mit erheblichen Abweichungen) v. 4425-69 |
z. 35-37 nur hier | z. 38 ≈ (mit erheblichen Abweichungen) v. 4481

Faust

Tausendmal! Nur eile Gretgen eile!

Margr:

Küsse mich! Kannst du nicht mehr küssen? Wie! Was! Bist 40
mein Heinrich und hast's Küssen verlernt! Wie sonst ein
ganzer Himmel mit deiner Umarmung gewaltig über mich
eindrang. Wie du küsstest als wolltest du mich in wollüsti-
gem Todt ersticken. Heinrich küsse mich, sonst küss ich
dich /: sie fällt ihn an :/ Weh! deine Lippen sind kalt! 45
Todt! Antworten nicht!

Faust

Folge mir, ich herze dich mit tausendfacher Glut. Nur
folge mir.

Margr: /: sie setzt sich und bleibt
eine Zeitlang stille :/

Heinrich bist du's?

Faust

Ich bin's. komm mit. 50

Margr:

Ich begreiffs nicht! Du? Die Fesseln los! Befreyst mich.
Wen befreyst du! Weist du's?

Faust.

Komm! Komm!

Margr:

Meine Mutter hab ich umgebracht! Mein Kind hab ich
ertränckt. Dein Kind! Heinrich! – Groser Gott im Himmel 55
soll das kein Traum seyn! Deine Hand Heinrich! – Sie ist
feucht – Wische sie ab ich bitte dich! Es ist Blut dran –
Stecke den Degen ein! Mein Kopf ist verrückt.

Faust.

Du bringst mich um.

Margr:

Nein du sollst überbleiben, überbleiben von allen. Wer 60

z. 38-60 ≈ (mit erheblichen Abweichungen) v. 4481-4515

sorgte für die Gräber! So in eine Reihe ich bitte dich, neben die Mutter den Bruder da! Mich dahin und mein Kleines an die rechte Brust. Gieb mir die Hand drauf du bist mein Heinrich.

Faust /: will sie weg ziehen :/

Fühlst du mich! Hörst du mich! komm ich bins ich befreye dich.

Margr:

Da hinaus.

Faust

Freyheit!

Margr:

Da hinaus! Nicht um die Welt. Ist das Grab draus, komm! Lauert der Todt! komm. Von hier in's ewige Ruhe Bett weiter nicht einen Schritt. Ach Heinrich könnt ich mit dir in alle Welt.

Faust.

Der Kerker ist offen säume nicht.

Margr:

Sie lauren auf mich an der Strase am Wald.

Faust.

Hinaus! Hinaus!

Margr:

Ums Leben nicht – Siehst du's zappeln! Rette den armen Wurm er zappelt noch! – Fort! geschwind! Nur übern Steg, gerad in Wald hinein links am Teich wo die Planke steht. Fort! rette! rette!

Faust

Rette! Rette dich!

Margr:

Wären wir nur den Berg vorbey, da sizzt meine Mutter auf einem Stein und wackelt mit dem Kopf! Sie winckt nicht sie nickt nicht, ihr Kopf ist ihr schweer. Sie sollt schlafen daß wir könnten wachen und uns freuen beysammen.

z. 61-84 ≈ (mit erheblichen Abweichungen) v. 4516-68

Faust.

/ : ergreifft sie und will sie wegtragen :/

Margr:

Ich schreye laut, laut dass alles erwacht.   8

Der Tag graut. O Liebgen! Liebgen!

Margr:

Tag! Es wird Tag! der lezte Tag! der Hochzeit Tag! – Sags
niemand dass du die Nacht vorher bey Gretgen warst. –
Mein Kränzgen! – Wir sehn uns wieder! – Hörst du die
Bürger schlürpfen nur über die Gassen! Hörst du! Kein   9
lautes Wort. Die Glocke ruft! – Krack das Stäbgen bricht! –
Es zuckt in iedem Nacken die Schärfe die nach meinem
zuckt! – Die Glocke hör.

Meph: erscheint.

Auf oder ihr seyd verlohren, meine Pferde schaudern, der
Morgen dämmert auf.   9

Marg:

Der! der! Lass ihn schick ihn fort! der will mich! Nein!
Nein! Gericht Gottes komm über mich, dein bin ich! rette
mich! Nimmer nimmermehr! Auf ewig lebe wohl. Leb
wohl Heinrich.

Faust. sie umfassend.

Ich lasse dich nicht!   1

Margr:

Ihr heiligen Engel bewahret meine Seele – mir grauts vor dir
Heinrich.

Meph:

Sie ist gerichtet! / : erverschwindet mit Faust, die Thüre
rasselt zu man hört verhallend :/

Heinrich! Heinrich!   1

z. 85-104 ≈ (mit erheblichen Abweichungen) v. 4568-4612

Kommentar

1. Die Geschichte des Faust-Stoffs vor Goethe

Über den historischen Faust wissen wir kaum mehr, als dass es
ihn gab. Gesichert sind nur wenige Dokumente: 1506 tritt er in
Gelnhausen als Magier auf und stellt Horoskope; 1520 erhält er
für ein Horoskop zehn Gulden durch den Bischof Georg III. von
Bamberg; 1528 wirft ihn der Rat von Ingolstadt aus der Stadt;
1532 darf er die Stadttore von Nürnberg nicht passieren; 1535
hält er sich in Münster auf. Der Rest ist unklar. Wir wissen nicht,
ob er Georg oder Johannes hieß, der Nachname wechselt zwischen Faust und der latinisierten Form Faustus. Er könnte 1480,
1481 oder 1466 geboren sein, in Knittlingen, aber auch in Roda
(Thüringen) oder in Helmstadt (Württemberg). Faust könnte
studiert haben, vielleicht in Heidelberg. Unklar bleibt, ob er
wirklich Magister oder Doktor war oder nur ein begabter Hoch-
stapler. Aufgrund einer durch chemische Experimente bewirk-
ten Explosion dürfte er 1540 oder 1541 in Staufen im Breisgau
gestorben sein. Davon berichtet um 1550 der Graf von Zimmern
in seiner Familienchronik:

> Es ist auch umb die zeit der Faustus zu oder doch nit weit von
> Staufen, dem stetlin im Breisgew, gestorben. Der ist bei seiner
> zeit ein wunderbarlicher nigromanta [Schwarzkünstler] ge-
> west, als er bei unsern zeiten hat mögen in deutschen landen
> erfunden werden, der auch sovil seltzamer hendel gehapt hin
> und wider, das sein in vil jaren nit leuchtlichen wurt vergessen
> werden. Ist ain alter mann worden und, wie man sagt, el-
> lengclichen [elend(iglich)] gestorben. Vil haben allerhandt
> anzeigungen und vermuetungen noch vermaint, der bös gaist,
> den er in seinen lebzeiten nur sein schwager genant, hab ine
> umbbracht. (Froben Christoph von Zimmern: *Zimmerische
> Chronik*, hg. v. Karl August Barack, 2., verb. Aufl. Freiburg
> u. Tübingen: Mohr, 1881, Bd. 3, S. 529 f.)

Am Anfang der zahllosen Gestaltungen des Faust-Stoffes in Literatur, Oper und bildender Kunst steht die *Historia Von D.
Johann Fausten / dem weitbeschreyten Zauberer vnnd
Schwartzkünstler / Wie er sich gegen dem Teuffel auff eine be-
nandte zeit verschrieben / Was er hierzwischen für seltzame*

*Historia Von
D. Johann
Fausten* (1587)

*Abenthewer gesehen / selbs angerichtet vnd getrieben / biß er
endtlich seinen wol verdienten Lohn empfangen. Mehrertheils
auß seinen eygenen hinderlassenen Schrifften / allen hochtragen-
den / fürwitzigen vnd Gottlosen Menschen zum schrecklichen
Beyspil / abscheuwlichen Exempel / vnd treuwhertziger Warnung zusammen gezogen / vnd in den Druck verfertiget.* Diese
Ausgabe erschien 1587 in Frankfurt am Main bei Johann Spies.
In ihr wird, wie es der zeittypisch ausführliche Titel dem poten-
tiellen Käufer ankündigt, für den schrecklichen Tod des historischen Faust, der bereits in der *Zimmerischen Chronik* mit dem
Verweis auf den bösen Geist in die religiöse Sagenbildung über-
gegangen war, erstmals der Teufelspakt als Erklärung geboten.
Das Motiv war der frühen Neuzeit aus der frühmittelalterlichen
Legende von Theophilus bekannt, der jedoch durch die Fürbit-
ten der Jungfrau Maria vor dem ewigen Tod gerettet werden
kann – wie später Goethes Faust am Ende von *Faust II.*

Die Handlung
der *Historia*
Die Handlung der *Historia* zerfällt in vier Teile: erst umfangrei-
che theologische Disputationen Fausts mit dem Teufel über Hölle und Himmel, dann Fausts Abenteuer als Astronom und Astrologe mit phantastischen Reisen durch die ganze Welt bis in die
Hölle und in den Himmel und anschließend eine lange Reihe
unverbundener schwankhafter Episoden, in denen der Zauberer
Faust im Mittelpunkt steht, und schließlich Fausts schreckliches
Ende.

Am Anfang gibt der überaus begabte D. [= Doktor] Faustus,
zum Spekulieren geneigt, die Theologie auf, wendet sich der
Magie zu und wird ein »Weltmensch«, der als Astrologe, Ma-
thematiker und Arzt durch die Welt zieht. Die Neugier treibt ihn,
Himmel und Erde bis aufs Letzte zu erforschen. Selbst der Teufel
ist Gegenstand seiner leichtfertigen Wissbegier. So beschwört er
den bösen Geist Mephostophiles, wie er noch bis ins 18. Jahrhundert heißen sollte, um mit ihm über kosmologisch-theolo-
gische Probleme wie die Erschaffung der Welt und den Aufbau
von Himmel und Erde zu disputieren. Am Ende schließt er mit
ihm einen Pakt, den er mit seinem eigenen Blut besiegelt. Darin
verpflichtet sich Faust, sich dem Teufel für alle Ewigkeit zu übergeben, nachdem dieser ihm 24 Jahre lang gedient hat:

Jch Johannes Faustus D. bekenne mit meiner eygen Handt
offentlich / zu einer Bestettigung / vnnd in Krafft diß Brieffs /
Nach dem ich mir fůrgenommen die Elementa zu speculie-
ren / vnd aber auß den Gaaben / so mir von oben herab be-
scheret / vnd gnedig mitgetheilt worden / solche Geschicklig-
keit in meinem Kopff nicht befinde / vnnd solches von den
Menschen nicht erlehrnen mag / So hab ich gegenwertigen
gesandtem Geist / der sich Mephostophiles nennet / ein Diener deß Hellischen Printzen in Orient / mich vntergeben /
auch denselbigen / mich solches zuberichten vnd zu lehren /
mir erwehlet / der sich auch gegen mir versprochen / in allem
vnderthenig vnnd gehorsam zuseyn. Dagegen aber ich mich
hinwider gegen jhme verspriche und verlobe / daß so 24.
Jahr / von Dato diß Brieffs an / herumb vnd fůrvber gelauf-
fen / er mit mir nach seiner Art vnd weiß / seines Gefallens /
zuschalten / walten / regieren / fůhren gut macht haben solle /
mit allem / es sey Leib / Seel / Fleisch / Blut vnd gut / vnd das in
sein Ewigkeit. Hierauff absage ich allen denen / so da leben /
allem Himmlischen Heer / vnd allen Menschen / vnd das muß
seyn. Zu festem Vrkundt vnnd mehrer Bekråfftigung / hab ich
disen Receß eigner Hand geschrieben / vnderschrieben / vnd
mit meinem hierfůr getrucktem eygen Blut / meines Sinns /
Kopffs / Gedancken vnnd Willen / verknůpfft / versiegelt vnd
bezeuget / etc.

Subscriptio /
          Johann Faustus / der Erfahrne der Elementen /
vnd der Geistlichen Doctor (*Historia*, S. 22 f.)

Das genüsslich ausgemalte Ende des Teufelsbeschwörers beweist
erzählend, was schon die »Vorred an den Christlichen Leser«
(*Historia*, S. 8) in aller Deutlichkeit ankündigt: »das schrecklich
Exempel D. Johann Fausti / was sein Zauberwerck fůr ein ab-
scheuwlich End genommen« (*Historia*, S. 12). Vor allem soll
»niemandt durch diese Historien zu Fůrwitz vnd Nachfolge [...]
gereitzt werden« (ebd.). Unter ›Fůrwitz‹ verstand man im älteren
Deutsch eine sich leichtfertig vorwagende Wissbegier, eine un-
statthafte Neugier, die mutwillige Übertretung der Grenzen, die

Gott dem menschlichen Wissen gesetzt hatte. Damit wird in Faust auch die sich in der Renaissance gerade etablierende neue Form der Wissenschaft angegriffen, die sich nicht mehr auf das überlieferte Buchwissen stützt, sondern auf die eigene Erfahrung, die durch Forschung in Form von Experimenten und Erkundungsreisen ständig gezielt erweitert wird und in dieser Zeit in Europa die Mosaiksteine für ein neues Weltbild liefert – und zugleich eines der Hauptthemen für die großen Faustdichtungen vom 16. Jahrhundert bis in die Gegenwart.

Erfahrungs-wissen vs. Buchwissen

Für die weitere literarische Ausgestaltung des Stoffes sind auch zwei Schwankszenen wichtig: der in der späteren Überlieferung in *Auerbachs Keller* zu Leipzig verlegte Weinzauber aus der Tischplatte und das von Goethe in der *Hexenküche* vorbereitete und in *Faust II* ausgestaltete Leben mit der schönen Helena.

Weinzauber

Der Weinzauber, er erscheint erstmals in einem Zusatz des Drucks von 1589, spielt in Erfurt. Dort pflegt sich Faust bei einem Stadtjunker und Liebhaber der Schwarzkunst, der das in der Schlossergasse gelegene Haus zum Anker bewohnt, aufzuhalten und bisweilen größere Gastlichkeiten auszurichten, bei denen er auch seine Zauberkünste demonstriert. Als Faust eines Tages beim Kaiser in Prag weilt, vermissen ihn seine Erfurter Freunde und wünschen ihn im Scherz herbei. Unvermittelt steht Faust tatsächlich vor der Tür, er müsse aber am andern Tag wieder in Prag sein.

> Darauff legten sie jhme für zu essen / vnd truncken weidlich auf jhn zu / biß er ein guten Rausch bekômpt / da fehet [fängt] er an seine Bosserey [Possenspiele] mit jhnen zu vben / spricht ob sie nit môgen auch einen frembden Wein oder zween versuchen? Antworten sie / ja / darauff er weiter fraget / obs ein Rephal / Malvasier / Spanisch oder Französisch Wein sein sol / Gibt einer lachend zur Antwort / Sie sein alle gut. Bald fodert Faustus ein Bôhrer / fehet an auff die Seiten am Tischblat vier Lôcher nacheinander zu boren / stopfft Pflôcklin für / wie man die Zapffen oder Hane vor die Fasse zustecken pfleget / vnd heist jhm ein bahr frische Gleser bringen. Als diß geschehen / zeucht [zieht] er ein Pflôcklin nach dem andern / vnd lest eim jedern aus dem dürren Tischblate / gleich als aus vier Fassen / was vor ein Wein er fordert / vnter den obernan-

ten. Des wundern sich die Geste / lachen vnnd seind guter ding. (*Historia*, S. 158)

Die Feier geht fröhlich weiter, bis sich Faust morgens auf Mephostophiles, der ihm als geflügeltes Pferd dient, setzt und die Schlossergasse hinaufreitet, wo sich das Pferd, nachdem es drei, vier Häuser passiert hat, in die Luft schwingt und Faust zurück nach Prag trägt.

Das Helena-Kapitel ist das letzte aus der Schwank-Serie des dritten Teils, kurz vor dem Ende der 24-jährigen Frist, die Faust sich ausbedungen hat: Das Helena-Kapitel

> Darmit nun der elende Faustus seines Fleisches Lůsten genugsam raum gebe / fållt jm zu Mitternacht / als er erwachte / in seinem 23. verloffenen Jar / die Helena auß Grecia / so er vormals den Studenten am Weissen Sonntag erweckt hatt / in Sinn / Derhalben er Morgens seinen Geist anmanet / er solte jm die Helenam darstellen / die seine Concubina seyn môchte / welches auch geschahe / vnd diese Helena war ebenmåssiger Gestalt / wie er sie den Studenten erweckt hatt / mit lieblichem vnnd holdseligem Anblicken. Als nun Doct. Faustus solches sahe / hat sie jhm sein Hertz dermassen gefangen / daß er mit jhr anhube zu Bulen / vnd fůr sein Schlaffweib bey sich behielt / die er so lieb gewann / daß er schier kein Augenblick von jr seyn konnte / Ward also in dem letzten jar Schwangers Leibs von jme / gebar jm einen Son / dessen sich Faustus hefftig frewete / vnd jhn Iustum Faustum nennete. Diß Kind erzehlt D. Fausto vil zukůnfftige ding / so in allen Låndern solten geschehen. Als er aber hernach vmb sein Leben kame / verschwanden zugleich mit jm Mutter vnd Kindt. (*Historia*, S. 110)

Das erste Faust-Buch wird rasch populär und nachgedruckt, z. T. auch stark erweitert und verändert. Bei Georg Rudolf Widmann ist es 1599 bereits auf das Dreifache angewachsen, vermehrt v. a. um gelehrte Erläuterungen der theologischen und kirchengeschichtlichen Bezüge. Für Goethes *Faust* von Bedeutung ist die seit 1674 gedruckte Bearbeitung von Johann Nicolaus Pfitzer, in der Faust sich erstmals in ein schönes armes Mädchen verliebt. Dieses Motiv bleibt auch 1725 in der stark Nachdrucke des ersten Faust-Buchs gekürzten Fassung des ›Christlich Meinenden‹, wie sich der anonyme Autor auf dem Titelblatt selbst bezeichnet, erhalten.

Bedeutender jedoch wird das im 17., 18. und 19. Jahrhundert immer wieder in vielen Varianten aufgeführte Puppenspiel vom Doktor Faust, das Goethe schon als Kind auf den Frankfurter Messen kennengelernt hat und sogar in seinem eigenen Puppentheater nachspielen konnte. Diese Puppenspiele gingen nicht direkt auf die *Historia* zurück, sondern auf Christopher Marlowes († 1593) bereits um 1590 wohl auf der Grundlage einer englischen Übersetzung des deutschen Faust-Buchs entstandenen *Tragicall History of the Life and Death of Doctor Faustus*. Goethe lernte Marlowes Text selbst erst 1818 kennen. Er setzt bereits mit einem großen Monolog im Studierzimmer ein, in dem Faust sein Ungenügen an den Wissenschaften beklagt und sich der Magie zuwendet. Zwar wird Faust am Ende auch hier wie in der *Historia* vom Teufel geholt. Doch Marlowe führt ihn nicht mehr als abschreckendes theologisches Exempel vor, sondern macht ihn zu einer tragischen Figur, deren Sturz sein Mitleid gilt.

Den in Deutschland später zu einer Schaubudenfigur heruntergekommenen Faust hat erst Lessing (1729–1781) wieder für die anspruchsvolle Literatur entdeckt und damit eine Fülle von Faust-Dichtungen ausgelöst. Im 17. seiner *Briefe, die neueste Literatur betreffend* propagiert er 1759 das englische Theater als Vorbild für eine neu zu schaffende deutsche Schauspielkunst. Hier finde man »das Große, das Schreckliche, das Melancholische« (Gotthold Ephraim Lessing: Briefe, die neueste Literatur betreffend, in: ders., Werke, hg. v. Herbert G. Göpfert u. a., Bd. 5: Literaturkritik. Poetik und Philologie, München 1973, S. 30–329, hier S. 71). Insbesondere der geniale Shakespeare müsse unbedingt ins Deutsche übersetzt werden, um deutsche Dichter zu ebenso genialen Schöpfungen anzuregen. Es lohne sich aber auch ein Blick in die eigene Vergangenheit:

> Daß aber unsre alten Stücke wirklich sehr viel Englisches gehabt haben, könnte ich Ihnen mit geringer Mühe weitläufig beweisen. Nur das bekannteste derselben zu nennen; »Doctor Faust« hat eine Menge Szenen, die nur ein Shakespearesches Genie zu denken vermögend gewesen. Und wie verliebt war

<table>
<tr><td>Puppenspiel</td></tr>
<tr><td>Chr. Marlowe</td></tr>
<tr><td>G. E. Lessing</td></tr>
</table>

Deutschland, und ist es zum Teil noch, in seinen »Doctor Faust«! (S. 72 f.)

Lessing druckt dann einen mehrseitigen Ausschnitt seines eigenen Entwurfs ab und schließt mit der Frage »Was sagen Sie zu dieser Szene? Sie wünschen ein deutsches Stück, das lauter solche Szenen hätte? Ich auch!« (S. 73).

2. Die Entstehung von Goethes *Faust*

Die Entstehung von Goethes Faust-Dichtung umfasst beinahe sein ganzes Leben, von der ersten Bekanntschaft des Knaben mit dem *Puppenspiel vom Doktor Faust* in der Mitte des 18. Jahrhunderts bis zum Abschluss von *Faust II* kurz vor seinem Tod 1832. Dazwischen liegen etwa 75 Jahre, ein ganzes Menschenleben. Es ist unwahrscheinlich, dass ein solches Werk wie aus einem Guss wirkt und aus einem einzigen Grundgedanken heraus zu verstehen ist.

Vier Arbeits- phasen Im *Faust* haben sich vier verschiedene Schichten abgelagert, die jeweils einer eigenen Konzeption folgen: die älteste Fassung, deren erhaltene Szenen der kaum mehr als zwanzigjährige Sturm-und-Drang-Dichter vermutlich zwischen 1772 und 1775 niederschreibt; die Wiederaufnahme durch den knapp Vierzigjährigen 1787 in Italien und die Veröffentlichung der nicht zum Abschluss gebrachten Überarbeitung 1790 unter dem Titel *Faust. Ein Fragment*; die Vollendung von *Faust I* durch den Fünfzigjährigen zwischen 1797 und 1801, die aufgrund der Wirren der Napoleonischen Kriege erst 1808 gedruckt werden konnte. Um 1800 entstehen auch eine Planskizze für beide Teile und eine erste Vorarbeit zu *Faust II*, den der ganz alte Goethe zum allergrößten Teil zwischen 1825 und 1831 dichtet, also mit etwa 80 Jahren.

Phase 1: Urfaust Phase 1: *Urfaust*. Seit 1771 arbeitet Goethe als Rechtsanwalt in Frankfurt am Main. Am 14. Januar 1772 wird dort die Kindsmörderin Susanna Margaretha Brandt hingerichtet. Vermutlich hatte Goethe Zugang zu den Prozessakten, war vielleicht sogar einmal bei einem Verhör anwesend und schreibt unter diesem Eindruck die ersten Szenen der später *Urfaust* genannten frühen Prosa-Fassung: *Faust, Mephistopheles* (später in *Faust I*: *Trüber Tag. Feld*) – *Nacht. Offen Feld* und *Kerker*. Im Mai 1772 geht Goethe als Praktikant an das Reichskammergericht in Wetzlar. Dort entstehen im Winter 1772/73 noch in Prosa *Auerbachs Keller in Leipzig* und die sehr kurze Szene *Land strase*, die später verworfen wird. Im Herbst 1773 vollendet Goethe wahrscheinlich die Verse 354–597 und 602–605 der Szene *Nacht*. Sie enthält den Eingangsmonolog, die Beschwörung des Erdgeistes, die Störung durch Wagner und die Schüler-Szene. Als der inzwischen als Autor des *Götz* und des *Werther* berühmte junge Dichter 1775 auf Wunsch des Herzogs Carl-August von Sachsen-Weimar-Eisenach nach Weimar übersiedelt, sind vermutlich alle frühen Szenen, die 1887 in der Abschrift des Hoffräuleins von Göchhausen gefunden und unter dem Titel *Urfaust* veröffentlicht werden, entstanden. Dazu gehören, wohl seit 1773, auch weitere Szenen der Gretchen-Tragödie: *Garten – Strase – Abend – Allee – Nachbarinn Haus – Faust, Mephistopheles – Ein Gartenhäusgen – Gretgens Stube – Dom – Nacht* (Valentin) – *Marthens Garten – Am Brunnen* und *Zwinger*.

Phase 2: Das *Faust*-Fragment. In Weimar wird der Jurist Goethe 1776 zum Minister ernannt. Das folgende Jahrzehnt beansprucht ihn beinahe ganz mit Amtsgeschäften. Erst auf der Italienischen Reise nimmt er 1787 in Rom die Arbeit am *Faust* wieder auf. Die Schüler-Szene und *Auerbachs Keller* arbeitet er in Verse um und dichtet die *Hexenküche* sowie Teile von *Wald und Höhle* hinzu (zur römischen Neukonzeption des *Faust* vgl. unten S. 256 die Überlegungen von Gaier). 1790 erscheinen die bis dahin fertigen Teile des *Faust* ohne die Szene *Land Strase* und nur bis zur Szene *Dom* in Band 7 von *Goethe's Schriften* unter dem Titel *Faust. Ein Fragment* zum ersten Mal im Druck.

Phase 2: Das *Faust*-Fragment

Phase 3: *Faust I*. Schiller, mit dem Goethe seit 1794 in immer engerer Freundschaft verbunden ist, drängt ihn lange vergebens zur Weiterarbeit am *Faust*-Fragment. Erst 1797 nimmt er sie wieder auf. Am 24. Juni entsteht die *Zueignung*, unmittelbar danach als ›Mini-Faust‹ die Ballade *Der Zauberlehrling*. Bis 1800 kommen noch die beiden anderen ›Prologe‹ dazu: das *Vorspiel auf dem Theater* und der *Prolog im Himmel*. In demselben Jahr entwirft Goethe einen Plan des gesamten *Faust* und dichtet eine Vorstufe zum dritten Akt von *Faust II* mit dem Titel *Helena im Mittelalter. Satyrdrama. Episode zu Faust*. Ein Jahr später, 1801, werden die Umarbeitungen, Ergänzungen und Umstellungen abgeschlossen, zuletzt die *Walpurgisnacht* und die Versifizierung der alten Szene *Kerker*. *Faust I* ist fertig, wird aber aufgrund der durch Napoleons Feldzüge verursachten Unruhen erst

Phase 3: *Faust I*

1808 veröffentlicht. *Faust – eine Tragödie* erscheint als Band 8 der *Werke*.

Phase 4:
Faust II
Phase 4: *Faust II*. Die letzte Phase der *Faust*-Dichtung beginnt 1825, als sich Goethe für die Werk-Ausgabe letzter Hand an die Ausarbeitung von *Faust II* macht. 1826 arbeitet er am fünften Akt, dann am dritten, der 1827 in Band 4 der Ausgabe unter dem Titel *Helena, klassisch-romantische Phantasmagorie. Zwischenspiel zu Faust* einzeln gedruckt wird. In Band 12 erscheinen 1828 zudem Teile des ersten Aktes. Im Juni 1830 schließt Goethe die ersten beiden Akte ab; im Sommer 1831 sind endlich auch der vierte und die letzten Teile des fünften Akts fertig. Im Januar 1832 will Goethe einige Hauptmotive des eigentlich abgeschlossenen zweiten Teils weiter ausführen. Doch am 22. März stirbt er. *Faust, der Tragödie zweiter Teil* erscheint 1833 als Band 1 der *Nachgelassenen Schriften*. 1834 schließlich wird die erste Gesamtausgabe gedruckt: *Faust. Eine Tragödie. Beide Teile in einem Bande*.

3. Ansätze zur Deutung von *Faust I*

Zwischen Goethes ersten Ideen für eine Neugestaltung des Faust-Stoffs und der Vollendung von *Faust II* liegen etwa 60 Jahre. Trotzdem wird immer wieder versucht, das so lange aus- und umgestaltete Werk auf einen einzigen Grundgedanken zurückzuführen. In einem Gespräch mit Johann Peter Eckermann am 6. Mai 1827 nimmt Goethe zu den Versuchen, die bereits die Zeitgenossen in dieser Richtung unternommen haben, dezidiert Stellung:

Reduktion auf einen Grundgedanken

»Die Deutschen sind übrigens wunderliche Leute! – Sie machen sich durch ihre tiefen Gedanken und Ideen, die sie überall suchen und überall hineinlegen, das Leben schwerer, als billig. – Ei! so habt doch endlich einmal die Courage, *Euch den Eindrücken hinzugeben*, Euch ergötzen zu lassen, Euch rühren zu lassen, Euch erheben zu lassen, ja Euch belehren und zu etwas Großem entflammen und ermutigen zu lassen; aber denkt nur nicht immer, es wäre Alles eitel, wenn es nicht irgend abstrakter Gedanke und Idee wäre!«

»Da kommen sie und fragen: welche Idee ich in meinem *Faust* zu verkörpern gesucht? – Als ob ich das selber wüßte und aussprechen könnte! – *Vom Himmel durch die Welt zur Hölle*, das wäre zur Not etwas; aber das ist keine Idee; sondern Gang der Handlung. Und ferner, daß der Teufel die Wette verliert, und daß ein aus schweren Verirrungen immerfort zum Besseren aufstrebender Mensch zu *erlösen* sei, das ist zwar ein wirksamer, Manches erklärender guter Gedanke, aber es ist keine *Idee*, die dem Ganzen und jeder einzelnen Szene im Besondern zu Grunde liege. Es hätte auch in der Tat ein schönes Ding werden müssen, wenn ich ein so reiches, buntes und so höchst mannigfaltiges Leben, wie ich es im Faust zur Anschauung gebracht, auf die magere Schnur einer einzigen durchgehenden Idee hätte reihen wollen!«

»Es war im Ganzen, fuhr Goethe fort, nicht meine Art, als Poet nach Verkörperung von etwas *Abstraktem* zu streben. Ich empfing in meinem Innern *Eindrücke*, und zwar Ein-

drücke sinnlicher, lebensvoller, lieblicher, bunter, hundert-
fältiger Art, wie eine rege Einbildungskraft es mir darbot; und
ich hatte als Poet weiter nichts zu tun, als solche Anschau-
ungen und Eindrücke in mir künstlerisch zu runden und aus-
zubilden und durch eine lebendige Darstellung so zum Vor-
schein zu bringen, daß Andere dieselbigen Eindrücke erhiel-
ten, wenn sie mein Dargestelltes hörten oder lasen.«

»Wollte ich jedoch einmal als Poet irgendeine Idee darstellen,
so tat ich es in *kleinen* Gedichten, wo eine entschiedene Einheit herrschen konnte und welches zu übersehen war, wie
z. B. die Metamorphose der *Tiere*, die der *Pflanze*, das Gedicht *Vermächtnis* und viele anderen. Das einzige Produkt
von *größerem* Umfang, wo ich mir bewußt bin, nach Darstellung einer durchgreifenden Idee gearbeitet zu haben, wären etwa meine *Wahlverwandtschaften*. Der Roman ist dadurch für den Verstand faßlich geworden; aber ich will nicht
sagen, daß er dadurch *besser* geworden wäre! Vielmehr bin
ich der Meinung: *je inkommensurabeler und für den Verstand unfaßlicher eine poetische Produktion, desto besser.*«
(Johann Peter Eckermann: Gespräche mit Goethe in den letzten Jahren seines Lebens, hg. v. Christoph Michel unter Mit-
wirkung v. Hans Grüters, Frankfurt a. M. 1999 [Goethe,
Frankfurter Ausgabe, Bd. 12], S. 615 f.)

Die Überzeugung, die Größe eines Kunstwerkes liege in seiner
›Inkommensurabilität‹, also seiner Unvergleichbarkeit und damit auch Unausdeutbarkeit, betont Goethe noch einmal am
1. Juni 1831, kurz bevor er den zweiten Teil des *Faust* am
22. Juli abschließt, in einem Brief an seinen Freund Carl Friedrich Zelter:

Unausdeut-
barkeit des
Kunstwerks

Es ist keine Kleinigkeit, das, was man im zwanzigsten Jahre
konzipiert hat, im 82. außer sich darzustellen und ein solches
inneres lebendiges Knochengeripp mit Sehnen, Fleisch und
Oberhaut zu bekleiden, auch wohl dem fertig Hingestellten
noch einige Mantelfalten umzuschlagen, damit alles zusammen ein offenbares Rätsel bleibe, die Menschen fort und fort
ergetze und ihnen zu schaffen mache. (Die letzten Jahre. Briefe, Tagebücher und Gespräche von 1823 bis zu Goethes Tod.
Teil II: Vom Dornburger Aufenthalt bis zum Tode, hg., v.

Horst Fleig. Frankfurt/M. 1993 [Goethe, Frankfurter Ausgabe, Bd. 38], S. 396 f.)

Das ist ihm jedenfalls gelungen. Die Werke gelehrter wie dilettantischer *Faust*-Forscher setzen gleich nach der Veröffentlichung des *Faust*-Fragments von 1790 ein und sind längst schon Legion. Besonders beliebt sind für über 100 Jahre, bis in die Mitte des 20. Jahrhunderts, Versuche, Faust entweder als Vorbild für den modernen Menschen oder als Prototyp des Deutschen zu propagieren, dessen Wesenszug das ›Faustische‹ sei (vgl. dazu Hans Schwerte [recte Hans Ernst Schneider]: Faust und das Faustische. Ein Kapitel deutscher Ideologie, Stuttgart 1962).

Ideologische Vereinnahmungen

Der Hebel, mit dem man die *Faust*-Dichtung als Hauptwerk unserer Nationalliteratur zu einem Grundbuch des Deutschtums beförderte, setzte bei der Zentralfigur der Tragödie an, der vermeintlich »recht aus der Mitte des deutschen Charakters« geschnittenen. *Goethes Faust als weltliche Bibel betrachtet*, lautete 1894 der Titel einer Abhandlung von Hugo Lahnor. Aus solcher Sichtweise wurde Fausts exzentrische Gestalt als eine vorbildhaft-exemplarische wahrgenommen und das Bild dieses geduldlosen, ruhelosen, maßlosen und glücklosen Egozentrikers zum nationalen Mythos verklärt [...].

Koinzidierend mit dem militärischen Triumph über Frankreich und der Bismarckschen Reichsgründung 1870/71, mit dem technologischen und industriellen Wirtschaftsaufschwung der Gründerjahre dann und dem Wilhelminischen Imperialismus avancierte Faust zur kultischen Identifikationsfigur des aufstrebenden Deutschland. Als den Prototyp eines Denkers und Forschers, der zu erkennen verlangt, *was die Welt | Im Innersten zusammenhält* (382 f.); als den von Griechenlandsehnsucht Geadelten, welcher in der mythischen Vermählung mit Helena und der imperialen Eroberung des Peloponnes die klassische Antike eindeutscht; als den gründerzeitlichen Titanen, den Unternehmer-Ingenieur, welcher die Natur zu bändigen und zu unterwerfen, Neuland aus dem Meer zu gewinnen und *Räume vielen Millionen* zu eröffnen sucht, erhob man diesen Faust zum Leitbild einer Nation, die auf solchen Wegen *Zum höchsten Dasein immerfort zu streben* sich anschickte (4685): zu einer Inkarnation deutschen Wesens und deutschen Sendungsbewußtseins. (Schöne, S. 37 f.)

Die Vereinnahmung von Goethes *Faust* durch die Herrschenden endete nicht mit dem Untergang des deutschen Kaiserreichs. 1933 marschierte *Faust im Braunhemd* durch das Dritte Reich (Kurt Engelbrecht, Leipzig 1933), in der ostdeutschen Diktatur wurde er nach 1949 »als nationale Leitfigur ›objektiv nach vorn, an die Front aktueller Klassenkämpfe‹ versetzt […], wo man die letzten Worte des Blinden [in *Faust II*] von *freiem Grund* und *freiem Volke* (11580) als geschichtsprophetische Vision des ersten ›Arbeiter-und-Bauern-Staates‹ auf deutschem Boden ausgab« (Schöne, S. 41). Die Geschichte der *Faust*-Rezeption nach 1989 ist noch nicht abgeschlossen.

W. Keller

Werner Keller sieht 1992 die Aufgabe einer modernen Interpretation darin, »einen unmittelbaren Zugang zu diesem durch Bühne und Schule verstellten Drama zu suchen« (Keller, S. 258), »die *Faust I* implizite Geschichtlichkeit zu bestimmen und die ästhetische Qualität zu beschreiben, die von der historischen Dimension nicht ablösbar ist« (Keller, S. 321):

> Ein Ergebnis der Interpretation: Dem subjektivistischen »Stürmer und Dränger« genügt der aufklärerische Intellektualismus nicht mehr. Hatte noch 1730 für Albrecht von Haller gegolten: »Ins Innere der Natur dringt kein erschaffner Geist« – Goethes Faust will nicht weniger als eben die visionäre Erkenntnis dieses »Innersten« der Welt. Engagiert bekennt er sich nach seinem Scheitern zum Irdischen in seiner Polarität und Totalität; seine Wendung zum säkularisierten Diesseits spiegelt facettenartig die geschichtliche Entwicklung eines Gutteils jener umwälzenden emanzipatorischen Kräfte, die, konkretisiert und politisiert, die Revolution von 1789 mitbedingten. Reflexe des damaligen öffentlichen Lebens lassen sich überdies indirekt – man denke an die Gretchen-Handlung – erschließen: Die Familie, die Kirche und die Justiz verwalten die tradierten und generalisierenden Normen und tragen in ihrer Erstarrung zur Verschuldung des ihnen entwachsenen Individuums ungewollt bei.

Vielfältig sind auch die expliziten Zeitbezüge von *Faust I*: Die »Hexenküche« beispielsweise verbildlicht im Spiel der Meerkatzen mit der Krone das selbstmörderische Treiben des Ancien régime mit der adligen Würde und der staatlichen Macht; die »Xenien« der »Walpurgisnacht« und des »Walpurgisnachtstraums« gehen mit den Nachfahren einer abgewirtschafteten Epoche und mit literarischen Zeitgrößen satirisch ins Gericht.

Explizite Zeitbezüge von *Faust I*

Der alte Goethe fand nur selten gute Worte für seinen ersten *Faust*-Teil: »Das Teufels- und Hexenwesen machte ich nur einmal«, äußerte er Eckermann gegenüber (am 16. Februar 1826), und noch am 17. Februar 1831 tadelte er das »Subjektive« des Werks, die Selbstreflexionen des Protagonisten und seine Selbstbezogenheit, die nur sich sucht und entdeckt. Daher wird in *Faust II* die weite Wirklichkeit des Lebens – in den Objektivationen von Staat, Natur und Kunst – zum handelnden Subjekt bestellt. Indes, wie repräsentativ Faust, der Willensmensch, angelegt ist, konstatierte Goethe eindrücklich, als er in seiner Abhandlung über *Shakespeare und kein Ende* den Charakter der neuzeitlichen Dramenfiguren – im Gegensatz zu den antiken dramatis personae – durch ihr unbedingtes Wollen und ihr unzureichendes Vollbringen bestimmte: Das Wollen »ist der Gott der neuern Zeit«. Doch diesem vergotteten oder auch vergötzten subjekiven Wollen fehlt zur Balance die Verpflichtung des handelnden Menschen gegenüber einem vernunftorientierten, überpersönlichen Sollen. (S. 321–323)

Für Albrecht Schöne besteht der Zusammenhang der beiden *Faust*-Teile in Fausts – und in *Faust I* auch Gretchens – Versuchen, aus den Beschränkungen auszubrechen, die ihnen auferlegt sind, im Ursprung ein Sturm-und-Drang-Drama, ein bürgerliches Trauerspiel, im Laufe der Jahrzehnte transformiert in ein ›Ausbruchsspiel‹, »das auf Befreiung, Verwandlung, Steigerung zielt« und für das »der nur in Szenen gegliederte *Faust I* in bestimmter Hinsicht geradezu als der 1. Akt des ganzen *Faust*-Spiels zu verstehen« sei (Schöne, S. 203).

A. Schöne

Vom bürgerlichen Trauerspiel zum ›Ausbruchsspiel‹

Drei lange Eröffnungsszenen in seinem *engen, gotischen Zim-*

mer, der *engen Zelle*, dem verfluchten dumpfen *Mauerloch*: in Fausts *Kerker* (398) beginnt das Spiel, in Margaretes *Kerker* endet es. Und was die so oder so Eingekerkerten unternehmen (noch die aus *niedriger Häuser dumpfen Gemächern* und *der Straßen quetschender Enge* österlich auferstehenden Stadtbewohner: 923 ff., selbst die in Mephistos *herrliche Walpurgisnacht* ausfliegenden Hexen), sind alles doch Ausbruchsversuche. Denn das *beschränckte des bürgerlichen Zustands* [*Faust*-Paralipomenon 24] meint Äußeres wie Inneres. Die engen Spielfelder sind symbolische Schauplätze. Sie ›verräumlichen‹ die Bedrängnisse der im Muff des Urväterhausrats erstickenden Schulwissenschaft ebenso wie die von *Handwerks- und Gewerbes-Banden* (924) oder die der ständischen Schranken, der kirchlichen und bürgerlichen Tugendregeln und Moralvorschriften, der sozialen Kontrolle und Disziplinierung.

Daß die Faust-Handlung aus einer Folge von Ausbruchsversuchen besteht, ist offensichtlich. Sie führen von der Wendung zur Magie (418: *Flieh! Auf! Hinaus in's weite Land!*) und dem Selbstmordversuch (704: *Auf neuer Bahn den Äther zu durchdringen*) bis zum Vertrag mit Mephisto (1754 f.: *Stürzen wir uns in das Rauschen der Zeit, | Ins Rollen der Begebenheit!*) und den von diesem *Schandgesellen* inszenierten ersten Ausfahrten (in *Auerbachs Keller*, die *Hexenküche*, die *Walpurgisnacht*). Das gilt nicht weniger für Margarete. Anders als der sprachmächtig reflektierende Faust, der als der *Flüchtling*, der *Unbehaus'te* sich versteht (3348), macht sie darum keine Worte. Tatsächlich aber läßt die unbedingt Liebende nicht nur alle Schranken ihrer bürgerlichen Existenz, sondern alle Bedingungen ihres Lebens hinter sich: *zerscheitern* und *zu Grunde gehn* – er s a g t es von sich (1775, 3365), sie handelt so. Und wenn sie, ja: w e i l sie am Ende dieses Trauerspiels sich weigert, auszubrechen aus ihrem *Kerker*, während Faust ohne sie flüchtet, erscheint s i e doch als die eigentlich Befreite. In einem anderen Sinn, als sie selber es versteht, werden ihre Worte wahr: *Ich bin frei! Mir soll niemand wehren* (4463). Im 4. Akt des Zweiten Teils wird Faust angesichts der *in den Äther* sich erhebenden Zirruswolke begreifen oder ahnen: Sie *zieht das Beste meines Innern mit sich fort* (10066). In der *Bergschluchten*-Szene wird sich das ereignen.

Das große Ausbruchs-, Befreiungs- und Metamorphosenspiel der *Faust*-Dichtung findet mit diesem Ersten Teil kein Ende. Getrieben von seinem unstillbaren Verlangen nach Weltgewinn und Ich-Erweiterung, wird Faust in immer weitere räumliche und geistige Fernen ausbrechen – bis dieser *Hungerleider | Nach dem Unerreichlichen* (8204 f.) auch die Schranke hinter sich läßt, die der Tod dem Leben setzt, und dem Blick entschwindet, hingezogen in unabsehbare Räume. (S. 201 f.)

K. Eibl

Karl Eibl formuliert die Frage »Worum geht es überhaupt im *Faust*?« um in die Frage »Was ist das Bezugsproblem des *Faust*?« (Eibl, S. 193). Seine Antwort beruht auf der Feststellung von zwei wesentlichen Eingriffen, mit denen Goethe den Faust-Stoff neu und anders formiere:

> Anders als der nur von Wissensdurst getriebene Faust Lessings ist Goethes Faust eine ganze Person und als ganze Person frustriert.

> Das Novum besteht also nicht etwa in einer Veredelung (oder Verdünnung) der Motivationslage für das Teufelsbündnis. Eher schon in der Natur des Teufelsbündnisses selbst: Für das Publikum der Wanderbühnen dürfte der Bühnenteufel eine Abbildung des wahren Teufels gewesen sein. Mit dem Übertreten des Stoffes aus der wildwüchsigen in die gepflegte Literatur, zu einem Publikum, das nicht mehr an den Teufel glaubt, verliert der Teufel aber diese einfache Abbildungsqualität, und damit kann sich die Teufelsfigur und der gesamte Höllenapparat vom Abbild zum Symbol wandeln. Das ist der allgemeine Wandel, der zu konstatieren ist. (S. 194)

Neu eingeführtes Verhältnis Fausts zu Margarete

Eine besondere Umformung erfährt der Stoff durch das neu eingeführte Verhältnis Fausts zu Margarete. Mit der Gretchengeschichte stelle Goethe »den Anschluß zu dem« her, »was man als die repräsentative Modernität Fausts bezeichnen könnte« (ebd.). Zwar strebe auch Goethes Faust, seit er in der Hexenküche das Bild Helenas sehen durfte, wie der Faust der älteren

Tradition erst einmal danach, seine sexuellen Wünsche zu befriedigen.

Aber als Faust dann in Gretchens Zimmer steht, in ihrem »Dunstkreis« (2671), ihrer Atmosphäre, tritt ein völliger Wandel ein. Ihr Raum wird ihm zum »Heiligtum« (2688), das Bett, ursprünglich Ziel schneller Lust, wird zur Wiege eines »eingebornen Engels« [...]. Eine förmliche Sakralisierung ereignet sich hier. Die Sakralisierung der Geliebten aber ist ein deutliches Indiz für einen Liebestypus, wie er in Deutschland, in der deutschen Literatur, in den 70er Jahren des 18. Jahrhunderts entsteht. Es ist der Typus der enthusiastischen Liebe. Die Geliebte, der Geliebte wird Welt- oder Totalitätsrepräsentant. Noch zwanzig Jahre früher wäre solche Sakralisierung nicht möglich gewesen. (S. 195)

Niklas
Luhmann Zur Erklärung bezieht sich Eibl auf Niklas Luhmanns systemtheoretische Überlegungen zur Entstehung des modernen Individualitätsbewusstseins in der zweiten Hälfte des 18. Jahrhunderts. Während die vormoderne Gesellschaft dem Individuum einen bestimmten Ort in der vorgegebenen, als unveränderlich gedachten ständischen Ordnung zuweist (›Inklusionsindividualität‹), führt die funktionale Differenzierung der bürgerlichen Gesellschaft zu einer Aufspaltung des Individuums in viele Rollen, die es innerhalb verschiedener Bezugssysteme wie Familie, Verwandtschaft, Freundeskreis, Beruf, Vereine, Wissenschaft, Kunst, Staat, Religion usw. einnimmt. Diese funktionalen Rollen bedürfen des Subjekts als einer neuen Instanz, die die Einheit der verschiedenen, konkurrierenden, bisweilen auch widersprüchlichen Funktionen des Individuums herstellt. In keinem sozialen Teilsystem kann das Individuum jetzt noch als Ganzes erscheinen. Als solches existiert es nur für sich, außerhalb der Gesellschaft (›Exklusionsindividualität‹).

Das so konstituierte Subjekt muß sich selbst ungemein wichtig nehmen und steht zugleich ungeschützt dem Ganzen gegenüber. Der Welt. Der Totalität. Hier liegt der Ursprungsgrund der enthusiastischen Liebe: Der oder die Geliebte wird zum Totalitätssymbol, zum einzig relevanten Weltbezug. Faust, so können wir sagen, ist in der Goetheschen Konzeption der Typus der freigesetzten Exklusionsindividualität. Er will sehen, was die Welt im Innersten zusammenhält, und auch in Gretchens Bett sucht er nur im ersten Anfall der Leidenschaft den schnellen Sex; in Wirklichkeit sucht er auch da das Ganze. Daß diese Erhebung der Geliebten zum Weltsymbol zur Quelle tragischer Konstellationen wird, versteht sich von selbst (S. 196).

Von hier gelangt Eibl zu dem seiner Meinung nach zentralen Thema des *Faust*. Das moderne Individuum vermag sich nicht mehr als Teil einer höheren Ordnung definieren. Seine Einzigartigkeit ist durch den Tod bedroht und kann nur noch durch die Behauptung einer Form von Unsterblichkeit oder Ewigkeit gerettet werden, die jedoch als bloßer Gedanke der sinnlich wahrnehmbaren Verkörperung im Symbol bedarf.

Zentrales Thema des *Faust*

Mit dem Problem der Spannung von Ewigkeit und Sinnlichkeit oder, in den Begriffen, mit denen Goethe das in *Dichtung und Wahrheit* umschrieben hat: von Unbedingtheit und Begrenztheit ist das Bezugsproblem des ganzen *Faust* umschrieben. [...] *Faust*, so darf man wohl sagen, wird um 1800 zum Formulierungsterrain, in dem Goethe die *Bestimmung des Menschen* abhandelt. Oder, um es gleich zu verraten und nicht in die Irre zu führen: Wo er im poetischen Medium die Aporien abhandelt, in die die Frage nach der Bestimmung des Menschen führt. (S. 199)

So erklärt Eibl auch die zahlreichen Widersprüche, die die Deutung erschweren, etwa in Bezug auf die Identität und die Aufgabe Mephistos oder auf die beiden Wetten:

Widersprüche im *Faust*

Es sind wohl nicht Nachlässigkeiten, zumal es sich um zentrale Knoten im pragmatischen Nexus handelt, die gar nicht weit voneinander entfernt sind. Eher dürften es absichtlich hergestellte Uneindeutigkeiten sein, Strategien der Antwortverweigerung da, wo Antworten nicht mehr gegeben werden können, aber die Fragen immer noch gültig sind. Jede ›juristische‹ Lösung der Faustproblematik, jeder Versuch, hier endgültige demonstrative Schlüsse mit definitiven Ergebnissen zu ermitteln, ist poesiefremd und verkennt die Funktion von Dichtung gegenüber letzten Fragen: Nämlich sie wach zu halten, Bewegungen des Denkens zu provozieren, ohne abschließende Antworten zu geben. (S. 200)

Für Eibl wird Faust »zum exemplarischen Fall moderner Individualität, die, da sie nicht mehr bestimmt ist, sich selbst auf die Suche nach der Bestimmung des Menschen machen muß« (S. 201).

U. Gaier

Ulrich Gaier legte nach jahrzehntelangen Vorarbeiten 1999 die bisher umfassendste, aspektreichste und vielschichtigste *Faust*-Deutung vor. Gaier interpretiert nicht den einen *Faust*, sondern untersucht die einzelnen *Faust*-Konzeptionen, die sich durch die z. T. durch Jahrzehnte getrennten Arbeitsphasen ergeben, getrennt: den Anfang der 1770er Jahre entstandenen »*Faust* in früherer Fassung«; die »römische Konzeption« der Italienischen Reise von 1787, die im Fragment-Druck von 1790 vorliegt; die Konzeption um 1800, die zu *Faust I* führt; die Ausarbeitung von *Faust II* v. a. in den letzten Lebensjahren. Quer durch alle Konzeptionen zieht sich die Untersuchung verschiedener »Lesarten« des *Faust*. Gaier unterscheidet eine religiöse, eine naturphilosophische, eine magische, eine geschichtliche, eine soziologische, eine ökonomische, eine anthropologische und eine poetische Lesart.

Die Untersuchung der Konzeption der ältesten Fassung des *Faust* führt Gaier zu folgendem Ergebnis:

Widerspruch
zw. präten-
dierter Freiheit
des Willens u.
notwendigem
Gang des
Ganzen

Margarete löst als einzige in diesem Stück die Problematik des Widerspruchs zwischen der prätendierten Freiheit des Willens und dem notwendigen Gang des Ganzen. Alle andern, am schlimmsten Faust, scheitern an dieser Problematik. Sogar Mephistopheles, wenn man ihm als willensbestimmendes Ziel einmal die Versuchung von Menschen zur Sünde, zum Abfall von Gott unterstellt, muß die Schlappe hinnehmen, daß Margarete ihm Faust eine Zeitlang entzieht und daß sie sich im Kerker trotz des Bewußtseins ihrer schweren Verbrechen und Sünden gläubig und ohne Verzweiflung dem Gericht Gottes übergibt – nur die an der Gnade Gottes Verzweifelten sind nicht mehr von der Gnade erreichbar.

Das Thema von dem Zusammenstoß von vorgeblich freiem Willen und notwendigem Gang des Ganzen kann nach der Analyse des Stückes und der Texte in seinem zeitlichen Umkreis also mit einiger Sicherheit für die Konzeption des *Ur-*

faust in Anspruch genommen werden. (Gaier, Kommentar II, S. 76 f.)

Gaier interpretiert die älteste *Faust*-Konzeption in Bezug auf das Denken des jungen Goethe und seiner Zeitgenossen. Zentral erscheint die Auffassung, die Probleme der eigenen Zeit seien Verschärfungen von Problemen, die dem Menschen zuerst in der Renaissance bewusst wurden. »Änderte im 16. Jahrhundert ein Wandel des Bewußtseins die Umstände, die Autoritäten, die Perspektive, so ging es am Ende des 18. Jahrhunderts darum, sich selbst zu ändern, um als ein sich ständig Wandelnder nach außen wirken zu können.« (S. 84) Das betrifft besonders die Intellektuellen, die immer seltener im Auftrag der Kirche oder des Hofes wirken können, sondern sich gezwungen sehen, für einen sich entwickelnden Markt zu arbeiten, der v. a. Originalität nachfragt. Hierauf reagiert der junge Goethe in vielen Dichtungen, am umfassendsten aber im *Faust*-Projekt:

> Das »Eigentümliche« des Faust als Figur erscheint jedoch von Anfang an weiter gespannt als das des Götz, des Egmont, des Tasso, insbesondere wenn man an die zweifellos mitgeplanten Ereignisse um den Kaiser und um Helena denkt. Die Thematik von Theorie und Praxis zunächst im subjektiven Bereich – die Unfähigkeit zur Erkenntnis und die Unfähigkeit zur beständigen Liebe –, dann wohl im objektiven Bereich – gesellschaftliche Praxis und ästhetische Schau (*theoria*) des Schönen –, diese Thematik umfaßt das menschliche Dasein nach seiner Ausmessung in die ›Breite‹. Die Einbeziehung der Gottheit in Gestalt des Paares Makrokosmos – Erdgeist und der Mächte der Finsternis in Gestalt des Mephistopheles mißt sozusagen die Vertikale des Kosmos aus. Die dritte Dimension ist die historische Achse zwischen dem 16. und dem Ende des 18. Jahrhunderts. Messen ›Horizontale‹ und ›Vertikale‹ den ganzen Menschen aus, so gibt ihm die dritte Achse eine historische Wirklichkeit als die des Menschen der Neuzeit, in der der Mensch in scheiternden Versuchen sich immer wieder gegen die kreatürliche Beschränkung seines Wissens und Lebens auflehnt. Der *Urfaust*, so kann man sagen, ist das D r a - m a   d e s   n e u z e i t l i c h e n   M e n s c h e n. (S. 87)

*Urfaust –
Drama des
neuzeitlichen
Menschen*

Als Goethe 1775 nach Weimar berufen wird, zwingt ihn die

Fülle der Amtsgeschäfte bald, viele seiner dichterischen Projekte für ein gutes Jahrzehnt liegenzulassen. Der Befreiungsschlag der Italienischen Reise führt 1786 nicht einfach zu einer Wiederaufnahme, sondern auch zur Umarbeitung. Was in der Sturm-und-Drang-Phase entstanden und geplant war, wird unter den vielfältigen Eindrücken der Kunst von der Antike bis zur Gegenwart, aber auch des freieren italienischen Lebensstils im klassischen, z. T. auch bereits romantischen Sinn neu konzipiert. Das betrifft neben *Iphigenie*, *Egmont* und *Tasso* auch den *Faust*, in dem vieles offengeblieben ist, u. a. das erste Auftreten Mephistos und der Übergang zur Gretchentragödie.

Für das Prinzip der Erweiterung des *Faust* stellt Gaier eine These auf, für deren Begründung er auf Goethes und Herders Rezeption des italienischen Renaissance-Philosophen Marsilio Ficino zurückgreift, insbesondere auf die von ihm »gezeichneten Wege der Seele, Gott zu werden« (Gaier, S. 118). Diese skizziert Gaier am übersichtlichsten in einem Essay, der in der gleichen Zeit entstanden ist, wie der eben zitierte Kommentar zum *Faust*:

M. Ficino

> Die Seele will, um Gott zu sein,
> – die höchste Wahrheit und das höchste Gut besitzen,
> – alle Dinge sein,
> – alles leisten und alles beherrschen,
> – überall und immer sein,
> – die Gewalten des Herrschers besitzen: Voraussicht, Gerechtigkeit, Stärke, Mäßigung,
> – größten Reichtum und höchste Lust genießen,
> – sich selbst verehren wie Gott. (Gaier, Bilanz, S. 20)

Gaier versucht nun im Detail nachzuweisen,

> wie Faust diese sieben Wege, Gott zu werden, einen nach dem anderen beschreitet und jedes Mal die Grenzen der Menschheit durchstößt und überschreitet, wie er aber jedes Mal scheitert, weil er in der einseitigen Strebung nur immer einen seiner Wege verfolgt, die ja erst in ihrer Gesamtheit das Wesen Gottes und des göttlichen Menschen ausmachen, und wie er deshalb immer einen Kompromiss eingeht, der ihm ein Stück des Erstrebten, aber auch Gefahr, Leid und Schuld bringt und ihn wieder in die Grenzen des Menschseins zurückwirft. (ebd.)

Goethe entwickelt in Rom eine neue Konzeption des *Faust*, in der er Gaier zufolge

> die Vorgaben Ficinos bis in Einzelheiten aufgreift, um ihre Perversion durch die moderne Reflexivität und damit den tragischen Verlauf der Geschichte profilieren zu können. [...] Sichtbar geworden ist jedenfalls, daß Goethe in der römischen Konzeption die fertigen Teile des *Urfaust* praktisch nicht antastet, aber durch das Verfahren der Programmbildung (V. 1770 ff.) und der Prologisierung (*Hexenküche*) das Vorhandene in neue Perspektiven und Sinndimensionen stellt; als besonders weittragend haben wir die naturphilosophisch und ästhetisch relevante Theorie der Organisation und der grotesken Desorganisation sowie die Dimensionen von Zeitgeschichte, Politik und Ökonomie erkannt. (Gaier, Kommentar II, S. 118)

Wieder ein Jahrzehnt später, um 1800, geht Goethe unter dem Einfluss Schillers den *Faust* erneut an, schließt den ersten Teil der Tragödie ab und entwirft den zweiten. Nach der Veröffentlichung von *Faust. Ein Fragment* 1790 sieht sich Goethe gewaltigen Erwartungen des Publikums an die Vollendung des Stücks gegenübergestellt, das einigen bereits im Vorgriff als philosophischer Gipfel der Poesie gilt (S. 121). Goethe steht vor der Schwierigkeit, die fertigen Bruchstücke, die unter ganz anderen Voraussetzungen entstanden sind, zu einem Kunstwerk zu vereinigen, das den Ansprüchen einer gewandelten Zeit in höchstem Maß genügen kann. Goethes naturwissenschaftliche und naturphilosophische Forschungen und Überlegungen führen ihn zu der Erkenntnis, »die Natur sei nicht durch einen Menschen, sondern nur durch die Vorstellungsarten aller Menschen zu begreifen« (S. 123). Unter ›Vorstellungsart‹ versteht Goethe die notwendig scheiternden Versuche einzelner Menschen, hinter den Erscheinungen des ›unbegreiflichen Lebens‹ das Wahre, das für ihn mit dem Göttlichen identisch ist, zu erkennen. So ergibt sich für ihn die neue Aufgabe der Poesie: das ja doch Unerkennbare nicht als bestimmte Idee darzustellen, sondern verschiedene, ja einander widersprechende Vorstellungsarten nebeneinanderzustellen. Daraus resultiert für Gaier die Neukonzeption Mephistos, mit der die große Lücke zwischen dem Auftreten Wagners und der zweiten Studierzimmerszene zu schließen war.

[...] die Figuren und ihre Aussagen stehen in einer Reihe von Bedingungssystemen, die an keinem Ort des Stücks den archimedischen Punkt entstehen lassen, von dem aus alles aufgeschlüsselt werden könnte. Goethe hat mit größter Sorgfalt vermieden, irgendwem im *Faust* Recht zu geben oder einen eindeutigen Wertmaßstab aufzustellen. Wessen »Böses« und »Gutes« ist gemeint, wenn Mephistopheles sagt, er sei »Ein Teil von jener Kraft, / Die stets das Böse will und stets das Gute schafft« (V. 1335 f.) – ist es das Böse/Gute des Herrn, des Satans, des Menschen (vgl. V. 1342 f.), einer hinter allem stehenden Instanz wie des Wahren, Göttlichen, das sich im Leben manifest macht? Niemand kann aufgrund des Textes hier eindeutig argumentieren, was nicht ausschließt, daß er sich gemäß individueller Situation und Konvenienz eine Vorstellungsart bildet.

So relativiert damit die Aussagen der Figuren im einzelnen erscheinen, so lebendig bleiben die angesprochenen Probleme als solche. Das Wissen um die Instanz, von der aus Gutes gut und Böses böse ist, beunruhigt längst nicht so wie das Nichtwissen, das mit der praktischen Verwendung der Wertkriterien einhergeht. Hier, in dieser Unruhe, geschieht die »lebendig-augenblickliche Offenbarung des Unerforschlichen«, die die Poesie leisten soll. (S. 127 f.)

Jede der drei (bzw. mit dem zweiten Teil vier) Neukonzeptionen des *Faust* führte nach Gaier zu neuen ›Lesarten‹, also Problemkreisen und Bedeutungsschichten, inhaltliche

Semantische Unerschöpflichkeit des *Faust*

Aspekte, unter denen eine jeweils einseitige, aber durchgängige Lektüre des Textes möglich ist, die sich durchkreuzen, an bestimmten Punkten treffen und bedingen, ineinander übergehen oder einander widersprechen und in ihrem kontinuierlichen simultanen Mehrfachanspruch von Bedeutung die semantische Unerschöpflichkeit des Textes im Sinne der »ästhetischen Idee« und zugleich die Manifestation des »ewig tätigen Lebens« zwischen den Vorstellungsarten an jeder Stelle gewährleisten. Schon im *Urfaust* ist festzustellen, daß der Text sich nicht auf eine Bedeutungsschicht reduzieren läßt, sondern daß Geschichtlichkeit, Magie, kosmologische und religiöse Zusammenhänge auf der Aussageebene sowie eine große Zahl poetologischer Aspekte wie Figurenkonstitution, Intertextualität, Gattungssynkretismus durchgängig thematisiert bzw. zu beachten sind. Die Ergänzungen und Umarbeitungen, insbesondere aber die Einfügung von Kommentartexten in die römische und wieder in die endgültige Konzeption des *Faust I* lassen nun darüber hinaus die entschiedene Einführung neuer Themen erkennen, die mit den schon vorhandenen zusammen sich problemlos den Versuchen, Gott zu werden, zuordnen lassen: Mit den (stichwortartig benannten) Bedeutungsebenen Gott, Natur, Kunst, Geschichte, Herrschaft, Ökonomie, Selbst hatte schon Ficino eine Art theologischer Totalität ins Auge zu fassen versucht, die Goethe offenbar in anthropologischer Umdeutung aufnimmt, um die Tragödie des neuzeitlichen Menschen zu schreiben. Wie immer man zu dieser Hypothese stehen mag, der *Faust* legt nicht nur in der Sukzession seiner Teile/Akte das Hauptgewicht auf je einen Aspekt dieser Reihe, sondern fordert und ermöglicht eine thematische Lektüre unter jedem dieser Gesichtspunkte durch den ganzen Text hindurch. Ökonomische Aspekte zum Beispiel, die die *Faust*-Forschung bisher nur im Zweiten Teil beachtet hat, werden in den Kommentierungen und ergänzenden Texten des *Faust I* so eingefügt, daß das Thema schon in den *Urfaust*-Texten gewissermaßen nachträglich relevant gemacht wird – etwa Margaretes »Nach Golde drängt, / Am Golde hängt / Doch Alles. Ach wir Armen!« (V. 2802–04) durch die Mammon-Welt der *Walpurgisnacht* (vgl. V. 3915). Es sind insbesondere die Prologe wie *Zueignung*, *Vorspiel auf dem Theater*, *Prolog im Himmel*, *Hexenküche* und der Epilog des *Walpurgis*-Komplexes, die diese Themen anschlagen und damit ihre Funktion auf der Aussageebene erhalten. (S. 139 f.)

Der Philosoph Gernot Böhme schließlich liest Goethes *Faust* als ein großes Lehrgedicht, das jedoch keine bestimmte Lehre vermitteln soll:

G. Böhme

> Wenn man mit gutem Grund den *Faust* als Goethes großes Weltgedicht bezeichnet, dann ist es gerade nicht eine bestimmte Ansicht dieser Welt, die dieses Gedicht zusammen-

Faust als Weltgedicht

hält. [...] die Faustdichtung [...] wird [...] nicht durch ein Prinzip, für das Faust steht, und nicht einmal durch die Entwicklung dieses Charakters zusammengehalten. Wenn man schon irgendeine Einheit benennen will, so wäre es vielmehr die Erfahrung oder besser gesagt, die Reihe der Erfahrungen, die Faust in unterschiedlichen Konstellationen macht [...] oder die andere, mit ihm verbundene Protagonisten machen.

Die Faustdichtung stellt die Erfahrungen dar, die Faust auf seinem Weg durch die kleine und die große Welt – *Faust I* und *Faust II* – macht. Wenn es eine Grundlehre des *Faust* gibt, so ist es diese: Man muss sich lebend auf die Welt einlassen, um sie zu erkennen. Es ist diese Grundlehre, die den Magister Faust von seiner Verzweiflung am Wissen erlöst. Diesem Sich-Einlassen-auf-Erfahrung entspringen die mannigfaltigen Lehren, die man aus der Faustdichtung gewinnen kann, und nur durch den Weg der Erfahrung, nicht durch ein Prinzip, werden sie zusammengehalten. (Böhme, S. 26)

Fausts Überdruss an dem bloßen Bücherwissen, das ihm die vier Fakultäten der Universität wie die Lehrbücher der Magie bieten können, schlägt also durch den Pakt mit Mephisto nur in eine andere Art um, seine Wissbegier zu stillen. Er ist nicht wirklich »vom Wissensdrang geheilt« (V. 1768), sondern will weiterhin mit seinem »Geist das Höchst' und Tiefste greifen« (V. 1772).

Das heißt, der Weg, den er jetzt einschlägt, ist der Weg der Teilnahme an der Welt, der Weg der Erfahrung, aber eben nicht bloß der Erfahrung des Anderen, des Fremden, des Zuschauers, sondern der Selbsterfahrung. Er möchte das, was den Menschen zugeteilt ist [vgl. V. 1770], an sich selbst erfahren. Das heißt, er möchte eigentlich die Entfremdung des Wissenschaftlers gegenüber der Welt und dem menschlichen Dasein überwinden. Die Art von Wissen, die er dabei erlangen will, versteht er nicht bloß als Selbsterfahrung, sondern als Selbstbildung. So heißt es: »Und so mein eigen Selbst zu ihrem Selbst erweitern« [V. 1774]. Dieser Weg durch die Welt, der von Faust mit Hilfe von Mephisto hier eingeschlagen wird, ist ein Programm der Selbstbildung durch Teilnahme an der Welt, ein Programm, das ihn durch das ganze Drama bewegen wird. Mephisto formuliert das so, dass er ihn durch *die große und die kleine Welt schleifen* will [vgl. V. 2052–2054]. Das entspricht der Teilung des Gesamtwerks in *Faust I* und *Faust II*. In *Faust I* erwachsen Faust die Erfahrungen im Bereich des Menschlichen, zentral in der Beziehung zu Gretchen, also im Bereich der zwischenmenschlichen Beziehungen. Dagegen betrifft *Faust II* die große Welt, also den Bereich des Politischen, des kulturellen Geschehens und schließlich auch der technischen und geschichtlichen Entwicklung. (S. 45)

In *Faust I* bewirkt das Zusammentreffen mit Margarete, dass Faust »nun auch der Welt gegenüber offen ist, dass seine Sinne geöffnet sind und dass er die Natur jetzt in einer ganz anderen Weise begreift« (S. 83):

> Diese Wende in Fausts Haltung gegenüber der Natur aus der Verschlossenheit zu einer sinnlichen Offenheit ist ganz zentral, weil sie nämlich die Magister-Tragödie mit der Gretchen-Tragödie zusammenschließt. Die Liebe zu Gretchen hat eine wichtige Funktion auch in der Magister-Tragödie. Faust erfährt durch die Liebe die Natur in sich bzw. in der Geliebten. (S. 85)

Zugleich aber eröffne die Gegenüberstellung von Faust und Gretchen bzw. Helena dem Interpreten die Möglichkeit, »Männlichkeit und Weiblichkeit als polare Grundprinzipien der ganzen *Faust*-Dichtung aufzufassen« (S. 241 f.). Böhme fragt, ob »nicht der Typ von Erfahrung, den Faust repräsentiert, sozusagen das Gegenprinzip des Weiblichen ist. Ist die faustische Erfahrung nicht im Ganzen das Männliche und wird dem nicht am Ende und vielleicht auch unterwegs schon immer das Weibliche entgegengesetzt?« (S. 243). Fausts Erfahrungen bei seinem Lauf durch die kleine Welt in *Faust I* und die große Welt in *Faust II* sind durchweg »vom Typ *Erfahrung durch aktiven Zugriff*«, ja »durch Herausforderung und Provokation« (S. 244).

Goethe demonstriert mit seinem *Faust*, dass diese Strategie des aktiven, des gewalttätigen Zugriffs auf die Welt scheitert. Um die drei Punkte noch einmal durchzugehen: Gretchen wird in der Liebesgeschichte mit Faust zerstört, Fausts Erkenntnisprojekt endet mit Blindheit, das Kolonisierungsprojekt schafft nicht etwa die Grundlage für ein freies Volk auf freiem Grund, sondern es zerstört durch seine despotischen und technisch-gewaltsamen Züge gerade die Möglichkeit dazu.

Wenn man eine Lehre aus diesen Erfahrungen des Faust ziehen will, dann lautet sie: Gewalt ist nicht der richtige Weg. (S. 244)

Goethes Faust scheitert also bei seinem Versuch, die Welt aktiv handelnd zu erfahren. Trotzdem kann er noch erlöst werden: durch das »Ewig-Weibliche«, das uns dem letzten Verspaar von *Faust II* zufolge hinanzieht (V. 12 110 f.). Daher meint Böhme, »dass sich durch die Faustdichtung hindurch eine Rehabilitierung des Weiblichen vollzieht« (S. 255). Dabei unterscheidet er zwischen den Frauen und dem Weiblichen. »Das Prinzip *Weiblichkeit* steht im Gegensatz zum Prinzip der Aktivität.« (Ebd.) Margarete sieht Böhme als die »Repräsentantin dieses Ewig-Weiblichen« (ebd.). Ihre Tragödie sei dadurch begründet, dass in ihr »zwei grundverschiedene Ideen von Weiblichkeit« zusammenträfen und sie zerrissen: die »Frau als das Prinzip des Pathischen, der Empfänglichkeit, das Prinzip der Mütterlichkeit, und die Frau als das ekstatische Prinzip der Schönheit, der Verlockung oder [...] der Verheißung des Glücks.« (S. 266). So wie Faust seine sexuelle Faszination durch Margarete nicht zu der »Atmosphäre der Weiblichkeit in Gretchens Zimmer« in Beziehung zu setzen vermöge, so könne sie selbst »ihr Begehren [...] mit ihrem eigenen, sittsam zurückhaltenden Wesen nicht vermitteln« (ebd.).

Was Goethe uns am Ende zumutet, ist, die beiden heterogenen Vorstellungen von Weiblichkeit in einem zu sehen: das Ewig-Weibliche ist das mütterliche Prinzip vereint mit der Helena-Idee. Denn es ist Gretchen qua demütige Büßerin, die [am Ende von *Faust II*] durch ihre Fürsprache für Faust Ergebung erwirkt, und es ist Gretchen, die Faust durch ihre Anziehung nach oben, in die Sphären höherer Läuterung führt [...]. Fausts Erlösung verdankt sich dem Ewig-Weiblichen. Doch das setzt die Versöhnung der divergenten Momente in der Idee von Weiblichkeit voraus. Wie die vorzustellen wäre, darüber sagt Goethe nichts. (S. 267)

Rehabilitierung des Weiblichen

4. Zur Versgestalt von *Faust I*

Goethe charakterisiert die Figuren des Dramas, ihre Stimmungen, ihre Absichten, ihre Themen durch verschiedene Sprechweisen. Die Wahl ihrer Worte, der Bau ihrer Sätze verweisen auf die jeweilige Zugehörigkeit zu ganz unterschiedlichen sprachlichen Milieus. Mit dem Erdgeist spricht Faust anders als mit Wagner, mit Mephisto anders als mit Gretchen und anders als mit sich selbst. Bezeichnend für die Figuren ist jedoch nicht nur der Gebrauch lexikalischer und syntaktischer Varianten, sondern auch die Verwendung einer Fülle verschiedener Versmaße bis hin zur Prosa. In *Faust I* wird in Knittelversen gestritten, in Madrigalversen diskutiert, in freien Rhythmen gefühlt. Die vorworthafte »Zueignung« besteht aus elaborierten Stanzen, Margarete hingegen drückt ihre Gefühle in volksliedhaften Strophen aus. In *Faust II* dann kommen noch Alexandriner und Senare hinzu. Die Versformen sind nicht immer leicht voneinander zu unterscheiden, oft gehen sie ineinander über.

Gleich die ersten Verse des *Faust* mit der »Zueignung« heben sich deutlich durch ihre strophische Form von den folgenden prologartigen Texten ab. Es handelt sich um *Stanzen*, eine ursprünglich italienische Strophenform, in der Goethe auch sonst gern Gedanken formuliert, die auf »Selbst- und Rückbesinnung« (Erwin Arndt: Deutsche Verslehre, Berlin ¹⁰1984, S. 207) zielen wie z. B. in dem klassischen Gedicht *Urworte. Orphisch*. Jede Strophe ist deutlich zweigeteilt. Auf sechs Verse mit dem Schema ab ab ab folgt ein Paarreim cc, der oft eine Art Zusammenfassung oder Schlussfolgerung enthält. Jeder Vers besteht aus fünfhebigen Jamben, beginnt also mit einem unbetonten Auftakt, auf den immer abwechselnd fünf betonte und vier oder fünf unbetonte Silben folgen. Im *Faust* gebraucht Goethe die durch Wilhelm Heinse üblich gewordene Form, bei der die a- und die c-Verse stets weiblich, also unbetont, und die b-Verse stets männlich, also betont, enden (V. 1–8):

Stanzen

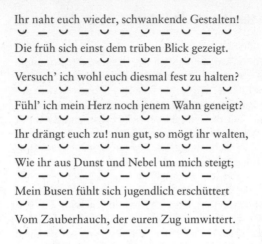

Ihr naht euch wieder, schwankende Gestalten!
◡ — ◡ — ◡ — ◡ — ◡ — ◡

Die früh sich einst dem trüben Blick gezeigt.
◡ — ◡ — ◡ — ◡ — ◡ —

Versuch' ich wohl euch diesmal fest zu halten?
◡ — ◡ — ◡ — ◡ — ◡ — ◡

Fühl' ich mein Herz noch jenem Wahn geneigt?
◡ — ◡ — ◡ — ◡ — ◡ —

Ihr drängt euch zu! nun gut, so mögt ihr walten,
◡ — ◡ — ◡ — ◡ — ◡ — ◡

Wie ihr aus Dunst und Nebel um mich steigt;
◡ — ◡ — ◡ — ◡ — ◡ —

Mein Busen fühlt sich jugendlich erschüttert
◡ — ◡ — ◡ — ◡ — ◡ — ◡

Vom Zauberhauch, der euren Zug umwittert.
◡ — ◡ — ◡ — ◡ — ◡ — ◡

Faustvers

Madrigalvers

Im zweiten Prologtext, dem »Vorspiel auf dem Theater«, begegnen wir dann zum ersten Mal dem sog. *Faustvers*, dem Lieblingsmetrum Mephistos, der ihn nur dann nicht benutzt, wenn er sich verstellt oder andere nachahmt. Vorbild ist der *Madrigalvers*, der im 17. Jahrhundert aus der italienischen in die deutsche Dichtung übernommen und unter dem Einfluss der französischen Aufklärung weiter verbreitet wurde. In Anlehnung an die französische Bezeichnung »vers libre« heißt er auch freier Vers. Während der Madrigalvers an kein bestimmtes Versmaß gebunden ist, besteht der Faustvers stets aus Jamben. Die Verse können unterschiedlich lang sein; in der Regel enthalten sie zwei bis sechs betonte Silben (Hebungen). Ein Reimschema ist nicht vorgegeben. Goethe gebraucht umarmende, Kreuz- und Paarreime in buntem Wechsel oder verzichtet sogar auf jedes erkennbare Schema. Diese Freiheiten ermöglichen dem Dichter eine sehr natürlich und lebendig wirkende Verssprache (V. 33–40):

Ihr beiden, die ihr mir so oft,
◡ — ◡ — ◡ — ◡ —

In Not und Trübsal, beigestanden,
◡ — ◡ — ◡ — ◡ — ◡

Sagt was ihr wohl in deutschen Landen
◡ — ◡ — ◡ — ◡ — ◡

Von unsrer Unternehmung hofft?
◡ — ◡ — ◡ — ◡ —

Ich wünschte sehr der Menge zu behagen,
◡ — ◡ — ◡ — ◡ — ◡ — ◡

Besonders weil sie lebt und leben läßt.
◡ — ◡ — ◡ — ◡ — ◡ —

Die Pfosten sind, die Bretter aufgeschlagen,
◡ — ◡ — ◡ — ◡ — ◡ — ◡

Und jedermann erwartet sich ein Fest.
◡ — ◡ — ◡ — ◡ — ◡ —

Mit Fausts berühmtem ersten Monolog im gotischen Zimmer der Szene »Nacht« setzt die Tragödie selbst ein. Goethe markiert den Wechsel durch die Verwendung eines im 18. Jahrhundert recht altertümlich wirkenden Verses, des sog. *Knittelverses*. Knittelvers Versgeschichtlich gehört er in die Zeit des historischen Faust, also ins 15./16. Jahrhundert. Er kennt noch nicht den regelmäßigen Wechsel von betonten und unbetonten Silben, der mit der Versreform durch Martin Opitz (*Buch von der teutschen Poeterey*, 1624) in der deutschen Barocklyrik üblich wird und bis ins 20. Jahrhundert dominiert. Im Sturm und Drang wird der Knittelvers wieder aufgegriffen, zuerst 1773 durch den jungen Goethe, denn die polternde Ungefügigkeit eignet sich hervorragend, die Ablehnung überkommener Formregeln auszudrücken, ohne zur Prosa greifen zu müssen. Der Knittelvers weist stets vier betonte Silben auf, während die Zahl und Anordnung der unbetonten Silben frei ist. Der Knittelvers kann also mit und ohne Auftakt einsetzen und weiblich oder männlich enden. Im Versinnern folgen immer wieder sowohl betonte Silben auf betonte – Hebungsprall oder auch beschwerte Hebung genannt – wie auch unbetonte auf unbetonte – die sog. gespaltene oder doppelte Senkung (V. 354–357). Die Verse sind stets gereimt, meist paarweise; aber auch andere Schemata sind möglich:

Habe nun, ach! Philosophie
— ◡ ◡ — — ◡ ◡ —

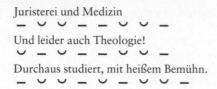

Juristerei und Medizin
∪ _ ∪ _ ∪ _ _ ∪ _

Und leider auch Theologie!
∪ _ ∪ _ _ ∪ _

Durchaus studiert, mit heißem Bemühn.
_ ∪ ∪ _ _ ∪ _ _ ∪ _

Der kernig-ungehobelte Knittelvers wird im *Faust* überall dort verwendet, wo der Sprachstil des 16. Jahrhunderts oder eine gewisse Volkstümlichkeit sichtbar werden soll.

Jambische Vierheber Die Möglichkeit, mit nur leichten Änderungen zu regelmäßig alternierenden *jambischen Vierhebern* überzugehen, nutzt Goethe, um einen Stimmungswandel auszudrücken, etwa wenn Faust im Eingangsmonolog seufzt (V. 386–389):

O sähst du, voller Mondenschein,
∪ _ ∪ _ ∪ _ ∪ _

Zum letztenmal auf meine Pein,
∪ _ ∪ _ ∪ _ ∪ _

Den ich so manche Mitternacht
∪ _ ∪ _ ∪ _ ∪ _

An diesem Pult herangewacht:
∪ _ ∪ _ ∪ _ ∪ _

Freie Rhythmen Umgekehrt können die Knittelverse auch in *freie Rhythmen* übergehen, eine Weiterentwicklung von Verstypen wie Madrigalversen oder Hexametern, die prosaisch wirkende Elemente enthalten. Freie Rhythmen sind nicht gereimt, es gibt keinerlei Vorgaben für die Verslänge, die Zahl der betonten Silben, die Art des Wechsels von betonten und unbetonten Silben oder für die Gestaltung des Auftakts. Dieser von Klopstock geschaffene prosaähnliche Vers ist typisch für die Sturm-und-Drang-Literatur und wurde von Goethe in vielen Gedichten seiner Genie-Zeit verwendet wie etwa im *Prometheus*. Im *Faust* wirkt der Übergang von metrisch stärker gebundenen Versen zu freien Rhythmen stets sehr eindringlich, so z. B. wenn Faust den Erdgeist ab Vers 460 noch in Faustversen beschwört und sich seine Begeisterung dann ab Vers 468, wenn der Erdgeist erscheint, in freien

Rhythmen Bahn bricht, hier besonders markant nach einem
Vierreim (V. 464–476):

Ich fühle Mut mich in die Welt zu wagen,
∪ — ∪ — ∪ — ∪ — ∪ — ∪

Der Erde Weh, der Erde Glück zu tragen,
∪ — ∪ — ∪ — ∪ — ∪ — ∪

Mit Stürmen mich herumzuschlagen,
∪ — ∪ — ∪ — ∪ — ∪

Und in des Schiffbruchs Knirschen nicht zu zagen;
∪ — ∪ — ∪ — ∪ — ∪ — ∪

Es wölkt sich über mir –
∪ — ∪ — ∪ —

Der Mond verbirgt sein Licht –
∪ — ∪ — ∪ —

Die Lampe schwindet!
∪ — ∪ — ∪

Es dampft! – Es zucken rote Strahlen
∪ — ∪ — ∪ — ∪ — ∪

Mir um das Haupt – Es weht
— ∪ ∪ — ∪ —

Ein Schauer vom Gewölb' herab
∪ — ∪ ∪ ∪ — ∪ — ∪

Und faßt mich an!
∪ — — —

Ich fühl's, du schwebst um mich, erflehter Geist.
∪ — — — — ∪ ∪ — ∪ —

Enthülle dich!
∪ — ∪ —

Als Faust am Ende der ersten Studierzimmerszene die Giftschale
an den Mund setzt, wird sein Selbstmord durch den herein-
schallenden Glockenklang und den Chorgesang der Engel ver-
hindert. Wie bei den meisten Chören im *Faust* hören wir hier
sprachmusikalisch sehr suggestive zweihebige *daktylische Ver-*
se, bei denen auf die zweite Hebung meist ein oder zwei Senkun-
gen folgen (V. 737–741):

Daktylische
Verse

Christ ist erstanden!
— ∪ ∪ — ∪

Freude dem Sterblichen,
— ∪ ∪ — ∪ ∪

Den die verderblichen,
— ∪ ∪ — ∪ ∪

Schleichenden, erblichen
— ∪ ∪ — ∪ ∪

Mängel umwanden.
— ∪ ∪ — ∪

Später, in der zweiten Studierzimmer-Szene, spricht der Geister-Chor, der Faust einschläfert, um Mephisto den Rückzug zu ermöglichen, in daktylischen Versen, die durchgängig auf einer Senkung enden. Diesen Typ, bei dem ein Trochäus auf einen Daktylus folgt, kennt man unter der Bezeichnung adonischer Vers oder Adoneus oder auch Adonius als letzten Vers der antiken sapphischen Strophe. Nur der letzte Vers endet zur Verstärkung des Satzschlusses mit betonter Silbe (V. 1447–51):

Schwindet, ihr dunkeln
— ∪ ∪ — ∪

Wölbungen droben!
— ∪ ∪ — ∪

Reizender schaue
— ∪ ∪ — ∪

Freundlich der blaue
— ∪ ∪ — ∪

Äther herein!
— ∪ ∪ —

Besondere Aufmerksamkeit ziehen Verse auf sich, die in Strophen zusammengefasst sind und in den Aufführungen des *Faust* oft gesungen werden. In der Öffentlichkeit sind dies v. a. Lieder mit einem *Kehrreim* (Refrain), wie sie auf dem Tanzplatz des Osterspaziergangs und in Auerbachs Keller begegnen. Das Lied wird Strophe für Strophe wechselnd von verschiedenen Sängern vorgetragen, während die Zuhörer oder die übrigen Sänger in

Kehrreim

den Kehrreim, hier das »Juchhe! Juchhe! Juchheisa! Heisa!
He!«, einfallen (V. 949–956):

Der Schäfer putzte sich zum Tanz,
˘ _ ˘ _ ˘ _ ˘ _

Mit bunter Jacke, Band und Kranz,
˘ _ ˘ _ ˘ _ ˘ _

Schmuck war er angezogen.
˘ _ ˘ _ ˘ _ ˘

Schon um die Linde war es voll
˘ _ ˘ _ ˘ _ ˘ _

Und alles tanzte schon wie toll.
˘ _ ˘ _ ˘ _ ˘ _

Juchhe! Juchhe!
˘ _ ˘ _

Juchheisa! Heisa! He!
˘ _ ˘ _ ˘ _

So ging der Fiedelbogen.
˘ _ ˘ _ ˘ _ _

Dagegen drückt Margarete mit sog. *Volksliedstrophen*, die sie
stets nur vor sich hinsagt oder allenfalls für sich allein singt, ihre
oft nur halb bewussten Gefühle aus: im *König in Thule* (V. 2759–
82), am Spinnrad (»Meine Ruh' ist hin«, V. 3374–3413) und im
Kerker (»Meine Mutter, die Hur«, V. 4412–20). Volksliedstrophen bestehen aus drei bis neun gereimten Versen mit jeweils
drei oder vier betonten Silben. Sie weisen oft leichte Unregel-
mäßigkeiten in Reim und in der Versfüllung aus (V. 2759–63):

Volkslied-
strophen

Es war ein König in Thule
˘ _ ˘ _ ˘ ˘ _ _

Gar treu bis an das Grab,
˘ _ ˘ _ ˘ _

Dem sterbend seine Buhle
˘ _ ˘ _ ˘ _ _

Einen goldnen Becher gab.
˘ ˘ _ ˘ _ ˘ _

Die Volksliedstrophen gehören wie die freien Rhythmen in die Sturm-und-Drang-Partien des *Faust*. Dagegen ist der v. a. im

Blankvers

Versdrama gebrauchte *Blankvers* das Ausdrucksmittel der Aufklärung und der Weimarer Klassik. Zwar teilt er mit den freien Rhythmen das Merkmal der Reimlosigkeit (englisch *blank*: leer, nämlich in Bezug auf Reime). Doch weist er mit seinen fünfhebigen Jamben ein strenges metrisches Gleichmaß auf, das nur durch den unregelmäßigen Wechsel von männlichen und weiblichen Kadenzen unterbrochen wird, wie in den erst spät, zwischen 1786 und 1790, entstandenen Versen der Szene »Wald und Höhle« (V. 3240–46) an den Erdgeist:

O daß dem Menschen nichts Vollkomm'nes wird,
∪ — ∪ — ∪ — ∪ — ∪ —

Empfind' ich nun. Du gabst zu dieser Wonne,
∪ — ∪ — ∪ — ∪ — ∪ — ∪

Die mich den Göttern nah' und näher bringt,
∪ — ∪ — ∪ — ∪ — ∪ —

Mir den Gefährten, den ich schon nicht mehr
∪ — ∪ — ∪ — ∪ — ∪ —

Entbehren kann, wenn er gleich, kalt und frech,
∪ — ∪ — ∪ — ∪ — ∪ —

Mich vor mir selbst erniedrigt, und zu Nichts,
∪ — ∪ — ∪ — ∪ — ∪ —

Mit einem Worthauch, deine Gaben wandelt.
∪ — ∪ — ∪ — ∪ — ∪ — ∪

Erst in *Faust II* wird der Blankvers wieder verwendet.

Wie kunstvoll Goethe auch auf kleinstem Raum mit verschiedenen Versmaßen arbeitet, mag ein Ausschnitt aus Schönes Kommentar zu Vers 1760 »Euch ist kein Maß und Ziel gesetzt« erhellen (Schöne, S. 263 f.):

> Das gilt gleichermaßen für den ruhelos heftigen Wechsel der Versmaße, der hier wie häufig Fausts schwankende Stimmungen metrisch verlautbart: Nach vorangehenden Madrigalversen [Faustversen] fällt er 1748–53 wieder in Knittel, die (auch inhaltlich) auf seinen Eingangsmonolog in der *Nacht*-Szene

zurückweisen, deren obligater Paarreim sich aber zum sog. Schweifreim öffnet; dann stürzt er sich mit den Daktylen von 1754 in das *Rauschen der Zeit* und vollzieht schließlich 1755–59 in freien Versen mit wechselnder Hebungs- und Senkungszahl den Aufbruch auch aus allen metrischen Bindungen.

Abschließend sei noch auf zwei Besonderheiten der metrischen Gestaltung des *Faust* hingewiesen. Die Dialoge wirken besonders lebendig, wenn Rede und Gegenrede von Vers zu Vers wechseln. Diese Dialogform wird als *Stichomythie* bezeichnet. Gesteigert wird das Verfahren in der oft damit verbundenen *Antilabe*, bei der ein Vers auf zwei oder gar drei Sprecher aufgeteilt wird, die sich gleichsam ins Wort fallen wie in den folgenden fünf Versen aus der zweiten Nacht-Szene, als Valentin ermordet wird (V. 3716–3721):

Stichomythie
Antilabe

MARTHE *am Fenster*
  Heraus! Heraus!
GRETCHEN *am Fenster*
        Herbei ein Licht!
MARTHE *wie oben*
  Man schilt und rauft, man schreit und ficht.
VOLK
  Da liegt schon einer tot!
MARTHE *heraustretend*
  Die Mörder sind sie denn entflohn?
GRETCHEN *heraustretend*
  Wer liegt hier?
VOLK
        Deiner Mutter Sohn.
GRETCHEN
  Allmächtiger! welche Not!

5. Literaturhinweise

Goethes *Faust I*

Johann Wolfgang Goethe: Faust. Hg. u. komm. v. Albrecht Schöne. 2 Bde. 6., rev. Aufl. Frankfurt a. M. 2005 (Goethe, Sämtliche Werke, Briefe, Tagebücher und Gespräche in 40 Bänden, Bd. 7). [Textgrundlage der vorliegenden Ausgabe, zuerst 1994]

Johann Wolfgang Goethe: Faust-Dichtungen. Hg. u. komm. v. Ulrich Gaier. 3 Bde. Stuttgart 1999.

Johann Wolfgang Goethe: Faust I. Text mit Wort- und Sacherläuterungen. Bearb. v. Erdmute Pickerodt-Uthleb u. Gerhart Pickerodt. Berlin 1996 (Klassische Schullektüre).

Johann Wolfgang Goethe: Weimarer Klassik. 1798–1806. Hg. v. Victor Lange. Bd. 1. München 1986 (Goethe, Sämtliche Werke nach Epochen seines Schaffens, Münchner Ausgabe, Bd. 6.1).

Weitere Faust-Texte

Historia von D. Johann Fausten. Text des Druckes von 1587. Kritische Ausgabe. Mit den Zusatztexten der Wolfenbütteler Handschrift und der zeitgenössischen Drucke. Hg. v. Stephan Füssel und Hans Joachim Kreutzer. Erg. u. bibliographisch aktualisierte Ausg. Stuttgart 2006 (Reclams Universal-Bibliothek, Bd. 1516).

Christopher Marlowe: Die tragische Historie vom Doktor Faustus. Deutsche Fassung, Nachwort u. Anm. v. Adolf Seebaß. Stuttgart 2008 (Reclams Universal-Bibliothek, Bd. 1128).

Doktor Johannes Faust. Puppenspiel in vier Aufzügen. Hergestellt v. Karl Simrock. Mit dem Text des Ulmer Puppenspiels. Hg. v. Günther Mahal. Stuttgart 1991 (Reclams Universal-Bibliothek, Bd. 6378).

Wörterbücher

Johann Christoph Adelung: Grammatisch-kritisches Wörterbuch der Hochdeutschen Mundart, mit beständiger Vergleichung der übrigen Mundarten, besonders aber der Oberdeutschen. Grammatisch-kritisches Wörterbuch der Hochdeutschen Mundart. 2., vermehrte u. verbesserte Ausgabe. 4 Bde. Leipzig 1793–1801.

Deutsches Wörterbuch von Jacob und Wilhelm Grimm. 16 Bde. (in 30). Leipzig 1854–1960.

Kommentar

Ausgewählte Forschungsliteratur

Frank Baron: Dr. Faustus. From History to Legend. München 1978.

Albrecht Schöne: Götterzeichen – Liebeszauber – Satanskult. Neue Einblicke in alte Goethetexte. München 1982.

Werner Keller: Faust. Eine Tragödie. In: Goethes Dramen. Interpretationen. Hg. v. Walter Hinderer. Stuttgart 1992 (Reclams Universal-Bibliothek, Bd. 8417), S. 258–329.

Ralf Sudau: Johann Wolfgang Goethe, Faust I und Faust II. München 1993, 2. überarb. u. korr. Aufl. 1998 (Oldenbourg-Interpretationen, Bd. 64).

Markus Ciupke: Des Geklimpers vielverworrner Töne Rausch. Die metrische Gestaltung in Goethes »Faust«. Göttingen 1994.

Günther Mahal: Faust. Die Spuren eines geheimnisvollen Lebens. Reinbek bei Hamburg 1995.

Frank Möbus, Friederike Schmidt-Möbus und Gerd Unverfehrt (Hg.): Faust – Annäherung an einen Mythos. Göttingen 1995, 21996.

Peter Matussek: Faust I. In: Goethe-Handbuch. Bd. 2: Dramen. Hg. v. Theo Buck. Stuttgart u. Weimar 1997, S. 352–390.

Elisabeth Frenzel: Stoffe der Weltliteratur. Ein Lexikon dichtungsgeschichtlicher Längsschnitte. 9., überarb. u. erw. Aufl. Stuttgart 1998 (Kröners Taschenausgabe, Bd. 300), S. 218–226.

Günther Mahal: Faust – Untersuchungen zu einem zeitlosen Thema. Neuried 1998.

Frank Möbus und Friederike Schmidt-Möbus: Who is who in Goethes Faust? Kleines Lexikon der Personen und mythologischen Gestalten in Johann Wolfgang von Goethes Faust I und II. Leipzig 1999.

Jochen Schmidt: Goethes Faust. Erster und Zweiter Teil. Grundlagen – Werk – Wirkung. München 1999 (Arbeitsbücher zur Literaturgeschichte).

Karl Eibl: Goethes Faust als poetisches Spiel von der Bestimmung des Menschen. In: Johann Wolfgang Goethe. Lyrik und Drama. Neue Wege der Forschung. Hg. v. Bernd Hamacher u. Rüdiger Nutt-Kofoth. Darmstadt 2007, S. 189–209. Zuerst in: Aufklärung 11 (1999), S. 49–65.

Karl Eibl: Das monumentale Ich – Wege zu Goethes »Faust«. Frankfurt a. M. 2000.

Ulrich Gaier: ›Faust‹, Tragische Bilanz der Neuzeit. In: U. G.: Fausts Modernität. Essays. Stuttgart 2000 ([Reclams] Universal-Bibliothek, Bd. 18072), S. 15–56.

Hans Rudolf Vaget: »Mäßig boshaft«: Fausts Gefährte. Goethes Mephistopheles im Lichte der Aufklärung. In: Goethe-Jahrbuch 118 (2001), S. 234–246.

Gernot Böhme: Goethes Faust als philosophischer Text. Kusterdingen 2005 (Die graue Reihe, Bd. 43).

6. Wort- und Sacherläuterungen

9.1 **schwankende Gestalten**: Die *Zueignung* stellt Goethe der Tragödie 1797 voran, als er – nach 1775 und 1787 – zum dritten Mal versucht, den ersten Teil zu vollenden. Die *schwankenden Gestalten* – gemeint sind die Figuren des *Faust* – leiten die Erinnerung des fast 50-Jährigen an die seit einem Vierteljahrhundert vergangene Zeit ein, in der die poetische Einbildungskraft des noch jugendlichen Dichters dem *Faust* und seinen Figuren erste, durch den zeitlichen Abstand undeutlich gewordene Gestalt gab.

11.52 **Sich durch die enge Gnadenpforte zwängt**: Wie der Christ nur durch eine enge Pforte zur Gnade der ewigen Seligkeit gelangt, so hat der Theaterbesucher Mühe, einen Platz in der »Bude« zu erlangen.

11.53 **schon vor Vieren**: schon vor vier Uhr nachmittags; die Theateraufführungen begannen in Weimar in der Regel um 17.30 oder um 18 Uhr.

12.63 **zur stillen Himmelsenge**: Der »engen Gnadenpforte« des Theaterdirektors genau entgegengesetzt.

12.66 **erpflegen**: durch Pflege erweitern (Neubildung Goethes).

14.133 **Was fällt euch an? Entzückung oder Schmerzen?**: Der Direktor reagiert auf die sprechende Gestik des Dichters.

14.156 **Olymp**: Als höchstes Gebirge Griechenlands Wohnsitz der griech. Götter.

15.175 **Offenbarung**: Bekanntmachung verborgener Wahrheit, insbesondere auf religiöses Wissen bezogen.

15.177 **melanchol'sche Nahrung**: Anlass zur Melancholie oder Schwermut, einer tiefen Traurigkeit ohne klar erkennbaren Grund.

16.208– **Nach einem selbstgesteckten Ziel / Mit holdem Irren hinzu-**
209 **schweifen**: Anspielung auf die poetisch reizvollen Umwege, auf denen der Dichter sein Ziel erreicht.

16.220– **Gebt ihr euch […] kommandiert die Poesie.**: Habt ihr euch ein-
221 mal entschlossen, als Dichter aufzutreten, so betreibt die Dichtkunst auch professionell, indem ihr nicht auf »Stimmung« (V. 218) wartet, um eure Dichtungen hervorzubringen.

Prospekte nicht [...] kleine Himmelslicht: Teile der Bühnenaus- 17.234–235
stattung. Prospekte nennt man die gemalten Bühnenhintergrün-
de; Maschinen dienten zur Erzeugung von Wind und Donner;
bei den Himmelslichtern handelt es sich um künstliche Sonnen
und Monde.

Die Sonne tönt [...] mit Donnergang.: Goethe greift hier auf das 19.243–246
bis in die frühe Neuzeit wirkungsmächtige Weltbild des Pytha-
goras zurück, der weder Sonne noch Erde im Mittelpunkt sieht,
sondern beide auf sechs weiteren Planeten auf konzentrischen
Bahnen – »Brudersphären« – um ein Zentralfeuer kreisen lässt.
Wie ein gigantisches Musikinstrument bewirkt das Kreisen der
Planeten aufeinander abgestimmte Schallschwingungen – »Wettgesang« – und erzeugt so eine himmlische Musik, die Sphären-
musik, die wir nur aus Gewohnheit nicht mehr hören können.

MEPHISTOPHELES: Fausts Gegenspieler tritt schon in den alten 20.271
Faustbüchern auf, hier noch unter der Namensform »Mephostophiles«. Die wörtl. Bedeutung des Namens ist ebenso unklar
wie die Position Mephistos im Reich der Hölle. In den Dialogen
mit Faust ist Mephisto oft bloß ›ein‹, aber immer wieder auch
›der‹ Teufel. In der höllischen Hierarchie scheint er eine Zwi-
schenposition einzunehmen, doch das ist nicht mehr so wichtig:
»Anders als im 16. Jh., aus dem Goethe ihn in eine Dichtung
seiner eigenen Zeit holte, hat der Teufel seine leibhaftige Glau-
benswirklichkeit hier verloren und wird damit verfügbar für ein
freies Spiel der Bedeutungen und Rollen, die er selber sich zu-
schreibt, oder in denen die anderen ihn wahrnehmen« (Schöne,
S. 168).

Schein des Himmelslichts: In Platons Höhlengleichnis erhellt 20.284
der Schein der Sonne den Bereich des wahren Seins, der nicht mit
den Sinnen, nur mit der Vernunft erkennbar ist.

mit Verlaub von Ew. Gnaden: Gott wird vom Teufel etwas spöt- 20.287
tisch wie ein Edelmann angeredet; »Ew.« ist eine alte Abkürzung
für »Ewer« (gesprochen »Euer«); »mit Verlaub« meint »mit Erlaubnis«, »wenn Ihr gestattet«.

Meinen Knecht!: Mit dieser Formel wird Faust schon bei seiner 21.299
ersten Nennung, noch vor seinem ersten Auftritt, im Disput des
Herrn mit dem Teufel in eine Reihe mit beispielhaften Figuren
aus der Bibel gestellt: mit Moses, mit Jakob, mit David, mit

Jesus. Eine ganz besondere Beziehung aber ergibt sich zu Hiob, von dem es im *Alten Testament* heißt (*Hiob* 1,6–12): »Es begab sich aber auf einen Tag, da die Kinder Gottes kamen und vor den Herrn traten, kam der Satan auch unter ihnen. Der Herr aber sprach zu dem Satan: Wo kommst du her? Satan antwortete dem Herrn und sprach: Ich habe das Land umher durchzogen. Der Herr sprach zu Satan: Hast du nicht achtgehabt auf meinen Knecht Hiob? Denn es ist seinesgleichen nicht im Lande, schlecht und recht, gottesfürchtig und meidet das Böse. Der Satan antwortete dem Herrn und sprach: Meinst du, daß Hiob umsonst Gott fürchtet? Hast du doch ihn, sein Haus und alles, was er hat, ringsumher verwahrt. Du hast das Werk seiner Hände gesegnet, und sein Gut hat sich ausgebreitet im Lande. Aber recke deine Hand aus, und taste an alles, was er hat: was gilt's, er wird dir ins Angesicht absagen? Der Herr sprach zum Satan: Siehe, alles, was er hat, sei in deiner Hand; nur an ihn selbst lege deine Hand nicht. Da ging der Satan aus von dem Herrn.«

21.302 **Gärung:** Chemischer Prozess, bei dem nach und nach aus Zucker und oft unter Trübung gasförmige Kohlensäure und Alkohol entstehen; nicht nur hier Metapher für einen unregelmäßig, unruhig und unklar (»verworren«, V. 308) verlaufenden geistigen Prozess.

22.334–335 **Staub soll er fressen [...] die berühmte Schlange.:** Nachdem der Satan die ersten Menschen in Gestalt einer Schlange verführt hatte, die verbotene Frucht vom Baum der Erkenntnis zu essen, wurde auch die Verführerin bestraft: »Auf deinem Bauche sollst du gehen und Erde essen dein Leben lang« (*1. Mose* 3,14).

22.336 **Du darfst auch da nur frei erscheinen:** ›Du brauchst auch dort nur ungehindert aufzutreten‹, aber auch ›Du hast auch bloß das Recht, wie frei aufzutreten, nicht aber, frei zu sein‹.

22.338–339 **Von allen Geistern [...] am wenigsten zur Last.:** Gott erklärt den Mephisto hier zu einer Art Hofnarr, bisweilen lästig, bisweilen komisch, aber nie wirklich schädlich, als einen aus seinem Gesinde, den er Faust als »Gesellen« zur Seite stellt (V. 342) und der nur die ihm auferlegte Aufgabe zu erledigen hat, nämlich als Teufel zu wirken (V. 243).

22.346–349 **Das Werdende, das ewig [...] mit dauernden Gedanken.:** Der Gegensatz drückt eine Grundvorstellung Goethes aus: auf der einen Seite die lebendige, sich unablässig wandelnde Natur, auf der anderen der menschliche Geist, der – auch mit Hilfe der Kunst – dem Wechsel Dauer verschaffen will.

Philosophie [...] Theologie: An den Universitäten des Mittelalters und der frühen Neuzeit setzte das Studium an einer der drei ›höheren‹ Fakultäten für Jura, Medizin und Theologie eine Art Vorstudium oder Studium generale an der philosophischen Fakultät voraus, an der alle übrigen akademischen Wissenschaften gelehrt wurden, u. a. Rhetorik, Logik und die Vorformen der Naturwissenschaften. Faust hat also das gesamte Wissen seiner Zeit studiert. 25.354– 356

Magie: In der Renaissance eine Geheimwissenschaft, die zahlreiche antike und mittelalterliche Traditionen aus verschiedenen Kulturen aufnahm und zusammenführte. Sie zielte auf ein zusammenhängendes Wissen über die Natur, den Kosmos und den Menschen, das weit über das spätmittelalterliche Buchwissen hinausging und seinem Besitzer die Möglichkeit eröffnen sollte, die Welt über das übliche Maß hinaus zu beeinflussen, in sie hineinzuwirken, Macht auszuüben. Einige Formen wurden als weiße Magie kirchlich akzeptiert, andere als schwarze Magie verfolgt. 25.377

Ein angeraucht Papier umsteckt: den ein vom Kerzenrauch geschwärztes und an die Wand gestecktes Papier ringsherum bedeckt. 26.405

Nostradamus: Michel de Nôtredame, franz. Astrologe und Prophet (1503–1566). 27.420

Zeichen des Makrokosmus: Die Unterscheidung von Makrokosmos und Mikrokosmos ist in der älteren Wissensliteratur geläufig. Unter dem Makrokosmos, wörtl.: die große Ordnung, verstand man das Weltall, das Universum, den Kosmos im modernen Sinn. Dagegen wurden das Innere des Menschen, seine Seelenkräfte, aber auch die soziale Ordnung, in der die Menschen miteinander leben, als Mikrokosmos, wörtl.: die kleine Ordnung, bezeichnet. Mikrokosmos und Makrokosmos wurden als Einheit gesehen, als Teil und Ganzes, die nach bestimmten Prinzipien durchgehend geordnet sind. Es gibt in mittelalterlichen und frühneuzeitlichen Handschriften und Drucken zwar zahlreiche Abbildungen des Makrokosmos, jedoch kein bestimmtes Symbol wie etwa für die Tierkreis-Sternbilder und für die chemischen Elemente. nach 27.429

28.447– **Wie alles sich [...] das All durchklingen!**: Diese Verse spielen
453 auf traditionsreiche mythische Vorstellungen an, die ›Jakobslei-
ter‹, die ›Golde Kette Homers‹ und die ›Sphärenharmonie‹. Im
Alten Testament träumt Jakob von einer Leiter, die von der Erde
in den Himmel reicht und auf der Engel auf- und niedersteigen
(*1. Mose* 28,12 f.). In der dem altgriech. Dichter Homer (8. Jh. v.
Chr.) zugeschriebenen *Ilias*, der ältesten Dichtung über die Be-
lagerung und Zerstörung der Stadt Troja durch die Griechen, ist
von einer goldenen Kette die Rede, die Himmel und Erde verbindet (8,18–27). Im Mittelalter wurden die beiden Bilder aus
vorchristl. Zeit verknüpft. Sie stehen für die Kräfte, die die irdischen und göttlichen Dinge verbinden. Aus der griech. Antike
stammt auch die Vorstellung des Kosmos als eines gigantischen
Musikinstruments, als »klingendem Körper der harmonieren-
den Planetensphären« (Gaier, Kommentar 1, S. 130), auf die
schon im »Prolog im Himmel« angespielt wurde (s. auch Erl. zu
V. 243–246).

nach *Zeichen des Erdgeistes*: Anders als beim »Zeichen des Makro-
28.459 kosmus« ist beim Erdgeist unklar, inwiefern Goethe auf bestimmte Traditionen zurückgreift. Wahrscheinlich handelt es
sich um eine Personifikation der Natur als schöpferischer
Macht, die Himmel und Erde mit all ihren Geschöpfen hervor-
gebracht hat, gemeinsam mit Chaos und Ewigkeit im Innern der
Erde wohnt und dem später auftretenden Mephisto eindeutig
übergeordnet ist, wie mehrere von Faust an Mephisto – »Des
Chaos wunderlicher Sohn« (V. 1384) – gerichtete Worte nahe-
legen: »In deinen Rang gehör' ich nur. / Der große Geist hat mich
verschmäht, / Vor mir verschließt sich die Natur« (V. 1745–
1747) und später in »Wald und Höhle« die V. 3217–3246.

31.549 **schellenlauter Tor**: Der mittelalterliche Narr machte durch kleine Glocken (Schellen) auf sich aufmerksam.

32.555 **der Menschheit Schnitzel kräuselt**: Wenn ›Schnitzel‹ als wert-
lose Abfallprodukte zu verstehen sind und das Kräuseln als eine
Frisiertechnik, dann werden menschliche Nichtigkeiten durch
das Mittel der Rede aufgeputzt.

32.557– **die Kunst ist lang! / Und kurz ist unser Leben.**: Ein geflügeltes
558 Wort, das der röm. Philosoph Seneca als Ausspruch des griech.
Arztes Hippokrates übermittelt: »vitam brevem esse, longam
artem«.

278   Kommentar

bis an die Sterne: Das Ziel des in den Lateinschulen gelehrten 32.574
Mottos *per aspera ad astra* (›durch Rauhes bis an die Sterne‹).

gekreuzigt und verbrannt: Gekreuzigt wurden nach Jesus 33.593
Christus viele frühchristl. Märtyrer wie z. B. Paulus in Rom.
Verbrannt zu werden war v. a. im Mittelalter und in der frühen
Neuzeit die Strafe für die sog. Ketzer, die nach Ansicht der kath.
Kirche Irrlehren verbreiteten wie etwa Johannes Hus und Gior-
dano Bruno. Der junge Goethe hat sich intensiv mit der *Un-
partheyischen Kirchen- und Ketzer-Historie* (1699) des pietisti-
schen Theologen Gottfried Arnold beschäftigt.

Rad und Kämmen, Walz' und Bügel: Nach Gaier »Teile einer 35.669
Influenz-Elektrisiermaschine zur Produktion von Reibungselek-
trizität (seit Guericke 1663)«.

mit Hebeln und mit Schrauben: Marterwerkzeuge, Anspielung 35.675
auf das Experimentum crucis, mit dem seit Francis Bacon (1561–
1626) die Natur auf die Folter gespannt wird.

Sankt Andreas Nacht: St. Andreas gilt als Schutzheiliger der 43.878
Liebe und der Ehe. Die Andreasnacht, die Nacht vor dem
30. November, dem Andreastag, eignete sich dem Volksglauben
zufolge besonders dafür, mit Hilfe weiser Frauen (»Hexen, V.
877«) im Feuer oder im Spiegel (»im Kristall«, V. 880) den zu-
künftigen Ehepartner erstmals zu erblicken.

Venerabile: Die verehrungswürdige (lat. *venerabilis*) Hostie, 48.1021
ein Stück Brot, das nach der Weihung als Leib Christi gilt, bei
geistl. Prozessionen in der Monstranz, einem Schaugerät, mit-
geführt und zur Verehrung ausgestellt.

Pest: Seit dem späten Mittelalter brachen immer wieder Pest- 48.1028
epidemien über Europa herein. Sie wurden als Strafe Gottes für
die Sünden der Menschen angesehen und daher nicht nur mit
medizinischen Mitteln bekämpft, sondern auch durch Gebet
und Beschwörung.

ein dunkler Ehrenmann: Die erste Charakterisierung von Fausts 48.1034
Vater verweist bereits auf den im Folgenden geschilderten Widerspruch zwischen seiner bemühten »Redlichkeit« (V. 1036)
und der Anwendung von »höllischen« (V. 1050) Arzneien.

Adepten: So nannte man die Schüler der Alchemie, auch die in 49.1038
diese Kunst, aus der im 18. und 19. Jh. die wissenschaftliche
Chemie hervorging, Eingeweihten. Goethe selbst betrieb 1768/

69, als die Idee zum *Faust* in ihm Gestalt annahm, in einem
kleinen Laboratorium, das er sich in seinem Frankfurter Eltern-
haus einrichtete, alchemistische Studien. Hauptziel der Alchemie war es, den Stein der Weisen zu finden, mit dessen Hilfe
unedle Metalle in edlere verwandeln werden sollten, den man
aber auch als ein medizinisches Universalmittel zur Heilung von
Krankheiten und zur Verlängerung des Lebens betrachtete.

49.1042–
1047
Da ward ein roter Leu [...] Königin im Glas: Hier geht es um die
Herstellung des Steins der Weisen, die mit Hilfe einer Sexual-
metaphorik ausgedrückt wird. Entgegengesetztes (›Widriges‹),
nämlich männliches (›rotes‹) Quecksilberoxid (›Leu‹, Löwe) und
weibliche (›weiße‹) Salzsäure (›Lilie‹), wird bei gemäßigter Tem-
peratur (›im lauen Bad‹) vermischt (›vermählt‹) und dann ›im
offnen Flammenfeuer‹ erhitzt, bis im Reagenzglas bunte Queck-
silbersalze entstehen (›die junge Königin‹).

51.1126
die wohlbekannte Schar: Wagners Warnung erinnert in vielen
Einzelheiten an einen Holzschnitt im *Integrum Morborum Mys-
terium* (»Vollständiges Geheimnis der Krankheiten«) des engl.
Arztes, Alchemisten und Theosophen Robert Fludd (1574–
1637). Dort strömen aus allen vier Himmelsrichtungen bös-
artige Windgeister durch einen Dunstkreis heran, um einem
Kranken in vielerlei Gestalt Unglück und Krankheit zu bringen.

52.1150–
1151
Für einen Pudel [...] des Herren plagt.: Wie sich der Pudel plagt,
die Spur seines Herrn zu finden, so quält sich der Teufel auf dem
von Gott gewählten Weg.

52.1154
Feuerstrudel: Wagner hält den Feuerstrudel für eine optische
Illusion, tut er das Phänomen doch in seiner Antwort als »Augentäuschung« (V. 1157) ab. Goethe, selbst Autor berühmter
Abhandlungen über die Optik, beschreibt dieses »Nachbild« in
seinen *Nachträgen zur Farbenlehre* 1822 so: »Ein dunkler Gegenstand, sobald er sich entfernt, hinterläßt dem Auge die Nö-
tigung dieselbe Form hell zu sehen. In Scherz und Ernst führen
wir eine Stelle aus Faust an, welche hierher bezüglich ist [Zitat
der Verse 1147–1157]. Vorstehendes war schon lange, aus dich-
terischer Ahnung und nur im halben Bewußtsein geschrieben,
als, bei gemäßigtem Licht, vor meinem Fenster auf der Straße,
ein schwarzer Pudel vorbei lief, der einen hellen Lichtschein
nach sich zog: das undeutliche, im Auge gebliebene Bild seiner
vorübereilenden Gestalt« (zit. n. Schöne, Kommentar, S. 243).

der Studenten trefflicher Scolar: Als Modehund der Studenten 53.1177
war der große, kräftige und leicht dressierbare Schafpudel, ein
alter deutscher Schäferhund, der nicht mit den heutigen Pudeln
zu verwechseln ist, ihr ›vortrefflicher Schüler‹.

»im Anfang war das Wort!«: Der Beginn des Evangeliums nach 55.1224
Johannes.

Salomonis Schlüssel: Die *Clavicula Salomonis*, »Salomons klei- 56.1258
ner Schlüssel«, eine Einführung in die Kunst der Dämonenbe-
schwörung, wird bereits im 14. Jh. erwähnt und wurde dem we-
gen seiner Weisheit berühmten jüd. König zugeschrieben. In der
frühen Neuzeit wird das Werk immer wieder bearbeitet, mehrfach gedruckt, in vielen Werken über Magie erwähnt – und von
der Kirche verboten.

Spruch der Viere: Ein »Spruch der Viere« ist in den bekannten 57.1272
Magiebüchern, auch in der von Faust genannten *Clavicula Salomonis*, nicht zu finden. Gemeint sind jedenfalls vier Arten von
Elementargeistern, die Faust für den Fall, dass einer von ihnen
»in dem Tiere« stecken sollte (V. 1292 f.), beschwört: ›Salamander‹ (Feuer), ›Undenen‹ (Undinen, gewöhnlich Nymphen: Wasser), ›Silphen‹ (Sylphen: Luft) und Kobolde (Erde).

Incubus: Ein männlicher Buhlteufel (›Auflieger‹), der beim Ge- 57.1290
schlechtsakt oben liegt, im Gegensatz zum weiblichen Succubus
(›Unterlieger‹). Der Befehl »Bring' häusliche Hülfe« hätte sich
jedoch an den in V. 1276 genannten »Kobold« richten müssen –
ein Hinweis auf Fausts mangelhafte Beherrschung der Magie?

Fliegengott: Wörtl. Bedeutung von Baal-Sebub (›Beelzebub‹): 59.1334
›Herr der Fliegen‹.

Ein Teil von jener Kraft [...] das Gute schafft.: In der wider- 59.1335–
sprüchlichen Erklärung könnte die Erkenntnis der dienenden 1336
Rolle aufblitzen, die Mephisto schon im »Prolog im Himmel«
zugeschrieben wird. Dem widerspricht die Betonung des Nega-
tiven, Zerstörerischen und Bösen als Ziel seines Wirkens in der
folgenden Selbstauslegung (V. 1338–1344) nicht.

Bescheidne Wahrheit: ›Bescheiden‹ bedeutet in der älteren 59.1346
Sprache einerseits ›beschieden, von außen zugeteilt‹, andererseits
›auf genauer Kenntnis, auf Bescheidwissen beruhend‹.

Ich bin ein Teil [...] Anfangs alles war: Vor Beginn der Schöp- 59.1349
fung herrschte das Chaos, ein nächtlicher Urzustand, in den das
göttliche Sonnenlicht die erste Ordnung brachte.

60.1374– **Der Luft, dem Wasser [...] die Flamme vorbehalten**: Nach an-
1377 tik-mittelalterlicher Lehre die vier Elemente, die Aristoteles zufolge jeweils zwei Eigenschaften aufweisen: Die Luft ist feucht
und warm, das Wasser feucht und kalt, die Erde trocken und
kalt, das Feuer trocken und warm.

60.1384 **Des Chaos wunderlicher Sohn**: S. Erl. zu V. 1349.

61.1395 **Drudenfuß**: Fünfzackiger Stern, benannt nach dem althochdt.
Wort *truhtin*, *druhtin* (›Herr‹, zur Bezeichnung Gottes), zur Ab-
wehr von Dämonen in einem Zug auf die Türschwelle gezeich-
net. Faust geht auch hier dilettantisch vor und lässt einen Winkel
offen, durch den Mephisto zufällig in den Raum hinein, aber
nicht mehr hinaus gelangen kann, da die Spitzen, die ins Innere
des Zimmers weisen, korrekt durchgezogen sind.

66.1536– **In rotem goldverbrämtem Kleide [...] Hahnenfeder auf dem
1538 Hut**: Die Kleidung eines weltmännischen Edelmannes, zugleich
aber traditionelle Kennzeichen des Teufels.

67.1566– **Der Gott, der mir [...] außen nichts bewegen**: Faust bringt die
1569 Diskrepanz zwischen der durch Gott inspirierten, tief empfun-
denen Schöpfungskraft seines Inneren und ihrer faktischen Wir-
kungslosigkeit zum Ausdruck.

68.1604– **Fluch jener höchsten [...] vor allen der Geduld!**: Faust verflucht
1606 in umgekehrter Folge die von Paulus wirkungsmächtig formu-
lierten fundamentalen christl. Tugenden »Glaube, Hoffnung,
Liebe« (*1. Korintherbrief* 13,13), und die »Geduld in der Hoffnung« (*1. Thessalonicherbrief* 1,3).

71.1678– **Doch hast du Speise [...] verschwindet.**: Einen Vorschlag für
1685 das Verständnis der vieldiskutierten Verse bietet Gaier, Kommentar 1, S. 293 f.: »Gewarnt durch die einschläfernde Wirkung
der Tagträume von befriedigenden Genüssen (V. 1447–1505)
verlangt Faust nicht Unmögliches, das ihn glücklich, sondern
Unmögliches, dessen Erfüllung ihn zugleich unglücklich machen
muß: lauter Genüsse, die sich im Entstehen zerstören, um damit
die Garantie dauerhafter Nichtbefriedigung und damit wacher
Rastlosigkeit zu haben. [...] Daß Fausts Wunsch erfüllt wird,
stellt er in ›Wald und Höhle‹ fest (V. 3249 f.).«

71.1687 **Wette**: An die Stelle des Pakts mit dem Teufel, wie er in den
älteren Faust-Dichtungen vollzogen wird, tritt bei Goethe die
Wette, die weniger einem Vertrag als einem Wettbewerb ähnelt:

Der Teufel soll Faust nicht mehr, wie in der *Historia*, 24 Jahre
dienen, um dafür seine Seele zu erhalten, sondern versuchen,
sein ruheloses Begehren zu befriedigen – ein zeitlich unbegrenz-
tes Unterfangen, das Faust für aussichtslos hält.

Werd' ich zum Augenblicke [...] du bist so schön!: Als der alte 71.1699–
Faust unmittelbar vor seinem Tod noch einmal hoffnungsvoll in 1700
die Zukunft schaut, spricht er – im Irrealis! – die letzten Worte:
»Zum Augenblicke dürft' ich sagen: / Verweile doch, Du bist so
schön! / Es kann die Spur von meinen Erdetagen / Nicht in
Äonen untergehn. – / Im Vorgefühl von solchem hohen Glück /
Genieß ich jetzt den höchsten Augenblick.« (*Faust II*, V. 11581–
11586)

Die Uhr mag stehn, der Zeiger fallen: Die Formulierung nimmt 72.1705
Mephisto wieder auf, als Faust stirbt: »Die Uhr steht still –«. Der
Chor fällt dann ein: »Steht still! Sie schweigt wie Mitternacht. /
Der Zeiger fällt.« Und Mephisto: »Er fällt, es ist vollbracht«
(Faust II, V. 11593 f.).

zerscheitern: Auch hier der Bezug zu Hiob: »Daß Gott anfinge, 74.1775
und zerschlüge mich, und ließe seine Hand gehen, und zerschei-
terte mich!« (*Hiob* 6,9)

den alten Sauerteig: Schöne verweist auf *1. Korinther* 5,7: »fe- 74.1779
get den alten Sauerteig aus« und versteht darunter »die aufblä-
hende Ursünde« des Hochmuts (Schöne, S. 265).

Die Zeit ist kurz, die Kunst ist lang.: Vgl. Erl. zu V. 558 f. 74.1787

Des Nordens Dau'rbarkeit: Die Ausdauer des Nordländers 75.1796
(Norde) im Kampf. Schöne (S. 265) verweist auf eine Äußerung
des jungen Goethe über Jenseitsvorstellungen verschiedener
Kulturen: »Der brave Norde überschaut [...] des Himmels un-
ermeßlichen Kampfplatz, ein erwünschtes Feld seiner unzerstör-
lichen Stärke.« (Rezension von Lavaters *Aussichten in die Ewigkeit*, Goethe, Frankfurter Ausgabe, Bd. 18, S. 80)

Mikrokosmus: Mephisto bezieht sich in seiner Schilderung ei- 75.1802
nes Idealmenschen ironisch auf die alte Vorstellung einer Ana-
logie zwischen Kosmos (Makrokosmos) und Mensch (Mikrokosmos).

Socken: Leichte, niedrige Schuhe der Antike, als »ellenhohe« 75.1808
wohl wie die Perücken »von Millionen Locken« eine spöttische
Übertreibung Mephistos.

75.1821 **H[intern]**: Vielleicht auch »H[oden]«. Die Drucke haben hier die zu Goethes Zeit in solchen Fällen üblichen zwei Anstandsstriche: »H – –«, die auf der Bühne durch Hüsteln ersetzt wurden.

77.1863– **seiner Unersättlichkeit [...] sich umsonst erflehn**: Faust soll die
1865 Qualen des durstigen und hungrigen Tantalos erleiden, der in der antiken Mythologie von den Göttern dazu verdammt wurde, bis in alle Ewigkeit zu erleben, wie das Wasser, in dem er bis zum Hals steht, stets zurückweicht, wenn er sich hinabbeugt, um davon zu trinken, und wie die Äste voller Früchte vom Wind zur Seite geweht werden, wenn er nach ihnen greift.

78.1894 **hangen**: In der älteren Sprache unterschied man zwischen intransitivem *hangen* ›an einem Orte hängen‹ und faktitivem *hängen* ›etwas aufhängen‹.

79.1922– **Zwar ist's mit der Gedanken-Fabrik [...] Verbindungen**
1927 **schlägt**: Mephisto setzt dem die Gedanken einschnürenden »Collegium Logicum« das Bild des Geistes als Webstuhl entgegen, in dem ein »Tritt« des Webers »*tausend Fäden regt*, [...] eine Art Fadentunnel [öffnet], durch welchen die von Hand geworfenen *Schifflein* (mit dem ›Einschlag‹ der auf Spulen gebrachten, quer laufenden Fäden) *schießen* und die *tausend Verbindungen* des Gewebes zustandebringen« (Schöne, S. 270).

79.1940 ᴇɴᴄʜᴇɪʀᴇꜱɪɴ ɴᴀᴛᴜʀᴀᴇ: (griech.-lat.) ›Handgriff der Natur‹. Goethes Straßburger Chemieprofessor Jacob Reinhold Spielmann versuchte, mit dieser Metapher den unbegriffenen Unterschied zwischen der chemisch analysierbaren stofflichen Zusammensetzung eines Körpers und seiner Lebendigkeit auszudrücken.

80.1949 **Metaphysik**: »diejenige philosophische Wissenschaft, welche sich mit den allgemeinen Eigenschaften der Dinge, mit dem Daseyn und den Eigenschaften Gottes, mit dem Wesen der Welt überhaupt und mit den Eigenschaften eines Geistes beschäftiget« (Adelung).

81.1989 **auf des Meisters Worte schwört**: Ironische Anspielung auf Horaz' berühmte Versicherung, Anhänger keiner philosophischen Lehrmeinung zu sein und »auf keines (!) Meisters Worte zu schwören« (*Briefe* I 1,14: *nullius [...] iurare in verba magistri*).

82.2000 **Von einem Wort läßt sich kein Jota rauben**: Anspielung auf den

Streit um die Göttlichkeit Jesu, ob er Gott nur wesensähnlich (griech. *homoiusios*) oder wesensgleich (griech. *homousios*) sei. Die beiden Begriffe unterscheiden sich im Griechischen nur durch ein Jota (den Buchstaben, aus dem sich das i und das j unserer lateinischen Schrift entwickelt haben).

ERITIS SICUT DEUS, SCIENTES BONUM ET MALUM.: (lat.) »Ihr werdet sein wie Gott, und wissen, was gut und böse ist« (*1. Mose* 3,5). Mit diesen Worten verführt die Schlange im Paradies Eva dazu, vom Baum der Erkenntnis zu essen – der erste Schritt zur Vertreibung aus dem Paradies. 83.2047

Feuerluft: Goethe, fasziniert von der Erfindung des Heißluftballons, versieht den traditionellen Flugmantel des Teufels mit der neuesten Technik. 84.2069

Auerbachs Keller in Leipzig: Außer dem Brocken in der Walpurgisnacht der einzige reale Ort in *Faust I*. In der um einige Zusatzkapitel vermehrten Ausgabe der *Historia von Doctor Johann Fausten* aus dem Jahr 1589 wird erstmals davon berichtet, wie Faust auf einem Weinfass aus einem Leipziger Weinkeller reitet und in Erfurt verschiedene Weinsorten aus einer Tischplatte zaubert (siehe den Abdruck der Passage oben S. 238 f.). Um 1625 wurden diese beiden Schwänke in Auerbachs Keller, einem noch heute bestehenden, 1438 zum ersten Mal erwähnten Weinlokal in Leipzig, als Wandmalerei verewigt. Dort lernte sie auch der junge Goethe kennen, als er 1765–1768 in Leipzig studierte. zu 85.2073

singt Runda: Studentischer Brauch, bei dem der Becher durch die Runde wandert und jeder vor dem Trinken ein Lied singt. 85.2082

Röm'sche Reich: Das im Mittelalter entstandene Heilige Römische Reich zerfiel in der frühen Neuzeit immer weiter in selbständige Territorialstaaten, bis es 1806 aufgelöst wurde. 86.2090

Wir wollen einen Papst [...] Liebchen zehentausendmal.: Anspielung auf bis in Goethes Zeit allgemein bekannte Probe der Männlichkeit, der sich Päpste vom 11. bis zum 16. Jh. unterziehen mussten, angeblich, um das Skandalon einer Frau auf dem Papstthron – wie der erfundenen Päpstin Johanna – zu verhindern; das folgende Lied erhält so einen eindeutig obszönen Sinn (Schöne). 86.2098–2102

von Rippach [...] zu Nacht gespeis't?: Anspielung auf Hans Ars(ch), zu Goethes Leipziger Studentenzeit Wirt in Rippach, der letzten Poststation vor Leipzig. 89.2188–2189

95.2301 **Fegefeuer**: In der kath. Mythologie Vorhölle, in der die Verstorbenen, die in den Himmel gelangen sollen, durch Feuer von ihren Sünden gereinigt werden.

95.2312 **vogelfrei**: dem Angriff jedermanns freigegeben, ohne gesetzlichen Schutz (Grimm).

96.2329–2330 **Ich hab' ihn [...] Fasse reiten sehn**: Eines der ältesten Motive der Faustsage, schon in der *Historia* von 1587; hier allerdings reitet nicht Mephisto, sondern Faust; zu Goethes Leipziger Studentenzeit in Auerbachs Keller abgebildet.

zu 98.2337 EINE MEERKATZE: Eine mittelgroße Primatenart; seit dem Mittelalter ist der Affe der Typus des Menschen, der Gott ähnlich werden will.

98.2349–99.2359 **Allein es steht [...] selbst zu düngen**: Anspielung auf die Makrobiotik, die Lehre von der gesunden Lebensführung, die der Weimarer Hofarzt Christoph Wilhelm Hufeland 1796 in seinem Werk *Die Kunst, das menschliche Leben zu verlängern* veröffentlichte.

99.2361 **Auf achtzig Jahr dich zu verjüngen**: Spielt vielleicht auf Hufelands Vorläufer Alvise Cornaro (1484–1566) an, der als 80-Jähriger vorgab, 95 zu sein, um die Effizienz seiner Rezepte unter Beweis zu stellen.

100.2401 **Lotto**: Öffentliche Lotterien dienen bereits seit dem 15. Jh. zur Aufbesserung der Staatsfinanzen.

101.2402–2415 **Das ist die Welt [...] Es gibt Scherben.**: Die große tönerne Kugel ist ein Attribut der Glücksgöttin Fortuna und steht für die Welt und die Zerbrechlichkeit und Flüchtigkeit weltlichen Glücks.

102.2441 **wenn ein Gott sich erst sechs Tage plagt**: Nach dem ersten Schöpfungsbericht der Bibel schuf Gott am sechsten Tag als Höhepunkt der Schöpfung Mann und Frau.

102.2442 **Und selbst am Ende Bravo sagt**: Vgl. das Ende des Schöpfungsberichts (*1. Mose* 1,31): »Und Gott sah an alles, was er gemacht hatte; und und siehe da, es war sehr gut.«

104.2491 **Wo sind denn eure beiden Raben?**: In der germ. Mythologie wird der Göttervater Wodan von zwei Raben begleitet – eine Verwechslung seitens der Hexe?

105.2501–2502 **Darum bedien' ich mich [...] falscher Waden**: Um einen Mangel an leiblicher Fülle auszugleichen, den die im 18. Jh. modischen Kniebundhosen sichtbar machten.

Es war die Art [...] Wahrheit zu verbreiten.: Wohl Anspielung auf die von Goethe abgelehnte christl. Lehre von der dreieinigen Gottheit aus Vater, Sohn und Heiligem Geist. 107.2560–2562

Blum': ›Blume‹ bezeichnet metaphorisch die schöne junge Frau, aber auch die Jungfräulichkeit, wie das ›Blumenbrechen‹ oder ›Blumenpflücken‹ (V. 2631) die Defloration – der medizinisch-juristische Terminus ist ebenfalls eine euphemistische Metapher – einer Jungfrau meint. 111.2629

eingebornen Engel: Es bleibt unklar, ob ›eingeboren‹ auf »Gottes eingeborenen Sohn« (*Apostolisches Glaubensbekenntnis*) anspielt und so eine Parallele zwischen Margarete und Christus herstellt oder ob damit ihre angeborene Engelhaftigkeit gemeint ist, das »Götterbild«, das sich im Heranwachsen »entwirkte« (V. 2716). 115.2712

ein geschenkter Gaul: Man schaut ihm dem Sprichwort zufolge – anders als beim Pferdehandel – aus Höflichkeit nicht ins Maul, um die Gesundheit am Zustand der Zähne zu prüfen. 120.2828

Wer überwindet der gewinnt.: Anspielung auf die *Offenbarung des Johannes*: »Wer überwindet, dem will ich zu essen geben von dem verborgenen Manna« (*Offenbarung* 2,17; vgl. V. 2826) und »Wer überwindet, der wird es alles ererben« (21,7). 120.2835

Die Kirche hat [...] ganze Länder aufgefressen: Der Teufel greift die mittelalterliche und reformatorische Kritik am immer weiter gewachsenen weltlichen Besitz der Kirche auf, der sich auf ganze Länder erstreckte, die z. B. von Fürstbischöfen als Landesherren regiert wurden. So gab es um 1800 im Deutschen Reich allein 28 Fürstbistümer. 120.2836–2837

Ein Jud' und König kann es auch: Nur sie durften als ungerechten Wucher verpönte Zinsen nehmen. 120.2842

Darf mich, leider, nicht [...] mit sehen lassen.: Die Kleiderordnung der Zeit erlaubte der Bürgerin nur wenig Schmuck. 122.2883–2884

Ihr Mann ist tot und läßt sie grüßen.: Die rhetorische Figur des Hysteron-Proteron dient der Hervorhebung durch die Verkehrung der zeitlichen Folge. 124.2916

An einer wohlgeweihten [...] ewig kühlen Ruhebette: an einer zum ewig kühlen Ruhebett geheiligten Stätte, also auf einem Friedhof. 124.2927–2928

126.2953–2954 **er starb als Christ […] auf der Zeche hätte:** Er hat zwar das Sterbesakrament erhalten, konnte jedoch die Beichte nicht mehr vollständig ablegen, da er so viel auf der Zeche – auf dem Kerbholz – hatte.

128.3013–3014 **durch zweier Zeugen […] die Wahrheit kund:** Der Tod war in der älteren dt. Rechtspraxis durch zwei Zeugen zu beglaubigen, die den Toten sterben und begraben sahen. Mephisto nutzt die Regel, um Faust ins Spiel zu bringen.

128.3018 **Jungfrau:** Im 18. Jh. wie »Fräulein« (vgl. V. 3020) noch die junge unverheiratete Frau von Adel, vergleichbar der männlichen Entsprechung »Junker«, zusammengezogen aus »Jungherr«; vor der Ehe gilt die sexuelle Unberührtheit einer jungen Dame als selbstverständlich.

129.3040 **O heil'ger Mann! Da wär't ihr's nun!:** Die ironische Anrede nimmt die Anspielung auf einen berühmten Ausspruch des böhm. Reformators Jan Hus wieder auf, der 1415, bereits auf dem Scheiterhaufen stehend, angesichts eines voll gläubigen Eifers weiteres Holz heranschaffenden Menschen »Sancta Simplicitas!« (V. 3037) gerufen haben soll. Die Anrede gilt hier Faust, der noch voller Skrupel erscheint, die er jedoch bald ablegen wird und die Mephisto schon jetzt für aufgesetzt hält (vgl. V. 3047).

130.3050 **Sophiste:** Sophisten, eigentlich bezahlte Lehrer der Weisheit (griech. *sophia*), galten, v. a. durch die Darstellung in Platons Dialogen, als Wortverdreher, die bereit und scheinbar in der Lage waren, alles Beliebige, auch das Falsche, als wahr zu erweisen: »Wer Recht behalten will und hat nur eine Zunge, / Behält's gewiß« (V. 3069 f.).

137.3187 **Mich überläuft's!:** Anspielung auf das *Hohelied Salomons*, den erotischen Text der Bibel, wo die Berührung durch den Geliebten in der Sprechenden ein Gefühl verursacht, dessen Ausdruck Goethe selbst in der ersten Entstehungszeit des *Faust* mit »Mich überlief's« übersetzt hat, ein, wie Fausts Entgegnung erkennen lässt, inneres Erschauern.

nach 143.3291 ***Mit einer Gebärde*:** Mephisto denunziert Fausts Gefühle als geistige Selbstbefriedigung, indem er die Kaskade erotischer Metaphern (›liegen auf‹, ›wonniglich umfassen‹, ›aufschwellen‹, ›durchwühlen‹, ›genießen‹, ›liebewonniglich überfließen‹) mit einer Masturbationspantomime (Schöne) vollendet.

Wenn ich ein Vöglein wär'!: Der erste Vers eines Liedes, das die   144.3318
Sehnsucht nach dem fernen Geliebten beschreibt, von Herder
1778 in seiner *Sammlung der Volkslieder* veröffentlicht.

Schlange! Schlange!: Anspielung auf die Gestalt des Teufels in   144.3324
der bibl. Erzählung vom Verlust der paradiesischen Unschuld.

Verruchter! hebe dich von hinnen: »Verrucht« ist jemand, der   144.3326
göttliche und menschliche Gesetze bewusst und leichtfertig in
hohem Maß übertritt. Mit den Worten »Hebe dich von hinnen«
weist Christus den Teufel ab, der ihn – wie hier den Faust – in
Versuchung führt (*Matthäus* 4,10).

Zwillingspaar, das unter Rosen weidet: Dem auch von Goethe   145.3337
übersetzten bibl. *Hohelied* entnommene, in der älteren Literatur
oft gebrauchte Allegorie für die weiblichen Brüste; vgl. Erl. zu V.
3187.

Der Gott, der Bub' [...] Gelegenheit zu machen.: Anspielung   145.3339–
auf die bibl. Schöpfungsgeschichte. Nachdem Gott den Men-   3341
schen als Mann und Frau geschaffen hat, spricht er zu ihnen:
»Seid fruchtbar und mehret euch« (*1. Mose* 1,27 f.).

Mein Busen: Der Euphemismus mildert das provokant-direkte   148.3406
»Mein Schoss! Gott! drängt / sich nach ihm hin« der Sturm-und-
Drang-Fassung des *Faust*.

die heil'gen Sakramente: In der kath. Kirche sieben religiöse   149.3423
Handlungen, die nur durch einen Priester vorgenommen werden
dürfen: Taufe, Firmung, Abendmahl, Buße, Ehe, letzte Ölung
(Sterbesakrament) und Priesterweihe.

Physiognomie: Gesichtszüge; die Physiognomik war eine im   154.3537
18. Jh. populäre, von der Aufklärung abgelehnte Lehre, nach
der man den moralischen Charakter eines Menschen aus seinen
Gesichtszügen herauszulesen versuchte. An den *Physiognomi-
schen Fragmenten, zur Beförderung der Menschenkenntnis und
Menschenliebe* von Johann Kaspar Lavater (1741–1801) arbei-
tete seit 1774 auch der junge Goethe mit.

Im Sünderhemdchen Kirchbuß' tun: Bei der Kirchenbuße knie-   156.3569
te die Sünderin im Hemd vor der versammelten Gemeinde, während ihr Vergehen, in der Regel eine Übertretung der strengen
Sexualnormen, also verschiedene Formen des vor- und außer-
ehelichen Geschlechtsverkehrs, durch den Pfarrer öffentlich an-
geprangert wurde. Die Strafe wurde in protest. Gebieten in der

frühen Neuzeit oft beibehalten, im 18. Jh. z. T. sogar wieder eingeführt. An der Abschaffung der Kirchenbuße 1786 in Weimar gegen den Widerstand der geistl. Behörde war Goethe wohl maßgeblich beteiligt.

156.3574– **Kriegt sie ihn [...] vor die Tür!**: Sollte der ›flinke Jung‹ (V.
3576 3571) die Verführte doch noch heiraten, würden die jungen Männer der Braut den Kranz als Zeichen der Jungfräulichkeit herunterreißen und die Mädchen statt der Blumen Hobelspäne streuen – übliche Bräuche zur sozialen Ausgrenzung einer schwangeren Braut.

160.3664– **Rückt wohl der Schatz [...] herrliche Löwentaler drein.**: Faust
3669 kann jetzt offenbar – vermittelt durch den Teufel? – einen in der Erde vergrabenen Schatz sehen, ein Kesselchen voller Schmuck und Löwentaler, Silbermünzen mit einem Löwen auf der Rückseite, die ab 1575 von Holland aus in Europa und im Nahen Osten verbreitet wurden.

161.3682 **Was machst du mir**: »mir« ist hier nicht Dativobjekt, sondern Dativus ethicus, drückt also die Anteilnahme des Sprechers an Kathrinchens Schicksal aus, ein Mitleid, das hier, wie das ganze Lied aus Mephistos Mund, in Bezug auf Margarete nur ironisch-spöttisch gemeint sein kann. – Goethe übernimmt Thema und Motive des Liedes aus Shakespeares *Hamlet*. Dort singt es Hamlets Geliebte Ophelia, deren Bruder und Vater durch Hamlet getötet werden – der Bruder im Duell – und die sich selbst, wahnsinnig geworden, ertränkt. Die Parallelen zur Gretchenhandlung sind unübersehbar (auch der Name Valentin fällt an dieser Stelle bei Shakespeare) und verweisen den kundigen Leser oder Zuschauer bereits auf das unglückliche Ende von Goethes Tragödie.

161.3699 **Rattenfänger**: Anspielung auf den Rattenfänger von Hameln, der einer bekannten Sage zufolge im Mittelalter die Kinder durch sein Flötenspiel aus der Stadt lockte, um sich für einen Betrug der Stadtväter zu rächen; in Goethes *Rattenfänger*-Lied auch der »Mädchenfänger«, auf den Margaretes Bruder hier zielt.

162.3706 **Flederwisch**: Spöttische Bezeichnung für einen leichten, nur zur Zierde getragenen Stoßdegen. Valentin dagegen benutzt einen schweren, zum »Schädelspalten« (V. 3703) geeigneten Haudegen, dessen Hiebe nur Mephisto abwehren kann.

Ich weiß [...] schlecht mich abzufinden.: »Polizei« meint im 18. Jh. noch die öffentliche Ordnung, die Regelungen des Zusammenlebens durch die weltliche Obrigkeit, die Mephisto keine Schwierigkeiten bereiten kann. Anders der »Blutbann«, die Blutgerichtsbarkeit für schwere Straftaten: »Bei Kapitalverbrechen wurde im Namen Gottes die Schuld solange der ganzen Gemeinde gegeben, bis der Schuldige hingerichtet war (vgl. *Trüber Tag. Feld*). Die das Unheil beschwörenden priesterlichen Formeln vertreiben auch den Teufel« (Gaier, Kommentar I, S. 446). 162.3714–3715

Du bist doch nun [...] auch eben recht.: »Hur'« bedeutet für Valentin zuerst nur das durch den bekannt gewordenen Verlust ihrer Jungfräulichkeit »gefallene« Mädchen, dann aber, als soziale Konsequenz, eine, die »die ganze Stadt« (V. 3739) haben kann. 163.3730–3731

Sollst keine goldne Kette [...] am Altar stehn!: Goethe bekannte Regelungen für Prostituierte im Frankfurt des 16. Jh.s. 164.3756–3757

Bet'st du für [...] langen Pein hinüberschlief?: Da Margaretes Mutter unerwartet an der Überdosis eines Betäubungsmittels für immer einschlief, hatte sie keine Gelegenheit mehr, vor ihrem Tod zu beichten und so die Vergebung ihrer Sünden zu erlangen. Sie kann daher nicht unmittelbar ins himmlische Paradies gelangen. 166.3787–3788

DIES IRAE, DIES ILLA / SOLVET SAECLUM IN FAVILLA.: (lat.) »Der Tag des Zorns, jener Tag löst die Welt in Asche auf«; Beginn eines Hymnus vom Jüngsten Gericht, der vom 13. Jh. bis 1970 in der lat. Totenmesse der kath. Kirche gesungen wurde; von zahllosen Komponisten vertont, etwa in Mozarts *Requiem* (1791), Berlioz' *Symphonie fantastique* (1830), Liszts *Totentanz* (1849) oder Ysaÿes *Obsession* (1924); der »Tag des Zorns« ist der Tag des Jüngsten Gerichts, an dem Gott als Richter die Toten und Lebenden zur Hölle verurteilt oder ihnen das ewige Leben schenkt. 166.3798–3799

JUDEX ERGO CUM SEDEBIT [...] NIL INULTUM REMANEBIT.: (lat.) »Wenn sich der Richter zu Gericht setzt, kommt alles Verborgene an den Tag, nichts bleibt ohne Strafe« – die sechste Strophe des *Dies irae*. 167.3813–3815

QUID SUM MISER TUNC DICTURUS [...] CUM VIX JUSTUS SIT SECURUS.: (lat.) »Was werde ich Armer dann sagen, welchen 167.3825–3827

Schutzherrn anrufen, wenn nicht einmal der Gerechte sicher ist?« – die siebte Strophe des *Dies irae*.

168.3829 **Verklärte**: Gläubige, die mit dem Tod ihre menschliche Schwachheit überwunden haben, über das Irdische emporgehoben wurden und einen höheren Grad der Klarheit in der Erkenntnis Gottes erlangt haben.

168.3833 QUID SUM MISER TUNC DICTURUS?: Als der Vers, der höchste Verzweiflung ausdrückt, durch den Chor wiederholt wird, fällt Margarete in Ohnmacht. So kann sie den weiteren Verlauf der Sequenz mit ihren Trost spendenden Strophen nicht mehr vernehmen.

168.3834 **Fläschchen**: Mit ammoniakhaltigem Riechsalz gefüllte Riechfläschchen trug man bei sich, um Schwindelanfällen und Ohnmachten zu begegnen, die v. a. aufgrund der beengenden, das Atmen erschwerenden Kleidung (Schnürleib, Schnürbrust, Korsett) häufig bei Frauen auftraten.

zu **Walpurgisnacht**: Nacht auf den 1. Mai, den Namenstag der
169.3835 Heiligen Walburga. Einem alten Aberglauben zufolge fliegen Hexen und Hexenmeister in dieser Nacht auf Besenstielen, Ofengabeln und Ziegenböcken zum Hexensabbat auf den Brocken, die höchste Erhebung im Harz, der als Hexentanzplatz auch Blocksberg genannt wird. Dort huldigen sie dem Satan in einer großen Messe.

169.3855 **Irrlicht**: »fettige Dünste [Faulgase], welche an sumpfigen Orten aufsteigen, und des Nachts durch die Kälte in schleimige Klumpen verdickt werden, welche sich entzünden und alsdann von der geringsten Bewegung der Luft hin und her getrieben werden; im gemeinen Leben Irrwische, weil sie die Reisenden, welche ihnen aus Unwissenheit folgen, bey der Nacht in die Irre führen« (Adelung).

170.3880 **schnarchen**: Geräusch, das der Südwestwind an zwei Granitklippen zwischen Schierke und Elend verursacht, die daher »Schnarcher« oder »Schnarcherklippen« heißen.

170.3886 **Was wir hoffen, was wir lieben!**: Alter Trinkspruch auf das, was wir hoffen …

171.3916– **Wie seltsam glimmert [...] sich die Felsenwand.**: Fausts Be-
172.3931 schreibung der Reichtümer des Berges wirkt wie die Schilderung eines Vulkanausbruchs, bei dem Lava aus dem Berg hervorbricht

und glühend zu Tal fließt. Goethe, an allem Vulkanischen sehr interessiert, berichtet in der *Italienischen Reise*, wie er gemeinsam mit dem Maler Tischbein am 6. März 1787 unter Lebensgefahr den Vesuv ersteigt, um einen Blick in den Lava und Qualm speienden Krater zu werfen.

Es f[arz]t die Hexe, es st[ink]t der Bock: In eckigen Klammern 173.3961
der Wortlaut in Goethes eigenhändigem Manuskript; die Druckausgaben zu Goethes Lebzeiten hatten hier die üblichen Anstandsstriche, die das Gemeinte unschwer erkennen ließen: »f-t ... st–t«.

Baubo: In der griech. Mythologie ein hässliches altes Weib, das 173.3962
als Personifikation der Vulva auf einem Wildschwein reitet, auf einer Terrakottaplastik etwa seitlich auf dem Rücken des Tieres sitzend, die Schenkel weit gespreizt, um dem Betrachter ihr Geschlechtsteil zu weisen (Abbildung bei Gaier, Kommentar I, S. 476).

So Ehre dem, wem Ehre gebührt!: Anspielung auf *Römerbrief* 173.3964
13,7, wo Paulus das Verhalten der christl. Gemeinde gegenüber der – nichtchristl. – weltlichen Obrigkeit regelt.

Der Weg ist breit: Anspielung auf *Matthäus* 7,13: »Der Weg ist 173.3974
breit, der zur Verdammnis abführet; und ihrer sind viele, die darauf wandeln.«

Das Kind erstickt, die Mutter platzt: Auch hochschwangere 173.3977
Hexen reiten auf Besen und Ofengabeln. Dabei kann das Kind ersticken oder die Gebärmutter platzen, so dass es zu einer Totgeburt kommt wie auf dem bekannten Kupferstich *Eigentlicher Entwurf und Abbildung deß Gottlosen und verfluchten Zauber Festes* von Michael Herr aus dem 17. Jh. Dieser Stich diente Goethe als Vorlage für das Szenario der Walpurgisnacht im *Faust*.

Mit einem Sprunge macht's der Mann: »Sprung« ist hier das 174.3985
Substantiv zu »bespringen« im Sinne von »begatten« (Adelung).

Die Salbe gibt den Hexen Mut: Goethe studierte Berichte und 175.4008
Protokolle von Hexenprozessen, aus denen Zusammensetzung und Wirkung solcher Salben hervorgeht, mit der Schläfen, Achselhöhlen und Geschlechtsteile eingerieben wurden. Bestandteile von Nachtschattengewächsen verändern wie andere

Drogen das Bewusstsein, enthemmen und führen Halluzinationen herbei, etwa von wilden Flügen und ausgelassenen Orgien.

177.4064 **Knieband**: Eigentlich eine Halterung für Wadenstrümpfe, hier wohl kurz für den engl. Kniebandorden.

177.4086 **Doch jetzo kehrt sich alles um und um**: Anspielung auf die Franz. Revolution, deren Verlauf und Folgen das Tagesgespräch bestimmte, als Goethe diese Szene dichtete.

178.4094– **Und, weil mein Fäßchen [...] auf der Neige**: Neigt man das
4095 Fass, weil sein Inhalt dem Ende zugeht, so trübt sich der Wein von der aufgewirbelten Hefe, die sich am Boden abgesetzt hat.

179.4119 **Lilith [...] Adams erste Frau.**: Das durch die beiden widersprüchlichen Schöpfungsberichte im *Alten Testament* entstandene Problem der doppelten Erschaffung der Frau führte in der jüd. Bibelinterpretation zur Ansetzung von Lilith als Adams erster Frau vor Eva als zweiter Frau. Aus der jüdischen Legende wanderte die Gestalt in die Blocksberg-Mythologie. Bei Michael Prätorius, einer der Quellen Goethes, wird sie als »Succuba«, als unten liegende Buhlteufelin beschrieben, die mit ihrer schönen, entblößten Gestalt die Männer anlocke, hinten aber die Gestalt einer schlüpfrigen Schlange habe. Damit steht sie in der Tradition der Frau Welt, der Personifikation der weltlichen Lust, wie sie in der mittelalterlichen Plastik, z. B. am Goethe wohlbekannten Straßburger Münster, und in der Literatur, etwa bei Konrad von Würzburg, auftritt.

179.4132– **Der Äpfelchen begehrt ihr [...] vom Paradiese her.**: Doppeldeu-
4133 tige Anspielung auf die Verführung Evas und dann Adams durch den Satan in Gestalt einer Schlange. Als die beiden ersten Menschen im Paradies den Apfel vom Baum der Erkenntnis essen, entdecken sie zugleich die sexuelle Lust und die Begierde, die die zwei schönen Äpfel, jetzt gängige Metapher für die Brüste der schönen jungen Hexe, in Faust erregen.

179.4137– **Einst hatt' ich ... [das große Loch] nicht scheut.**: Mephisto
180.4143 übertreibt Fausts an den Stil des bibl. *Hohenlieds* erinnernde Allegorie so sehr ins Wüst-Vulgäre, dass das zarte Empfinden zeitgenössischer Leser durch Anstandsstriche geschont werden musste, die die anstößigen Stellen der Handschrift, hier in eckigen Klammern, in den Druckausgaben ersetzten.

PROKTOPHANTASMIST: Wörtl. »Arsch-Hirngespinstler« (Schöne) oder »Steiß-Geisterseher«; satirisch auf den Berliner Schriftsteller Friedrich Nicolai (1733–1811) bezogen, der 1775 die *Freuden des jungen Werthers*, eine Parodie auf Goethes Jugendwerk, veröffentlicht hatte. Nicolai litt 1791 unter stundenlangen Geistererscheinungen, die der Aufklärungsphilosoph auf zu langes Sitzen und ein damit verbundenes Hämorrhoidalleiden zurückführte. 1799 machte er sich zum Gespött, indem er öffentlich darlegte, wie er sich – mit einer gängigen Methode – erfolgreich kurierte, indem er »Blutegel sich an seinem Steiß« (V. 4174) ansetzen ließ. Der folgende Abschnitt (bis V. 4175) ironisiert die Einseitigkeit des Verstandesgebrauchs durch die Aufklärer.

zu 180.4144

Am meisten ärgert [...] alten Mühle tut: Anspielung auf die Beharrungskraft der Berliner Spätaufklärung um Nicolai, die sich der Rehabilitation des Gefühls durch die Genie-Periode (Sturm und Drang), die Klassik und die beginnende Romantik verweigerte.

180.4153–4155

dennoch spukt's in Tegel: Nicolai griff 1799 in einem Akademie-Vortrag noch einmal einen längst als Schabernack aufgeklärten Vorfall auf, bei dem im Hause des Oberförsters Schulz in Berlin-Tegel ein nächtliches Gepolter auf Gespenster zurückgeführt worden war.

180.4161

am Wahn hinausgekehrt: Das präpositionale Objekt anstelle des Akkusativs »den Wahn« drückt aus, wie groß der Wahn ist, an dem der Aufklärer sich beim Hinauskehren abarbeitet.

180.4162

Doch eine Reise nehm' ich immer mit: Nicolai war außer durch seine aufklärerischen Schriften v. a. durch seine Reisebeschreibungen bekannt.

180.4169

rotes Mäuschen: Bei Prätorius, Goethes Hauptquelle für die Walpurgisnacht, wird dies von einer Hexe berichtet. Danach hat ein von ihr gequälter Knecht Ruhe, ähnlich wie Faust, der jetzt durch die Erscheinung der gefangenen Margarete aus dem Bannkreis des Hexensabbats gezogen wird.

181.4179

mit geschloss'nen Füßen: Margarete ist im Kerker durch Ketten an den Füßen gefesselt.

181.4186

er wird fast in Stein verkehrt, / Von der Meduse: Medusa, Gestalt der griech. Mythologie. Ihr Anblick ließ den Betrachter zu

182.4194–4195

Stein erstarren. Dies machte sich später Perseus zunutze, der das abgeschlagene Haupt der Medusa (vgl. V. 4207 f.) als Waffe einsetzte – in der bildenden Kunst jahrhundertelang ein beliebtes Motiv.

182.4203–4205 **Wie sonderbar muß [...] als ein Messerrücken!**: Margarete wartet im Kerker auf ihre Enthauptung.

182.4215 **das letzte Stück**: Im antiken Schauspiel das komische Satyrstück, das den Zuschauer von den Erschütterungen der vorausgegangenen Tragödie – die allerdings nur aus drei Teilen besteht – emotional entlasten sollte.

182.4217 **Dilettant**: Liebhaber, Amateur in einer Kunst oder Wissenschaft. Die Weimarer Klassiker grenzten ihre wahre Kunst scharf von allen bloßen Liebhaberproduktionen ab, die auf den Blocksberg gehören (vgl. V. 4221 f.).

zu 183.4223 **Oberons und Titanias goldne Hochzeit**: Im »Walpurgisnachtstraum«, diesem Zwischenspiel der Walpurgisnacht, hat Goethe einige zeitkritische Spottverse untergebracht, deren Kern ursprünglich in Schillers *Musenalmanach für das Jahr 1798* gedruckt werden sollte. Die Figuren stammen zum größten Teil aus Shakespeares *Sommernachtstraum*, den Wieland 1762 übersetzt hatte und dessen männlicher Protagonist dann zum Titelhelden seiner berühmten Versdichtung *Oberon* (1780) wurde.

183.4223–4226 **Heute ruhen wir [...] die ganze Szene!**: Mieding war am Weimarer Theater als Tischler für das Bühnenbild zuständig. Seine Söhne können ruhen, da es im *Intermezzo* kein Bühnenbild gibt.

184.4247 **grillt**: Unklare Neubildung, zu Grille: ›seltsamer Einfall‹ – oder zu grellen: ›schreien‹?

184.4273 **die Götter Griechenlands**: Berühmtes Gedicht Schillers, das auf den Widerspruch christl. Kritiker stieß.

185.4276 **nur skizzenweise**: Goethe kritisierte 1804 die Skizzen eines dt. Malers, der sich besser in Italien ausbilden würde.

185.4282 **gepudert**: mit einer gepuderten Perücke versehen, wie es dem Schönheitsideal der Zeit entspricht.

185.4285–4286 **Drum sitz' ich nackt [...] ein derbes Leibchen.**: Die Bedeutung von »derbes Leibchen« ist unklar. Stellt man sich die junge Hexe als völlig nackt vor, so würde sie mit dem derben Leibchen ihren kräftig-gesunden (Grimm) Körper präsentieren. Doch könnte auch ein festes (enganliegendes?) Mieder gemeint sein, wenn »nackt« hier nur so viel wie ›unvollständig angezogen‹, z. B. ohne die übliche gepuderte Perücke, bedeuten sollte.

XENIEN: Eigentlich Gastgeschenke; 1796 Titel einer umfangreichen Sammlung satirischer Distichen – also Verspaare bestehend aus einem Hexameter (griech. »Sechsmaß«) und einem Pentameter (griech. »Fünfmaß«) –, mit denen Goethe und Schiller die gesamte aktuelle Literaturszene aufs Korn nahmen und damit einen wahren Xenienkampf auslösten. **zu 186.4303**

HENNINGS: August v. Hennings (1746–1826), seit 1794 Herausgeber der literarischen Zeitschrift *Genius der Zeit* (vgl. V. 4315), 1801 in *Genius des 19. Jahrhunderts* umbenannt. 1798 und 1799 erschienen sechs Beihefte u. d. T. *Der Musaget* (›Musenführer‹, vgl. V. 4311), in denen Goethe, Schiller und die *Xenien* scharf angegriffen wurden. **zu 186.4307**

Komm, fasse meinen Zipfel!: Ganz ähnlich fordert Mephisto Faust auf, als sie den Blocksberg besteigen: »Fasse wacker meinen Zipfel!« (V. 3912). Hennings wird so und durch die in den folgenden beiden Versen weitergeführte Parallelisierung mit dem Teufel gleichgesetzt. **186.4316**

»Er spürt nach Jesuiten.«: Der 1534 im Zuge der Gegenreformation gegründete Jesuitenorden wurde immer wieder verdächtigt, heimlich gegen weltliche Herrscher zu operieren. Auf ihren Druck hin verbot der Papst den Orden 1773. Da er bis zur Wiederzulassung 1814 im Untergrund operierte, wurde die ›Jesuitenriecherei‹ unter Intellektuellen zum Sport. **186.4322**

KRANICH: So bezeichnete Goethe den Physiognomen Lavater (s. Erl. zu V. 3537) mehrfach aufgrund seines Ganges. Das anfänglich gute Verhältnis der beiden hatte sich im Laufe der Jahre immer mehr verschlechtert. **zu 186.4323**

WELTKIND: Goethe selbst, wie sein bekanntes Verspaar von der Rheinreise bezeugt, die er 1774 mit zwei Weltverbesserern, dem Physiognomen Lavater und dem Pädagogen Basedow, unternahm: »Prophete rechts, Prophete links, / Das Weltkind in der Mitten«. **zu 186.4327**

Wie Orpheus Leier die Bestjen: In der griech. Mythologie vermag Orpheus mit seiner Musik sogar die wilden Tiere zu besänftigen. Die allegorische Rede von den Bestien bezieht sich auf das **187.4342**

»Lumpenpack«, die im Folgenden auftretenden Vertreter gegensätzlicher philosophischer Richtungen.

zu 187.4343 DOGMATIKER: Jmd., der von jeder noch so berechtigten Kritik unbeirrt einer bestimmten Lehre (Dogma) anhängt. Hier begeht er den beliebten logischen Fehler, das erst zu Beweisende bereits als Prämisse an den Anfang zu setzen (Zirkelschluss).

zu 187.4347 IDEALIST: Jmd., der die Ideen unserer Einbildungskraft für das eigentlich Reale hält.

zu 187.4351 REALIST: Jmd., der das »Wesen« der Dinge für sekundär, nämlich als Ergebnis eines Abstraktionsprozesses ansieht.

zu 187.4355 SUPERNATURALIST: Supranaturalist, jemand, der eine über die sichtbare natürliche Welt hinausgehende Wirklichkeit annimmt, zu der dann auch »gute Geister« (V. 4358) gehören können.

zu 188.4359 SKEPTIKER: Skeptizist, jmd., der den Zweifel zum Prinzip seines Denkens macht und insbesondere jede Möglichkeit einer Erkenntnis der Wirklichkeit verneint.

188.4367–189.4386 **Sanssouci so heißt [...] haben plumpe Glieder.**: Die fünf Gruppen repräsentieren fünf Typen der nachrevolutionären Gesellschaft, der Goethe skeptisch gegenüberstand. Die »Gewandten« haben sich im Gegensatz zu den »Unbehülflichen« den neuen Verhältnissen sorglos angepasst. Die »Irrlichter« sind durch die Revolution erst emporgekommen. Dagegen scheint es sich bei der »Sternschnuppe« um eine rasch beendete revolutionäre Karriere zu handeln. Die »Massiven« schließlich dürften für den Straßenmob der Revolution stehen.

189.4394 **Rosenhügel**: Mit einer Fahrt zu Oberons von Rosenbüschen umgebenen Palast endet Wielands Versepos *Oberon* (s. oben zur Bühnenanweisung vor V. 4223).

192.58–59 **Habe ich alle Macht im Himmel und auf Erden?**: Anspielung auf das *Matthäus-Evangelium*, wo Christus sagt: »Mir ist gegeben alle Gewalt im Himmel und auf Erden« (28,18).

194.4312–4320 **Meine Mutter, die Hur [...] fliege fort!**: Die Singende kann nur Margarete sein, sie singt aber aus der Perspektive des von ihr getöteten Kindes. Dazu wandelt sie niederdt. Verse ab, die später, 1806, von den Brüdern Grimm zum ersten Mal im *Märchen vom Machandelboom* gedruckt wurden: »miin Moder de mi slacht't [schlachtete], / miin Vader de mi att [aß], / miin Swester, de Marleeniken, / söcht alle miine Beeniken [Beinchen, also Knö-

chelchen] / un bindt in een siiden Dook [seidenes Tuch], / legts
unner den Machandelboom [Wacholderbaum]; / kiwitt, kiwitt,
ach watt een schön Vagel bin ick!«

Schön war ich auch: Von hier an stellt Goethe durch Margare-   195.4434
tes Wortwahl mehrfach Bezüge zum bibl. *Hohelied* her: »schön
war ich auch«; »Nah war der Freund, nun ist er weit« (V. 4435);
»Das war des Freundes Stimme!« (V. 4461).

Zerrissen liegt der Kranz, die Blumen zerstreut: Der Vers ver-   195.4436
weist einerseits auf den bereits in V. 3575 f. angesprochenen
Brauch, anderseits wird die in V. 2629 verwendete Deflorati-
onsmetaphorik wiederaufgenommen. Beide Sinnebenen sind
unmittelbar aufeinander bezogen.

Mitten durch's Heulen und Klappen der Hölle: Anspielung auf   196.4467
das *Matthäus-Evangelium* 8,12.

Weh meinem Kranze!: Vgl. Erl. zu V. 4436.   200.4583

das Stäbchen bricht: Der Richter bricht den Stab als Zeichen   200.4590
dafür, dass das Leben des Verurteilten verwirkt ist und er hingerichtet werden kann.

Zum Blutstuhl bin ich schon entrückt.: Gretchen fühlt sich in   200.4592
ihrer prophetischen Halluzination der Gegenwart Fausts »entrückt«. Auf dem Blutstuhl wird der Verurteilte festgebunden,
um mit dem Schwert enthauptet zu werden.

O wär' ich nie geboren!: Mit diesen Worten klagen schon Hiob   201.4596
im *Alten Testament* (*Hiob* 3,3) und Ödipus in Sophokles' Tragödie *Ödipus auf Kolonnos* (V. 1225) über ihr Schicksal – und
Christus bedauert damit im *Matthäus-Evangelium* das Los des
Judas, der ihn verraten wird (26,24).

Suhrkamp BasisBibliothek
Eine Auswahl

Thomas Bernhard
Erzählungen
Kommentar: Hans Höller
SBB 23. 171 Seiten

»Eine unverzichtbare Sensibilisierung für den Formwillen
der Kurzprosa Thomas Bernhards leisten beispielsweise
die schlichten und treffenden Hinweise zur ›Form und
Genese modernen Erzählens‹ und zu Bernhards sprachlichen und thematischen Gravitationszentren im Kom-
mentarteil. Gerade durch diese Vorbereitung wird sich
der Leser vorbehaltsloser den Exzessen der längeren
Prosa des Übertreibungskünstlers ausliefern können.«
Frankfurter Allgemeine Zeitung

»Dieses Bändchen mit Erzählungen aus den Jahren 1963
bis 1967 und einem Kommentar, der weit darüber hinaus-
geht, eignet sich gut dazu, Thomas Bernhards Bekanntschaft zu machen. Allerdings: es besteht die Gefahr, daß
man ihn nicht wieder los wird.« *Frankfurter Neue Presse*

Annette von Droste-Hülshoff
Die Judenbuche
Kommentar: Christian Begemann
SBB 14. 136 Seiten

»Mit der *Judenbuche* hat der Suhrkamp Verlag eine der zugleich berühmtesten und rätselhaftesten Erzählungen des 19. Jahrhunderts in seiner Reihe BasisBibliothek vorgelegt und mit Christian Begemann einen ausgewiesenen Fachmann für die Literatur der Epoche zur Erstellung des Kommentars gewonnen. ... Der vorliegende Band entspricht den Anforderungen, die man an einen ›Arbeitstext für Schule und Studium‹ stellt, vorbildlich. Christian Begemanns hervorragender Forschungsüberblick und sein ebenso hochaktueller wie voraussetzungsreicher Blick auf die Erzählung dürften allerdings wohl erst im universitären Rahmen angemessen gewürdigt werden.«
Literatur in Wissenschaft und Unterricht

»Dieser zeitlose Novellenklassiker zwischen Biedermeier und Realismus ist hier vorzüglich für eine vertiefte Oberstufenarbeit ediert. Der Kommentar bietet zuverlässiges Material zu Zeithintergrund, Stoff, Entstehungsgeschichte und Rezeption, der aktuelle Forschungsüberblick behandelt verschiedene Deutungsansätze, Erzählstrategien und Fragen der Gattung und Epochenzugehörigkeit.« *Lesenswert*

NF 334/2/1.02

Johann Wolfgang Goethe
Die Leiden des jungen Werthers
Kommentar: Wilhelm Große
SBB 5. 221 Seiten

»Auch wer sein zerfleddertes Werther-Bändchen seit
Schüler-Tagen mit sich schleppt, wird Platz suchen für die
neuen Bände der Suhrkamp BasisBibliothek – und wird
die Kinder beneiden, die gleich mit einem Lern-Angebot
überrascht werden, das man sich früher erst mühsam
beim Studium zusammenklauben mußte.« *Die Zeit*

Rainer Maria Rilke
Die Aufzeichnungen des Malte Laurids Brigge
Kommentar: Hansgeorg Schmidt-Bergmann
SBB 17. 300 Seiten

»Den größten Teil des Kommentars machen jedoch
Wort- und Sacherklärungen zu einzelnen Stellen aus; da
sie nicht stichwortartig im Telegrammstil gehalten sind,
erklären sie vorzüglich auch komplexe Zusammenhänge.« *Neue Zürcher Zeitung*

NF 334/3/1.02